護 憲 論

II

［補訂版］

武力による平和から
非武装永世中立による平和へ

子島 喜久
Nejima Yoshihisa

目 次

はじめに

　現在、世界を巻き込む形で重要な論点にすえられているのが、日米安全保障条約を槓桿にした安全保障環境、安全保障政策、そして国内では防衛関連や安全保障関連法の集団的自衛権の解釈でありその行使であろう。かつては専守防衛論がおおむね日本国憲法第九条の許された解釈であった。専守防衛の有権解釈とは、「相手国から武力攻撃を受けたときにはじめて防衛力を行使し、その態様も自衛のための必要最小限度にとどめ、また、保持する防衛力も自衛のための必要最小限度のものに限るなど、憲法の精神に則った受動的な防衛戦略の姿勢をいう」ことを1981年3月19日第94回参議院予算委員会で示した。しかし、その専守防衛論を逸脱して「自衛のための必要最小限度」から「必要最大限の実力をもつ戦力」へと違憲である自衛隊が拡大変容し常備軍、国防軍としての威力を有している。いまや七つの海の向こうまでグローバルに自衛隊が「わが国の平和のための安全安心」と「生活安全保障」の旗のもとで、一帯一路を突き進む世界の工場たる仮想敵国中国、そして中国抜きの経済圏構想・インド太平洋経済枠組み（IPEF）、そして決定的な危機管理論を名目に拡大強化している。また国連中心主義にもとづく国連平和維持、国際貢献や国際協調主義を大義としながら海外派遣している。

　自衛隊を拡大強化した国家は、警察予備隊を設置していた保安庁が防衛庁に、さらには、その後、防衛装備庁の新設からなる大組織の防衛省となり国家行政機関が組織拡大され、国家的防衛政策としての産官学自の軍事研究が進展している。

　一方、政財界は、コロナパンデミックでは、資本主義市場経済の再活性化による公的病院の民営化や保健所の縮減の弊害と、多国籍企業の救済を最優先したことの問題が相重りあい、救えた人々も救えず多くの犠牲者を出した。加えて労働市場の外部に追い出された雇用労働者は解雇されるなど、人間らしく生きるための尊厳を法外に扱った。また海外では、長期化するロシアによるウクライナへの侵略戦争が経済の軍事化の様相を呈している。しかし、即時に両国軍ともに戦旗を降ろし武装を解除して全面撤退、全面降伏すべきである。それが、非武装永世中立の理念である。総じて、これらの諸点について憲法学者である澤野義一が「非武装永世中立論」（『平和学事典』2023年）で現実を直視しながら総括

的に述べている。「日本において非武装永世中立論を唱える今日的意義は、国内的には、憲法9条を形骸化させている自衛隊法制と日米安保体制を解消し、自衛隊の災害援助隊への改編や日米安保条約の日米平和友好条約への転換を行うこと等を提言する際の指針を提示すること、国際的には、集団的自衛権や武力的制裁を容認する国連（憲章）のあり方を検討したり、北東アジアにおける非核・中立地帯設置等を提言したりする際の指針を提示することにある」。すなわち、無辜の国民の生殺与奪を反復激化させる反人道的な戦争には勝敗など存在しないことを断言している。

　この侵略戦争の要因が世界経済の交易条件に混乱と困難を及ぼし、鉱物資源などの制裁的交易停止から、国内における一次産品の価格の上昇と輸入価格の上昇、低金利政策と円安、インフレーション懸念、実質賃金の下落など人々の経済の原則的生活を脅かし続けている。こうした苛酷な経済状態を回避し、マクロ経済的な有効需要の刺激を与えて市場経済延命の弥縫策として、ICTを駆使したポイント制、フリンジ・ベネフィット、財政支出拡大の施策による経済安全保障政策が重視されている現下である。

　こうした戦争経済化の要因から派生した米ロ中新冷戦時代の状況が深まるなか、それを助長するかのように政府財界は、憲法を枯死させ改廃とあわせて日米安全保障の再構築論の議論を急速に進めている。日本の再軍備強化に見られる軍事力強化と安全保障環境の変化を一層と重視するのである。政権は、国際社会という国連中心主義を大義にして、日本国民の軍事意識を啓蒙し鼓吹させ、侵略戦争の脅威が武力による平和を求める心理的不安を掻き立て、動揺する中高年年齢層に加えて若者を取り込みパトリオティズムやナショナリズムを増加させている。このことは一億総保守化政策といってもよい。これらの煽動と鼓舞を支えるのは1980年代からの新自由主義的個人主義社会が堅牢に根付いているからである。その一億総保守化がいわば「国家緊急事態条項の新設」、「自衛隊保持の国防軍」などが改憲項目に掲げられることに連なり、これにあわせて安全保障政策の強化、自衛隊の組織拡大と敵基地反撃能力、再軍備拡張路線、核兵器共有、核の傘政策そして日米同盟の再強化拡大などが画策的に誇張され、国家至上主義の愛国保守に向かわせ国民を総保守化に収斂させているのである。その反面、国民の基本的人権である憲法

第三章各条項に掲げる生活の保障や生存の保障、原権である働く権利など平和として生存する権利保障など必要な措置を講じることがまったく皆無に等しい政財界である。

　こうした、国内外の経済の危機と海外での戦争による生命の危機が世情の不安と動揺をもたらし続け、それらを幾重にも重層化させて、非武装永世中立憲法である日本国憲法を改廃させる契機と合致させ、これらを改憲のための合理的根拠とする政財界の存在がますます表面化してきているところである。今こそ、侵略戦争の扇動があろうとも不動の平常心を保ちながら、戦前、戦中、戦後における多くの犠牲者の上に制定された日本国憲法の前文をはじめ諸原理規定を守る必要と「**武力による平和から非武装永世中立による平和へ**」がすべての国民に求められているのである。それゆえ、数の原理による政治によって、国会を独占的に支配して自衛隊を国防軍として第九条を改廃したり、憲法の基本原理を変更解釈したり、平和を戦争のための手段としたり、あるいはまた基本原理と原理的諸規定に抵触する不当な行為に対し、毅然とした正当性のある行為によって完全に阻止しなければならないのが、「ペンは剣よりも強し」を実践する者である憲法尊重擁護義務者と憲法制定権者なのである。

　なお、この補訂版では、第4章第5項で論じた憲法研究会の一員である鈴木安蔵と第9章の「結語」について、憲法学者である澤野義一先生からご教導があった。第5章5項では、砂川国家賠償訴訟の公平な裁判を求めている原告の力によって裁判過程が日々刻々と動き、今日的意義のある憲法裁判であるだけに「伊達判決を生かす会」発行のニュースを最新のものとした。さらに、2023年9月11日・第13回弁護団による最終弁論の総括的文章「原告最終準備書面」を武内更一弁護士から恵贈されただけに、安保条約を背景にした本件訴訟と法の番人に対しゆるがせにしない、させないほど精読して同項に要旨として重く記述した。第6章第3項では、辺野古新基地建設めぐる二重支配のもとで沖縄県と国との2つの行政訴訟の司法判断が下されることになったゆえに、現行版を大幅に補筆する必要性が生ずるものとなった。

　そこでこの際、版を改めて補訂することにして、巻末の資料には、初版から通ずる非武装永世中立憲法体系の諸権利を憲法制定権者が体現するために桎梏となっている日米安全保障条約の全条文を付した。

　そしてまた、恩師伊藤誠先生の生前最後の書となってしまった『マルクスの思想と理論』（2020年、青土社、144頁）では、この補訂版に筆を執らせるほどの一節が鋭い示唆を与えてくれていた。「**現代世界においても、ベトナム反戦運動が、欧米マルクス・ルネッサンスを触発する学生・労働者運動の契機となり、日本においても日米安保体制やそのもとでの戦争法案、憲法九条改悪に反対し、沖縄反基地闘争に連帯する一連の反戦闘争は、労働者や学生の反体制運動の中心的課題のひとつとなり続けている**」ことに応ずるものである。

　通例、国家公務員や地方公務員には服務の宣誓が義務づけられている。その義務とは、日本国憲法第九九条に定められている規定を誠実に遵守することを任命権者と自身に対して宣誓しなければならないのである。宣誓書には「私は、ここに日本国憲法を尊重し、かつ、擁護することを固く誓います」と誓うのである。日本型経営の核心であった、年功制賃金、企業別組合、終身雇用制の三面からなる時代に採用された日から、すでに40年あまり経過しているこの身である。

　憲法に誠実に忠誠すると誓ったからには、十年一日の如し護憲の立場に変わりはない。何度でも労働基本権禁止の代償として、脈々とこの世にそして自身に対して宣誓し公然と宣言するのが、私の学問の社会科学としての憲法学を棚引かせる姿勢である。その姿勢の表現としての本書の行間には、原初的にゆっくりとした筆致で書き記した宣誓書となる所以を滲ませて、私の白書としてしたためておいた。

　世情の実相は、改憲勢力が増しつつあり、恒久平和を希求した平和憲法の退潮と無関心のうねりの中にある。だからこそ、非武装永世中立憲法を体現するために、さらなる宣誓のために、日本国憲法の平和主義を栄達するために、原典回帰し護憲勢力の再生と巻き返しを図ることを心に期して起筆することにいたった。

　本書は、先覚の憲法学では取り扱うことができなかった『資本論』の経済学を基礎理論の学問を基底にしたうえで、民法学、法律学、労働法学、行政法学などの研究領域を介した憲法の原理的諸規定を考察基準とする『護憲論Ⅱ』を底本としているものである。そしてしかも、憲法の確固たる規範、すなわち基本原理と基本的人権諸規定などを発現するために桎梏や毀損となりうることが、日本資本主義の特殊歴史性である後進性と国家権力機関の発動とが社会的矛盾や諸国民との対立と相重なり

合って露呈する実態そのものを現状分析を通じた学問研究であると把握したのであった。それらを私なりに考察を深め各章ごとにさらなる補筆を試みたものである。

　最後に労働論、労働過程論を研究する者として消防職である私の矛盾に内包された労働観を提示しておくことにする。

　常に働き、そして働きかけあう社会的性格を有する消防職としての小職を経てから41年も続けられた私の労働観は、矛盾に内包されているのであった。と同時に終身雇用のように、この矛盾が止揚されていないからこそ、ここまで永らく働き続けられてきたことの理由が秘められているのかもしれない。

　さてこの矛盾とは、私の大切な父親と弟が病気にり患し私と同じ血をもったこの2人が、闘病から死へと向かう恐怖と不安を直前にした死線期から死の彼岸へと旅たち泉下の客となったのである。肉親の大切な生命をも救えずにいた消防職にある労働者が諸国民の生命、人間の生命など救えるものか、という内面化した矛盾の常態化に内包されているところに労働観が潜んでいる。その反面、この矛盾の外延では、かなりの幅と柔軟性を含みうるプロフェッショナルな労働を等閑視することはできないことでもある。

　これまで内面化した矛盾の中の矛盾さえ41年間にわたる時空の中では、多かれ少なかれ消防職に時として矜持をもったことは確かに首肯しえることであった。しかしながら、労働を通じて生命への維持回復などに焦点をあてた矜持的な労働観に比類するものがたとえあったとしても、生命や死の生命観、死生観や倫理観を捨象してみれば、やはりそれは創造的労働などに到達することは筆勢の過程でのみとなりうる。つまり、自身が意識的に研鑽し探求する研究過程では、ややもすれば机上に限定された主体的労働、創造的労働の概念に相当することであろうが、この矛盾を止揚しなければ創造的労働とは実相なき想像するだけの空虚な労働観に過ぎないものである。

　だからこそ、すでにマルクス経済学では客観的に解明されている資本主義の基本的矛盾と自身の矛盾に内包された労働とはそれぞれ原理的に相違が生じ、また質的にも異なることに違いないが、そこに矛盾があるかぎり共通項である矛盾を止揚する過程において、あらゆる対立や闘争が積み重なる一方で、またことに各人の生命活動たる労働形態が永けれ

ば永いほど矛盾が深化するものである。

　したがって、深部にまで矛盾に内包された労働形態に対して、私自身がなすべきことは、時局とともに迫りくる奥深く矛盾に内包されているこの労働形態を媒介にしながら、自意識をもって主体的に止揚するための否定の否定が、闘争のための闘争が、揺るぎなく執拗に働きかけ続ける自己本然たる姿勢を通じた思念とあわせた思慮深く造詣を深めてゆく必然的な歴史的行為である実践的活動こそが、私の労働観なのである。

1章

護憲とは何か

❶ 前文の法的性格

　護憲とは、日本国憲法が堅忍不抜の精神をもって成立したことを自覚し、憲法の前文から全条文で構成されている理論的体系を掻き抱くように尊重しそれを擁護し、なおかつ基本原理を体現し非武装永世中立の根幹である平和国家樹立のために恒久平和を国民自ら不抜の意志によって創り出す立場を護憲と称する。そのため、われわれ国民は、憲法の基本原理を中心に服しつつ、合目的的な生命活動を行っているだけに、憲法を果敢に擁護する世界観を保持している。この世界観を普遍的に広めつつ、人類の人々を平和へと導くのが護憲本然の責務なのである[1]。

　そこでまず日本国憲法の基調となる前文には、壮大な理念が行間に込められているので全容を確認しておくことにする。

　すなわち、─

　「日本国民は、正当に選挙された国会における代表者を通じて行動し、われらとわれらの子孫のために、諸国民との協和による成果と、わが国全土にわたつて自由のもたらす恵沢を確保し、政府の行為によつて再び戦争の惨禍が起ることのないやうにすることを決意し、ここに主権が国民に存することを宣言し、この憲法を確定する。そもそも国政は、国民の厳粛な信託によるものであつて、その権威は国民に由来し、その権力は国民の代表者がこれを行使し、その福利は国民がこれを享受する。これは人類普遍の原理であり、この憲法は、かかる原理に基くものである。われらは、これに反する一切の憲法、法令及び詔勅を排除する。

　日本国民は、恒久の平和を念願し、人間相互の関係を支配する崇高な理想を深く自覚するのであつて、平和を愛する諸国民の公正と信義に信頼して、われらの安全と生存を保持しようと決意した。われらは、平和を維持し、専制と隷従、圧迫と偏狭を地上から永遠に除去しようと努めてゐる国際社会において、名誉ある地位を占めたいと思ふ。われらは、全世界の国民が、ひとしく恐怖と欠乏から免かれ、平和のうちに生存す

1　本書では、基本原理を三大原理とも表記する。

る権利を有することを確認する。

　われらは、いづれの国家も、自国のことのみに専念して他国を無視してはならないのであつて、**政治道徳の法則は、普遍的なものであり、この法則に従ふことは、自国の主権を維持し、他国と対等関係に立たうとする各国の責務であると信ずる。**

　日本国民は、国家の名誉にかけ、全力をあげてこの崇高な理想と目的を達成することを誓ふ。」——とされ、何度読んでも格調の高い琴線に触れる前文である。

前文の由来と社会的性格

　憲法の前文は、基本主義をもち、同時にこの憲法制定権者が制定するにあたり、その制定者の意志を宣言し反映したものである。そして、憲法本文諸条項と同様に、憲法制定過程で適正な手続きが国会の審議を経ているのであって、ここにこそ憲法制定権者の意志が反映しているのである。

　憲法の前文に定めた基本原理は三大原理からなっている。第一は、国民主権であり、第二は、恒久平和主義であり、第三には、基本的人権の尊重である。これらの権利主体はすべて制定権者たる国民であり、それを学説では、「憲法制定権者は、実定憲法上の主権者として指定するのである」[2]と断じている。

　この原理は、国民各人が平和的に基本的人権と個人の尊重を保持しつつ、人間主義的に生きとし生き続けるための、人間の「生命は尊貴」にかかわる生命原理であって、決して変えることが許されない基本原理である。前文の基本原理は実定憲法であるだけに法規範的性格がある一方で、国民各人の生命原理が化体している点で、法規範のみならず、憲法前文の「人間相互の関係を支配する崇高な理想」とする人間の結合体を提示している。これら、前文の法規範的性格と人間の結合体との性格を内在化しているのに加えて、憲法の消息を確定した社会的性格をも有することは当然の帰結である。それゆえに、実定法上の社会的性格は憲法の原理的諸規定にもいえることになる。

　学説では、前文三項のうち、第一項後段は、民主主義に関するアメリ

2　鵜飼信成 [1956] 57頁。

カのリンカーン大統領のゲディスバーグ演説の言葉「国民の、国民による、国民のための政治」（government of the people, by the people, for the people）[3]が由来であるとする。さらに「この権力は国民の代表者がこれを行使し」とした。これにより、前文は、民主主義の基本原理を宣言したのみならず、その具体的形態の一つである代表制民主主義を採用することを明らかにしている。そして、第二項では、平和主義の理念を示し、これを憲法第九条と第九八条で具体化している。第三項は国家的利己主義の排斥である。

　この前文が法規範性をもつことは、学説により承認されているところである。例えば、「人類普遍の原理・・・に反する一切の憲法、法令及び詔勅を排除する」という宣言が憲法改正を法的に制限する規範的意味をもつことに争いはない[4]。

　この憲法前文の原案を作成したのは、連合国総司令部民生局のフレッド・ハッシーによるものである。ハッシーは、前文の平和主義の起草に着手したが、作業委員会の討議ではケーディスや民生局長のホイットニー、ラウエルらも関与して修正が加えられた。

　また、前文の基本原理は、ポツダム宣言、リンカーンの人民主権、自然法、国際連合憲章の精神、ウィルソンの民族自決主義、反ファシズム思想やニュールンベルグ裁判の「平和に対する罪」「人道に対する罪」の法規範的意義といった第二次大戦後の連合国の平和構想の基本となる諸原則が盛り込まれている[5]。ただし、平和的生存権については、1946年2月10日以前の草案にはなく、2月13日に草案として追加されたものである。加えて、後述するように前文そのものや平和的生存権に法的権利性と裁判規範性を与える学説もまた注目に値するところがある。

前文の逐語的解説

　では、前文を逐語的に理解するために、宮澤俊義と芦部信喜による『全訂　日本国憲法』（1980年）をもとに序章にかえて解説しておくことにする。

3　宮沢俊義・芦部信喜 [1980] 37頁。

4　戸波江二 [1994] 34頁。その他、深瀬忠一や清宮四郎 [1979] 61頁。

5　深瀬忠一 [1987] 120頁。

　「**日本国民**」とは日本人の全体をいう。明治憲法の臣民とは、天皇および皇族を除いた日本人を意味したが日本国憲法の日本国民は日本の国籍を有する者すべてを含むと解せられる[6]。

　国籍法は、1950年に公布施行され、この法の目的規定には、「日本国民たる要件は、この法律の定めるところによる」ことを置き、国籍法は原則として血統主義に立脚しているが、例外として土地主義あるいは生地主義を認めている（同二条）。

　憲法にいう日本国民が天皇を含むかについて争いがある。天皇は国民に含まれないという学説もあるが、憲法で日本国民というときは、日本の国籍を有する個人をすべて指すのであるから、天皇の地位にある個人もまた日本国民に含まれるとするのが妥当である。しかし、天皇につきその地位の世襲制とその特殊な憲法的役割の性質にもとづき、法律で多かれ少なかれ一般国民と違った取り扱いを定めることが許されることを是認するかぎり、天皇が憲法にいう日本国民に含まれるかどうかを論ずることは、実益に乏しいようである。

　「**正当に選挙された国会における代表者を通じて行動し**」とは、国民によって正当に選挙された国会議員を通じて国政に参与することを原則とする、すなわち代表民主制または間接民主制の原則を意味する。

　「**われら**」は、前文のはじめの日本国民をさす。英訳文では、主語にあたる日本国民がWe,the Japanese peopleとなっている。

　「**諸国民の協和による成果**」は、文章として「を確保し」にかかる。英訳にあるように他の諸国民との「平和的協力」（peaceful cooperation）の成果を確保することを決意する意味である。

　「**政府の行為**」（action of government）は、広く統治機関の行為の意である。主権者たる国民の信託にもとづいて国政の運用に当たる国家機関の全体を政府と呼んでいるのである。

　「**決意し**」は、「成果と・・・恵沢を確保」すること及び「戦争の惨禍が起こることのないやうにすること」を決意しているのである。

　「**主権**」（sovereign power）とは国の政治のあり方を最終的に決定する力を意味する。この意図するところとして、1945年8月日本の降伏申入れに対して、連合国は、日本の最終的な政治形態は日本国民の自由に

6　宮沢俊義・芦部信喜［1980］31頁。なお、憲法10条に国民たる要件が規定されている。

表明された意志によって決定されるべきことを答えた。これは、ポツダム宣言の規定と相まって、日本に対して、国民主権の採用とそれに矛盾する天皇主権（君主主権）の廃棄を要請したものである。日本がこの要請を受諾したことは、法理的には、これまでの天皇主権の建前を放棄し、あらたに国民主権の建前を樹立したことを意味する[7]。

「**この憲法を確定する**」という句の主語は、日本国民である。この国民が憲法を確定する、すなわち、この憲法は日本国民によって制定されるという意である。そのことが民定憲法と呼ばれる所以である。

「**そもそも国政は、国民の厳粛な信託によるもの**」とは、国の政治は元来、国民のものであり（国民主権）、国民によって信託されたものであり、政治にたずさわる人たち自身のものではないから常に国民に対する責任を忘れてはならない、という意味である。

「**その権威は国民に由来し**」以下の言葉は、前述したリンカーン大統領はゲディスバーグ演説で「国民の、国民による、国民のための政治」と述べていた。この国政の「権威は国民に由来し」は、国民の政治を意味し、「**その権力は国民の代表者がこれを行使し**」は、国民による政治を意味し、「**その福利は国民がこれを享受する**」は、国民のための政治を意味する、と解してよかろう。リンカーンの government of the people の通説的な言葉の意味は「国民（または、人民）の政治」と訳している。国民の政治は、理念的・原理的に、政治の権力の源泉が国民に由来するという建前、すなわち国民主権の原理を意味する、と解するのが妥当であろう。

「**これは人類普遍の原理**」とは、ある時代のある国家に通用する原理ではなくて、すべての人類を通じて普遍的に通用すべき原理を意味する。

「**かかる原理**」とは、人類普遍の原理とされた原理のこと、すなわち、リンカーンの「国民の、国民による、国民のための政治」の原理を意味する。日本国憲法は、人類そのものの本質的にともなう原理に立脚するということである。なお、「これ」とは人類普遍の原理の意である。内閣草案では「この憲法は、この原理に基づくものである。我らは、この

7　同上書、31－34頁。明治15年（1882年）の主権論争において、自由党が主権在民を唱えたことがあったが、明治憲法はこれを認めず、天皇主権を採用した。それは主権の主体としての天皇は、現にある天皇ではなくて、その祖先－極限として天照大神が措定されたものであるとされ、天皇主権は同時にまた神意主権であり神勅主権でもあった。

憲法に反する一切の法令と勅令を廃止する」となっていた。これでは、マッカーサー草案の言葉とも意味が違うので、衆議院で現在のように改められた。

「これに反する一切の憲法、法令及び詔勅を排除する」とは、日本にあった憲法以下のすべての成文法だけでなく、将来成立するであろうあらゆる成文法が「人類普遍の原理」に反するかぎり認めないという意味である。「憲法、法令及び詔勅」とあるのは、いっさいの成分法を意味する。この憲法に反する法令が効力を有しないということは、「国民の、国民による、国民のための政治」という「人類普遍の原理」に反する法令はいっさい認めないとする意図を言明することにある。したがって、別に定められる憲法改正の手続きをもってしても、この原理に反する規定を設けることはできないことが、ここで明らかにされている。

「人間相互の関係を支配する崇高な理想」とは、隣人愛・信頼・平和といったような、自主的な人間の結合として成立する民主的社会の存立のために欠くことのできない、人間と人間との関係を律する最高の道徳則を意味すると解することができる。

「平和を愛する諸国民の公正と信義に信頼して、われらの安全と生存を保持しようと決意した。われらは、平和を維持し、専制と隷従、圧迫と偏狭を地上から永遠に除去しようと努めてゐる国際社会において、名誉ある地位を占めたいと思ふ」の以下の言葉は、第九条が戦争の放棄・戦力の否認を定めていることと関連する。武力により安全と生存を保持することをやめて、軍備を撤廃し、戦争を放棄した。ならば日本の何により安全と生存を保持するのか。この問いに対する答えが、「平和を愛する諸国民の公正と信義に信頼して、われらの安全と生存を保持しようと決意した」という言葉である。

「恐怖と欠乏から免かれ」とは、1948年8月14日の大西洋憲章（Atlantic-Charter）に、「恐怖と欠乏からの自由」（大西洋憲章六条）という言葉に由来する。

「国家も、自国のことのみに専念して他国」のうち、「国家」並びに「自国」及び「他国」における国は、マッカーサー草案ではpeopleになっているが、後の英訳ではnationとなっているから、どちらでも意味は同じである。

「政治道徳の法則は、普遍的」の「普遍的」とは、時と所とにかかわ

らず、常にすべての人間に妥当する意味であるから自然法的といっても
いい。「政治道徳の法則」は、世界のすべての国家と人間とを等しく拘
束する、というのが、日本国憲法の考えなのである。

　「自国の主権」の「主権」とは、独立の意味である。そのため第一項
の国の政治のあり方を終局的に決定する権力または意志である「主権」
とは、意味が違う。日本は、降伏の結果ここにいう意味の主権（独立）
を失い非主権国となり、その統治権は連合国最高司令官の権力に従属さ
せられた。そして、平和条約の発効とともに、その主権を回復した。

　日本は、主権すなわち独立を回復したが、無制限な主権を独善的に主
張するものではない。日本は、普遍的な政治法則にしたがおうとし、自
国のみに専念して他国を無視することを排斥する。そして、条約及び確
立された国際法規を誠実に遵守しようとする（第九八条二項）。フラン
ス憲法は、「相互の留保の下に、フランスは、平和の組織とその防衛の
ために必要な主権の制限を承認する」と前文で定めるが、日本国憲法前
文の趣旨もそれとかわるところはない[8]。

　ここまでが、両者の著作からの逐語的解説である。だが宮澤・芦部の
解説には、「平和を愛する諸国民」の解説が見当たらない。「諸国民」と
はソ連や社会主義国など政治経済体制を相克した人類世界の国民を意味
するから、世界の国民は平和を愛することを決意したのであるといえよ
う。そしてまた、長沼事件札幌地裁判決は、「前文のなかからは、・・・
わが国みずからが軍備を保持して、再度武力をもって相争うことを容認
するような思想は、まったく見出すことはできない」[9]と判示したこと
は、前文の文理と精神の当然の帰結であるから、平和を愛する諸国民の
悲願であることに関連付けることができる。

　その他「日本国民は、国家の名誉にかけ、全力をあげてこの崇高な理
想と目的を達成することを誓ふ」の「理想と目的」の解説が見られない。
広義には、理想と目的を国家の名誉にかけたのだから、前文全体のこと
を指す。一方、狭義では、前文第二項第一段の「崇高な理想を深く」と
あるから、平和的生存権の確立のことであろう。ただし、広狭いずれの
理想と目的であっても、前文は憲法本文諸条項と有機的関連において一

8　同上書、34-40頁。

9　深瀬忠一-［1987］187頁。

体的であるから、前文と憲法本文諸条項とを国家の名誉にかけて戦争の過ちを繰り返すことなく、現在から未来にかけて全力をあげて三大原理を軸に諸条項を達成することが憲法の目的である。だから、崇高な理想のままでよいのではなく、憲法を実現するための方途を前文に掲げたと理解しなければならない。

❷ 憲法の人類史的意義

　こうした、前文に掲げられた理念と精髄の成立にいたる前史があった。日本帝国主義は、満州事変、日中戦争の7年後に「帝国ハ今ヤ自存自衛ノ為蹶起シテ一切ノ障礙ヲ破砕スルノ外ナキナリ」[10]という米英に対する宣戦の詔書により第二次世界大戦に突入した。この大戦は、自衛権、自存自衛ないし聖戦、祖国防衛の美名のもとで突入した大陸、東南アジア、太平洋地域に対する侵略戦争の史実は消え去りはしない。侵略、外征によって幾多の無辜の世界人民の苦悩と犠牲、恐怖や飢餓、および戦死と戦病死などの犠牲者を出し、厭戦と厭世感情が生み出されたのであった[11]。こうした第二次世界大戦の魑魅魍魎の深い思いの上に書きこまれた日本国憲法を頂点とする戦後民主主義の大枠ができたのである。大戦後、人々が唱えたのは、民主主義に根差す平和国家と文化国家であった。軍事的価値を完全に否定する人々のための民主的国家像を希求していたのである。前文の、「これに反する一切の憲法、法令及び詔勅を排除する」ということは憲法に違反する実定法のことである。そのため原理的諸規定と憲法保障制度（第九八条一項）に反する実定法は、当然のごとく違憲立法となり、これにより司法府に設置されている下級裁判所と最高裁判所には違憲審査権が認められている（第八一条）。こうした司法府の違憲立法審査権は、憲法の原理的諸規定を維持するために憲法保障機能が与えられているのである。

　かくして、偉大なる人類史的文明化作用から創出された人権発展史上、

10　朝日新聞、1941年12月9日。

11　日中戦争は1945年第一復員省作成の11月の資料では、戦死者数1万2,498人、戦病死者数1万2,713人であった。日中戦争以降の軍人・軍属の戦没者数は約230万人だが餓死者や栄養失調に伴う戦力の消耗、マラリアで病死した広義の餓死者の合計は、140万人（全体の61％）に達すると推定している。吉田裕［2017］29−31頁。

比類なき平和国家樹立を目的にした平和的生存権を含みうる憲法第九条は、「日本国民の総意に基づいて」非武装永世中立主義が確定概念となって、憲法制定権者の胸に迫り胸に落ちるほど、不戦反戦の誓いの人類史的意義のある平和主義憲法として制定されたのである[12]。この第九条に規定された非武装永世中立主義の内容は、世界平和を第一に実現することにあり、さらには、人類普遍の原理を展開し、非武装永世中立主義を実現しようとするものである。

❸ 憲法の法原理と方法論

　憲法の理論体系は、法的性格及び裁判規範性をもつものであり[13]、憲法本文諸条項もまた法規範性を有し、規範的本文全体の指導理念としての解釈基準が提示され、それによって個々の条文と一体化した憲法典の理論体系をなす最高法規の地位にある。そのため、すべての法律の骨格となる指導原理となり、なおかつ法理論の性格を有している。憲法の各条項は、前文に定められた新たな哲学と人類史的平和の任務を背負った全11章103カ条からなる体系化された憲法典であるだけに、社会科学としての憲法学の原理であるといえる。

　かつてマルクス経済学者の宇野理論でその名を冠する宇野弘蔵は、鵜飼信成と有泉亨との三者の座談会の中で、法律学に原理としての法律体系とその原理的研究を求めていた。「何か経済学の原理論に当たるような法律学の研究があるのかないのかということが疑問なんです・・・原理的なものが民法だけだとか、あるいは公法だけということなしに、民法、商法のような私法と、刑法と公法というように全体に関連した市民的な法原理、というものとしてできないといけないのではないかと思う・・・法律の社会科学としての原理的体系をなすものとして規定する」[14]ことを指摘し、法律学に対し原理論に匹敵する研究を要求して

12　戦後の毎日新聞の「新憲法草案に関する輿論調査の結果」では、戦争放棄の条項を「必要」70％、「必要なし」28％という。毎日新聞、1946年5月27日。これは第二次世界大戦の国民生活への打撃と破局を精確に示している。

13　前文の平和的生存権を重視して裁判規範性とするのは、例えば小林武[2006]35-52頁。

14　宇野弘蔵・鵜飼信成・有泉亨[1955]11-23頁。この中で憲法学者の鵜飼は法律をイデオロギーとまで論じていた。

いた。

　この求めに応じることにする。法典ないし憲法典として位置づけられている日本国憲法は、憲法の前文から憲法本文諸条項を対象にした法律学の学問的考察基準としての法原理の地位が与えられ、方法論上抽象化された憲法の原理的諸規定を論拠にして理論的ないし論理的に形成されたのが立法政策としての法律である[15]。つまり、憲法学の方法論とは、最高法規としての社会科学の理論的体系である日本国憲法が原理論の地位に対応するものであり、この憲法典が学問的考察基準すなわち概して参照基準の地位が与えられ、それによって法律学の研究対象の分析基準となりうるのである。

　憲法学の方法論として、二面的に把握する必要がある[16]。絶対的と相対的の二面である。絶対的とは、学問的考察基準である憲法の前文と原理的諸規定に焦点を当てた不朽の原典と位置付ける。一方の相対的とは、権利主体である憲法制定権者が現代日本社会において対立や闘争を通して憲法の前文と原理的諸規定を実践的に動かし、実効的に活用することで、その諸原理を弁証法的に生成、発展、爛熟することにある。この方法論は、いずれも憲法の原理を基調とするものであるが、一面的には静態的に学説を創造したりする学問研究、判例研究や憲法研究の孤高のあり方を追究するものである。他面、現代日本社会との相対的な関係にある憲法制定権者が憲法の原理的諸規定を実践的に活用して動態的に生成発展させる「方法論の方法」のことである。こうした二面的な特性をなす憲法原理の性格を社会科学の方法論として定立させようとするものである[17]。

　つまりこの方法論を活用して、憲法の原理的諸規定を介して法律学の具体的な研究対象である法に関する一般的諸現象を分析するための適用

15　労働法は、憲法二七条二項を軸に整備されたが1981年以降中間理論としての労働政策に転じ、民法の特別法である労働契約法により階級関係を覆い隠し、それがまた解雇の自由によって労働力の商品化の矛盾が暴露されたことを論証した。子島喜久 [2020] 92−94頁。

16　憲法を二面的に捉える方法論は社会科学を研究するうえでかなり大胆な仮説的挑戦でもある。絶対的には学説や判例規範などを含む象牙の塔の研究である。相対的とは実践的憲法といえば平易となろう。例えば星野安三郎は実践的憲法学者といわれていた。

17　こうした同旨見解がある。「法が発展するのは、法の担い手の主体的な活動によるわけである」として法を動態的に「動いている」とする。団藤重光 [2007] 143、350頁。

方法を現代日本社会に役立たせるのである[18]。

逆流・歴史を揺り戻す法の作用

　法は、通例、立法者の意思であるといわれている。例えば、立法過程では、立案者がどのような趣旨や目的をもって立法の原案を作成したのかが法の性格を規定する。法の原案資料や国会議事の過程を通じて立法の合理的意思が反映されたものとされ、法の解釈にしばしば用いられるところである。ことに、実定法が現代日本社会に適用され、立法者の意思に反して予想をはるかに超えた法の現象形態となり、法の副作用が法現象として生じる場合もある。

　その時々の時代の潮流に応じて、立法府や行政府の立法政策は立法者の意思が反映し、その条文に映しだされたものが法の性格である。法の性格はまた立法者の性格でもあるから、立法者そのものは立法機関や行政機関であり、両機関は財界と深く相互補完的に関連しあう資本主義の支配的資本の概念の範疇にあるのはほかでもない。この支配的資本の意思が立法過程において原案に手が加えられて制定にいたる一連の過程がある。これは唯物史観でいうところの、資本主義を構成する経済的下部構造の土台に対応する政治的上部構造のうちの法律一般のことである。

　このうち、1981年に設置された第二次臨時行政調査会による第三次答申での政策過程の出発点であった規制緩和の一つの立法政策の一例が労働法である。その結果として労働法は、労働保護法から中間理論としての労働政策に転じたのであった。この政策を拡大進展するその過程において、これまでの歴史社会の流れに逆行すべく、歴史を揺り戻そうとする作用が政治的上部構造に働くのである。つまり時代の流れに逆行する現象が規制緩和による法現象としてのいわゆる逆流現象が生じ、それによって労働者はますます疎外された労働となる。この政策の特性には、歴史を揺り戻す作用を有し、あたかも歴史の歯車が逆回転するかのように、ある一時期に後退する仮象が、新自由主義的政策思潮が現代日本社会に現出することになるのである。ただし、グリニッジ標準時と共に時は流れ、地球は自転し、ゆく河の流れは絶えずして形態変化するのであ

18　法社会学は法現象を対象とする学問であるが、もっと広く動態的な実証としての社会現象をも含む学問的課題が法学にはあると考えている。なお学問的考察基準には裁判規範を捨象している。

るから、歴史は決して再び先祖帰りすることなどはない。歴史的動態は、働く者が精神的及び肉体的労働よって時間と共に歴史の流れを着実に確保しているのである。というのは、ヘラクレイトスのいう「パンタレイ」（万物は流転する）であり、ヘーゲルのいう「螺旋的発展」がそう示していることでもある。

　現代に特徴的に表れ出す逆流現象をハイデッカーの『存在と時間』（1927年）の現象学から説くとすれば、現象とは、$\phi\alpha\iota\nu\acute{o}\mu\epsilon\nu o\nu$という「ありのままにおのれを示すもの」や「あらわなもの」、複数で表わすと「明るみに出すことのできるもの」の総体のことである。ところで現象がありのままではないようにおのれを示すことが、「（いかにも）…のようにみかけられる」ということになることを仮象（Schein）と呼ぶ。それでギリシャ語で現象という言葉は、「みかけ」の仮象という意味をもっている。例えば、「いかにも善いらしくみえはするが《現実には》それがよそおっているとおりの善いものではないもの」のことである[19]。つまり現象学のいうところの、現象とは「みかけ」の仮象の意味でもある。歴史を揺り戻すことは「みかけ」のようにみなされやすく、歴史の歯車が逆回転しているような逆流現象にとらわれることになる。

　こうした現象に突き当たることが新自由主義的政策にはしばしば目のあたりにするところである。歴史を揺り戻す作用は、法の現象としてのその時々の立法政策、すなわち法の規制緩和である。こうした逆流現象に対処する課題は各人がすでに、「自分で解決できる課題」であるだけに、学問的課題にはすでに解決する鍵としての理論的諸条件が内在していることになる。そこでこうした様々な課題を解き明かすための諸条件を突き進めるために、原理論に相当する理論的体系をなす憲法の抽象化された原理的諸規定にその解明を求めようとするものである。

19　Heidegger, [1927] 80-81頁。

2章

憲法の基本原理

2章 憲法の基本原理

❶ 国民主権

　すでに、第1章で解説しておいた前文には、三つの基本原理が確定されているが抽象的であることから、関連する条文を含めていま一度確認しておくことにしよう。

　第一に国民主権とは、前文第一項で「日本国民は、正当に選挙された国会における代表者を通じて行動し・・・ここに主権が国民に存することを宣言し、この憲法を確定する。」として、憲法の制定主体が国民にあることを明確にした。しかもその際国民は、「正当に選挙された国会における代表者を通じて行動」することを約し、さらに「そもそも国政は、国民の厳粛な信託によるものであつて、その権威は国民に由来し、その権力は国民の代表者がこれを行使し、その福利は国民がこれを享受する。これは人類普遍の原理であり、この憲法は、かかる原理に基くものである。」と宣言した。そこで憲法は天皇について定めた第一条において、「この地位は、主権の存する日本国民の総意に基く。」ものであることを明確にしている。そして憲法第四三条一項では「両議院は、全国民を代表する選挙された議員でこれを組織する。」と代表民主制を具体的に確認している。

　このように、国民主権原理は、国民が主権者であることの地位と権利を認めているのである。国民主権原理の有力な学説を占めているのは、大別して、正当性の原理としての側面と、実定憲法上の構成原理としての二つの側面を持ち、後者はさらに国家の統治制度の民主化に関する側面と公開討論の場を確保する側面を包含するものと解すべきであるとされている。

　すなわち―

①主権は観念的統一体としての国民にあり、その意思を正当性の究極の根拠とみるものと捉える。ただし、国民の制憲権は、憲法改正権として制度化されており、その限りにおいて国民は有権者として現れる。

②実定憲法上の構成原理としては、国民主権は、統治制度の民主化の要請、すなわち有権者らは民意を忠実に反映するよう組織されなければならないこと、及び公開討論の場の確保の要請を含むというのである。

　学説に対して私見を述べることにする。国民主権の原理規定は、国民が憲法制定権者という主体であり、そして国政の根拠の源泉が国民にあること。つまり統治の正当性の根拠が国民であるから、国民による同意形成が必要なことがわかる。さらに、国政のあり方を最終的に決定する権力ないし権威が国民に由来する原理がある。国民主権が憲法の基本原理であるから、国家権力が国民主権によって基礎づけられていることが承認されていると解せる。いわば、前文の「そもそも国政は、国民の厳粛な信託によるもの」が国の政治は元来、国民が主体であることを現す国民主権であるから、憲法の国民主権とは、民主政治を求める国民のために、すべて国民各人の意思を反映したものでなければならず、代表民主制による政治が有効に機能しているということを想定していることになる。しかし、一方では憲法第四一条の「国の唯一の立法機関」であり第四三条一項の「全国民を代表する」者が、憲法第五九条の衆議院「三分の二以上の多数」を占めた場合、第六五条の「行政権は、内閣に属する」ことをもって国民主権と民主主義が機能しているとは到底いえない。具体的には、選挙制度のあり方をはじめとする、一票の格差の問題や小選挙区比例代表並立制度の問題を表面化させたまま、「組織は数　数は力」あるいは「力は正義」で「多数は正義」を引き合いに出して、議会政治の第二原理とされている多数決原理で国会を独占的支配して国策を閣議決定することは、少なくとも全国民を代表する高潔な為政者ではないといえる。民主主義に求められるのは、「数の政治」ではなく「理の政治」という理性にかなった多数者の意思に少数者の意見が必ず反映されなければならないのと同時に社会的正当な意思に従うことであると考える。しかも、たとえ少数者あるいは少数派であろうとも個人として尊重する基本的人権は厳格に遵守されなければならないのはいうまでもない。

　つまり憲法前文は、「日本国民は、正当に選挙された国会における代表者を通じて行動し」と謳うが、国民の代表たる者が、その模範的行動をともなわない、当事者能力や意思能力が欠如されたものとして、あらゆる社会現象をみるのである。国民主権である権利主体が衰退化しているその一例を掲げよう。

労働法改正の社会現象

　労働法改正の規制緩和を4つの面に分けて検討してみよう。

　第一に、1985年に経済同友会の「中間労働市場論」を契機に成立した「労働者派遣事業の適正な運営の確保及び派遣労働者の保護等に関する法律」（以下、「労働者派遣法」と略記する）は、その後、1999年までの法の改正で規制緩和し続け、ネガティブリスト方式により適用対象業務が原則自由化されてゆき、労働保護法に逆行して規制緩和する形で雇用の調整弁という安価な非正規労働者の増大をもたらすことになる。次いで、2015年改正の労働者派遣法は労働者の要求に背くものとなり、財界の法益が増すにつれて対極に位置する派遣労働者には不利益が生じ格差再拡大をもたらす要因となっている。

　第二に、解雇権濫用の法理である。2000年1月21日、東京地裁でのナショナル・ウエストミンスター銀行事件判決は、労働契約法第一六条の派生法理である整理解雇の四要件を四要素説（四要素等総合考慮説）に緩和して解雇の自由を助長することになった。この判決で規制緩和された派生法理である四要素説を採用したことにより、資本主義の基本的矛盾である労働力の商品化が解雇や整理解雇によってこの矛盾を実証的に解き明かされたのであった。

　一方の厚労省では、「透明かつ公正な労働紛争解決システム等の在り方に関る検討会」（座長・荒木尚志）は説道し2017年5月31日に「解雇無効時における金銭救済制度の在り方とその必要性」を盛り込んだ報告書をまとめた。この報告書は、解雇無効時における労働契約解消金である、労働契約終了の損害賠償部分とバックペイ（解雇が無効とされた場合に民法五三六条二項による未払い賃金部分）の2つに議論が集中していた[20]。

　現在は、この報告書をもとに同省で「解雇無効時の金銭救済制度に係る法技術的論点に関する検討会」（座長・山川隆一）が実施された。令和4年4月の報告書では解雇による金銭解決の根本問題を解消する議論はむしろ解雇を推進する様相である。資本の論理に内包された労働契約解消金は、解雇の無効判決がなされて、労働者が金銭救済を申立てた後でも、使用者が金銭を支払えば解雇を自由に行なえるシステムである。

20　棗一郎 [2018] 4–19頁。

労働契約を早期に終了し労働者の解雇がいつでも自由となる。もっとも、この検討会は、ほかでもなく労働者の解雇を前提とした解決金で、憲法第二七条の勤労権を奪うことになる。金銭の水準は、本訴提起後の和解水準ではなく労働審判手続きでの調停水準が目安となっている。

　第三に、2004年に制定した労働審判法である。同法は、民事に関する個別労働関係民事紛争とはいえ、労働者の権利と労働条件に関する紛争を、訴訟の手続きである民事訴訟法の規定に特化し、権利関係を内包して処理することを目的としている。同法の目的は、三回の審判で簡易迅速性をもたせ、解雇や整理解雇による労働移動を促進し、企業に労働者を定着させず短期有期雇用を渇望する使用者の発意に根ざした雇用形態を目指している。

　第四に、2013年には、産業競争力会議に提出され閣議決定された、周知の経済政策・アベノミクスの第三の矢であった。「日本再興戦略——JAPAN is BACK」（平成25年6月14日）の中で盛り込まれた、失業なき労働移動の実現である。具体的には、①雇用調整助成金から労働移動型支援助成金への大胆な資金シフト、②ハローワークの求人・求職情報の民間人材ビジネスなどへのオンライン提供、③民間ビジネスの紹介で雇い入れる事業主へのトライアル雇用奨励金の支給、④キャリア・カウンセリングやジョブ・カード交付などでの民間人材ビジネスの活用、⑤労働時間法制の見直し、⑥労働者派遣制度の見直し、⑦多様な正社員モデルの普及・促進などの施策などであった[21]。これにより、権利主体である労働者の労働基本権も流動化することになった。つまり、四つの側面から国民主権が衰退化していることが明らかとなった。

　これらを現政権は、情報産業への労働移動を促しながらジョブ型雇用と職務給を推進している。加えて、「統合イノベーション戦略2022」（令和4年6月3日閣議決定）では、新しい資本主義の成長戦略の鍵となる「科学技術・イノベーション」政策の2本の柱を中心とするのが科学技術・イノベーションである。この科学技術・イノベーションは経済成長の原動力を生み出すための総合的な安全保障の実現を図る手段の要とし、デジタル田園都市国家構想、デジタル化による「AI戦略2022」をAIにもとめている。令和4年8月26日には、「新産業創出等研究開発基本計画」

21　伍賀一道・脇田茂・森崎巌 [2016] 100-101頁。

を決定し、この基本計画の中で、「福島イノベーション・コースト構想」は、ICT産業を中心に福島復興のための国家プロジェクトとして取り組むものである。福島イノベーション・コースト構想の原点は、実際原発開発の端緒であったマンハッタン計画の地、アメリカワシントン州ハンフォード・サイトである。では、政権が進める新しい資本主義政策の一端であるイノベーションを、経済学の射程から考察してみよう。

ヨーゼフ・シュンペーターが唱えたイノベーションとは、『資本主義・社会主義・民主主義　上巻』（1950年）において、資本主義のエンジンを起動せしめる企業者の競争による新商品、新技術、新生産方法、新資本、新組織からなる革新（イノベーション）のことである。企業の組織的発展を古きものを破壊し新しいものを創造して内部から経済構造を革命化する産業上の「創造的破壊」（Creative Destruction）の過程こそ資本主義の本質的事実である[22]。しかし、資本主義は結局「内部から資本主義の原動力を解体」せしめるであろう「資本主義体制が自己崩壊」に向かい「資本主義過程はそれ自身の制度的骨組みを破壊する」[23]ことにいたる。現政権の科学技術・イノベーションを進めるイノベーターにとって、シュンペーターに依拠していると推測することができるのであるが創造的破壊という資本主義の本質的事実は、内部から資本主義の自己崩壊をもたらすことになる。

以上のとおり、現政権と前政権との政策によって国民主権が衰退化していることを検討してきた。結果として、使用者の責に帰すべき事項を定めた労働法は、予定調和な相対的過剰人口を不断に増加させる要因となり、低賃金労働者を増加せしめ、雇用が不安定な非正規労働者の増大を助長する側面もある。よって労働保護法の理念や目的を希釈させ法の社会化を衰退化させたことが、権利主体をも荒廃化することに連なる。

具体的には、もうひとつの新自由主義政策であった戦闘的労働組合の弱体化であった。この国家的戦略を実行したことによって、労働者は分断され、労働・生存条件を確保するための労働基本権の主たる対抗手段となっていた、大同団結による争議行為がなし崩しにされ、労働条件が切り下げられ続け解雇しやすくしたのである。しかも労使対等でない労

22　Schumpeter. [1950] 150-151頁。

23　同上書、295頁。

働者を企業に定着させないための労働移動を目的にした労働者の流動化政策を促進しているのであった。

　ということは、労働法の権利主体が名目的となりえ、それゆえ、国民主権の実質的主権が名目的となる傾向を示している。国民主権を反転して、政府財界がその主権を奪い、労働政策である労働法を着々と改正しては、景気循環の動向に左右されながら働く労働者を路頭に迷わせ労働市場からの吸収と排出の調整を続けてゆく。働く人々は、露命をつなぐ補償さえ確保できず、不断に不安で不安定な経済の原則的生活が常態化するにいたる。概して、これらの労働政策は、政府、財界の日本資本主義経済の危機と再生、再活性化のために求められてきたことを集約的に示している。

　総じて、法の副作用が露呈しその影を落としている。加古裕二郎は、法の支配とは法があたかも人間を支配するという事態を法物神性論として説いていた。まさに正鵠を得た学説といえよう。主として労働者派遣法は、労働保護の理念を捨て去り国民が主権者であるならばとうてい立法府での成立は不可能な内容となっていた。国民の意思が十分かつ忠実に、議会に意思として反映しない限り、国民主権は今なお置き去りにされ、国民の代表者であるはずの国会議員が、夥しい愚考を重ねた立法政策の証左としての法現象が社会現象となって現代日本社会に露呈しているのである。

　さらに、地方自治についていえば、憲法第九二条では「地方自治の本旨に基いて」と規定されている。この「地方自治の本旨」とは、団体自治と住民自治の二つの要素が含まれる。前者は、地方公共団体が国に対して自治的な単位として組織・運営されなければならないという自治権独立の理念である。後者は、そのような自治単位がそれを構成する住民自身の意思を基礎としていなければならない民主主義の理念である。日本国憲法全体が目指している内容的理念、究極的には個人の尊厳を核とする人権の確保をねらいとしている[24]。つまり、同条は、地方の自治は住民の意思に基づいておこなわれるという、民主主義を基本原理にした規定である。

　だがしかし、地方自治体では、公設民営のコンセッション方式を導入

24　樋口陽一［1998］357頁。

している。その弊害は、地方自治と住民自治の結合が崩壊を招き、公共サービスが広く国民に行き届かず低迷し続ける一方で、いわゆるシビル・ミニマムが形骸化されている。それは、国民主権を予定調和な資本主義市場経済の活力再生に根差すこと公共サービスを民間資本に委ね、市場経済を再活性化させるための政策であるニュー・パブリック・マネジメントなどを導入させている。市場原理主義による公共機関の民営化政策が地方自治の本旨を歪め、国民主権と民主主義を潜脱しさえすることになっている。

　以上のように、国民主権の原理である民主主義を確保するためには、いまや地域住民、そして憲法制定権者である国民による統制が必要に求められている。さらには平和を愛する国民が主権者となり国家権力を統制し自ら国家を運営する自覚を担ってこそ、権利主体となりえ憲法の基本原理を獲得することができるのである。

❷ 恒久平和主義・平和哲学

　第二のそれは、恒久平和主義の原理である。前文第一項一段で「政府の行為によって再び戦争の惨禍が起ることのないやうにすることを決意し」と提示されている。換言してみれば、戦争という恐ろしい愚かな行為、戦力を行使して世界市場の拡大に向けて侵略すること、侵略されても交戦しないということを宣言し、日本は自衛のための戦争をも行わないということ、つまり一切の戦争を完全に放棄している。このことは、広島平和都市記念碑の「安らかに眠って下さい　過ちは繰しませぬから」という平和への道が、人類全体が侵した「過ち」を過去に対する永遠の反省として誓われている碑文とみごとに符号している。さらに前文第二項一段では「日本国民は、恒久の平和を念願し、人間相互の関係を支配する崇高な理想を深く自覚するのであつて、平和を愛する」という恒久平和主義が永遠に平和を維持し堅持しつくすことを「愛する」という能動的表現によって結ばれている。

　憲法にしたがった平和とは、国家間の関係を通じて相互的な人間の総体によって維持存続することである。憲法が「平和を愛する」と言っているのだから、憲法によって国民がいわば受動的に「愛されている」ことになる。さらにいえば「愛される」権利があることとして受容するこ

とが民主主義に基づく「人類普遍の原理」であることに通じることになる。国民の立場からは憲法を「愛すること」と「平和を愛すること」が憲法前文で堅く誓われていることになる。

　つまり「愛Liebe」を媒介にして、国民と憲法とが平和への相互作用の関係になり、こうして「最高のものは人間の愛である」（フォイエルバッハ）ということになる。ところでこの「愛」とはギリシア語のphiloでありsophiaの「英智」をつづるとphilosophiaという「哲学」を意味することになる。愛と英智との知的探求を目指す哲学を自分の学問研究の礎にしていた、マルクス経済学者の宇野弘蔵は次のように言い残していた。

　「進む時には詩があればよい　退く時には哲学がいる」と。実定憲法に示されている護憲と平和理念が後退している。現代日本社会における安全保障環境の変化拡大と国防意識の高揚のもとにおいて、われわれ国民がなすべきことは、平和主義と平和思想を進む時の詩のように充分に高めることによって、哲学の語源にあるような愛と英智をもった平和憲法を平和に生きるための指導原理として擁護することにある。

　かのヘーゲルが、フランクフルト時代に家庭教師をしていた頃に著した『キリスト教の精神とその運命』において「愛による運命の和解」という弁証法の原型を書していた。この意味は、すべての対立は解消することに根ざし、自己も他者も生なる無限であり「生とは単に結合であるばかりでなく、結合と非結合との結合である」という。つまり、普遍的な実在としての生という哲学的思考の発展により理性へと向かう志向性が「愛」である。この愛により生が見出され自己と他者は結ばれて、運命は和解へと導かれるのである。この和解が対立から統一へと進む、「和解の弁証法」といわれる所以である。弁証法とは対話術といわれていることからも、理性的な対話や会話という言語の手段を通じて、複雑でしかも歴史的事実を遡及しなければならない難渋な国際的社会問題や戦争と紛争を平和裡な和解へと進みうることになる。その意味で前文の「われらは、いづれの国家も、自国のことのみに専念して他国を無視してはならないのであつて、政治道徳の法則は、普遍的なものであり、この法則に従ふことは、自国の主権を維持し、他国と対等関係に立たうとする各国の責務であると信ずる」と求めているのが本来の「国際協調主義」なのである。

総じてこの意味から、哲学という人文社会科学としての立場からも護憲が基調となる。平和主義を求めることは、生きとし生き続ける者が依拠する必要条件でもあることから、修辞学を援用して平和理念を歪曲することは憲法典としての日本国憲法を棄却することになる。これまで哲学の視座から述べてきたわけであるが、ヘラクレイトスは「万物は流転する」とし、そしてエンゲルスは「木を見て森をみないからである」として形而上学を批判していた。

　憲法典を形而上学のように捉える詭弁家とは、憲法の理念とは次元が異なることはいうまでもなかろう。憲法第三章の基本的人権規定は、相対的に生成発展するものである。

　また後に触れることでもあるが、憲法第九条一項前段ではこの恒久平和主義を具体的に確認している。「日本国民は、正義と秩序を基調とする国際平和を誠実に希求」することが明示的に提示されていることは、戦力不保持を確認し、それが何人にもわかるような構成になっている。さらには憲法第九八条二項でも平和主義を確定している。「日本国が締結した条約及び確立された国際法規は、これを誠実に遵守することを必要とする」ここで定められていることは、第二次世界大戦の反省から再び日本が国際法規を無視することなく、また条約などを遵守することを通じて平和主義の理念を現実にしようという趣旨である。繰り返すが前文の「われらは、全世界の国民が、ひとしく恐怖と欠乏から免かれ、平和のうちに生存する権利を有することを確認する」と規定した、平和的生存権を憲法第九条は具体化して「日本国民は、正義と秩序を基調とする国際平和を誠実に希求」との条文がともに対応して非武装永世平和主義を規定しているのである。

❸ 基本的人権と弁証法的諸原理

　そして第三に、基本的人権とは、人間が生まれながらにして人間であるがゆえに有する権利としての人権である。歴史的に振り返れば、1776年のアメリカにおけるヴァージニア権利章典と1789年のフランス人権宣言がある。ヴァージニア権利章典は、「すべて人は生来ひとしく自由かつ独立しており、一定の生来の権利を有する」と宣言していた。続くフランス人権宣言においても、「人は、自由かつ権利において平等

なものとして出生し、かつ生存する」としていた。このように対象は「人」
であり、ひときわ権利を人という観点から照していることがわかる。

　憲法第一三条では、「すべて国民は、個人として尊重される。」として
基本的人権が国家により保障されていることが示され、つづく「生命、
自由及び幸福追求に対する国民の権利」が総則的ないし基底的基本的人
権規定といわれている。この「自由」のなかには、自由権としての、精
神的自由権、経済的自由権、人身の自由が認められている。自由権のな
かでも重きをなしているのが憲法第二一条で謳われている表現の自由で
ある。

　これら基本的人権の保障の程度と国民主権がどの程度現実性をもつの
かが民主主義のひとつの尺度であると思われる。

弁証法的諸原理

　そしてこの基本的人権は、「人が人格的自律の存在として自己を主張
し、そのような存在としてあり続ける上で不可欠な権利」であるとして
「人格的自律」を中核とする「自己決定権」を基本的人権の根拠とする
学説がある[25]。この基本的人権は権利義務と引き換えに保障するもの
ではないし、市民法原理による民法の信義則のような、権利義務が契約
関係にあるのとは次元を異にする。ゆえにすべての基本的人権の保障を
掲げる人間の尊厳権利は、国家により保障され体現された時にこそ、最
高法規としての実質的根拠が与えられるのである。

　第一三条は、新しい人権として自己決定権、環境権、眺望権、嫌煙権
など学説では様々な権利が主張されている[26]。

　その意味で、第一三条の基底的権利にすえてみれば、諸国民のあらゆ
る社会運動や実践的活動によって萌芽し発現する現象形態としての新し
い権利が現代日本社会を相対化することによって生成、発展、爛熟する
弁証法的権利であると規定することができる。

25　佐藤幸治 [1992] 412頁。労働法分野では西谷敏が自己決定権は生存権、労働権と並ぶ下位
の理念の一つであるとする。西谷敏 [2016] 107頁。

26　新しい人権とは、肖像権やプライバシー権などは憲法に明文規定が無いにもかかわらず憲法に
明文規定のある人権と同様に裁判上保護されることが、判例によっても認められている。このよう
な権利は、憲法制定権者の意識にのぼらなかったものの、憲法的価値と矛盾せず国民のコンセ
ンサスを得ており、法的内容も明確化している場合には、一三条の幸福追求権に組み込む人権
として扱うべきだとされている。棟居快行 [2006] 67頁。

つまり、「両者のおのおのが、みずからをなしとげることによって、他のものをつくりだし、みずからを他のものとしてつくりだすのである」（マルクス『経済学批判要綱　第1分冊』1857-1858年、15頁）。これはヘーゲル弁証法の古典的な陳述であるが、憲法が自らの原理を創りあげることによって、他の新しい人権を創りあげることができることを意味する。

　そればかりではない。歴史的には、社会権である労働基本権を体現させた実践的労働者が階級闘争や権利闘争を通じて築き上げながら労働・生存条件を獲得し発展させたのが団結権、団体交渉権、争議権を発展させたという事実がある。これら権利のための闘争を介して社会変革へ通ずる道を自ら切り拓き、そしてまた、自身が類的存在であると自覚することが、労働・生存条件を規定する類的生活を確保し、それと同時に戦闘的労働組合も発展させてきたのであった。

　この労働基本権は、憲法で認められた基本的人権のうちの社会権であるから、資本との対立や闘争過程において合理的に適用し発動させるたびごとに彫琢させた人間の尊厳原理となって浸透、定着、拡張、発展という螺旋的発展をなす、量から質へと変化発展した弁証法的権利である。だから、基本的人権を含む原理的諸規定は、机上ならば絶対的に静態的ではあるが、相対的な原理的諸規定を量的に活かし実効的に活用し発動することによって動態的となり、質的に権利の幅が広がり体現させることができるのである。すなわち、労働基本権は、「単なる量的な変化がある点で質的な相違に一変するという法則の正しいことが証明されるのである」[27]といえよう。

　例えば、人権にかかわるある裁判闘争によって原告の請求が認められれば、基本的人権は動き発展したものとなる。反対に棄却や却下され時、この権利は静態的となって、司法により形而上学的憲法となる。勝訴となれば流転するように原理は止揚した弁証法的憲法となる。この弁証法的憲法は、主権者たる国民の主体的活動によっても左右されることになる。原理諸規定を守ると平坦に主張するだけでは、静学的に留まるのみとなる。つまり、資本との闘争過程によって弁証法的憲法となるのであ

27　Marx［1867］S,326、405頁。例えば、労働組合法で法認された争議行為には、刑事免責と民事免責がそれぞれ認められているが争議行為自体に正当性がなければ法的保護は受けられず免責が認められないし、またノーワーク・ノーペイの原則があり、一定の条件もとでの権利を行使することになる。

る。

　また、平和的生存権については、前文第二項第三段でいう、「われらは、全世界の国民が、ひとしく恐怖と欠乏から免かれ、平和のうちに生存する権利を有することを確認する。」ことに注目すべきである。そして、生きるということがなおかつ平和であることも踏まえた憲法第二五条では国家の社会的使命を規定している。「すべて国民は、健康で文化的な最低限度の生活を営む権利を有する。」とナショナル・ミニマムを課すものとして規定している。その生存権保障を労働者に具体化するための手段が憲法第二八条のいう、「勤労者の団結する権利及び団体交渉その他の団体行動をする権利は、これを保障する。」と労働基本権を保障しているのである。

　かつて、憲法第二五条の生存権を実現するために、社会保障制度審議会会長であった日本の代表的マルクス経済学者の大内兵衛は「貧と病」の克服のために、1950年10月吉田茂首相あてに勧告をしたのであった。大内は、「いわゆる社会保障制度とは、疾病、負傷、分娩、廃疾、死亡、老齢、失業、多子、その他困窮の原因に対し、保険的方法又は直接公の負担において経済保障の途を講じ、生活困窮に陥った者に対しては、国家扶助によって最低限度の生活を保障するとともに、公衆衛生及び社会福祉の向上を図り、もってすべての国民が文化的社会の成員たるに値する生活を営むことができるようにすることをいう」と勧告したのである。大内の勧告は、憲法第二五条の学説であるプログラム規定説に対し、生存権の原理を実現に向けて発展させたものであったと推測できるし、他方、『資本論』の監訳者でもあることからイギリスの工場法を批判的に捉え、それを基礎にして発展的に勧告したものと考えられる。

　以上、憲法の基本人権の内容が原理的に生成発展する弁証法的憲法であることを確認した。ところで、憲法を正確に読む、精読するさいに留意しておきたいことがある。それは、憲法第九条の条文を取りだして、法律学の目的論的解釈をすることで平和主義ないし戦争放棄としているから平和憲法と称するのは不十分である。憲法の基本原理をもとにして憲法それ自体が成立しているのであるから、国民主権が欠落した場合は平和主義も同時に消え去り憲法典としては成立しない相互補完的な原理ということである。つまり、包括規定から全条文で構成されている憲法本文諸条項を尊重して擁護し、憲法を発展させる立場が護憲である。護

憲に「派」を付加することは憲法学にはそぐわないし、少なくとも政治
的な語感が付加することになりかねないであろう。

3章

日本国憲法の法的性格

3章 日本国憲法の法的性格

❶ 憲法の変遷

　日本国憲法は、硬性憲法という性格を有し、厳格な手続きによってしか改正することができないのは周知のとおりである。例えばフランス共和国憲法は、国民投票を行うことにより憲法の改正の承認が必要となる。日本国憲法においては、第九六条が、改正の手続きとして定められており、「この憲法の改正は、各議院の総議員の三分の二以上の賛成で、国会が、これを発議し、国民に提案してその承認を経なければならない。この承認には、特別の国民投票又は国会の定める選挙の際行われる投票においてその過半数の賛成を必要とする」ことを得なければならないのである。

　さて、憲法の変遷について触れておくことにする。憲法の変遷とは、ゲオルグ・イエリネックが提唱したもので、憲法の漸進的崩壊のことである[28]。憲法典の定める改正手続きに従って憲法に変更をもたらす行為とは異なる。そのような正規の手続きによらないで、既成の事実や事象の積み重ねによって、それも多くの場合、立法機関や行政機関、さらには司法判決などを通じて憲法の条項に解釈変更をもたらす行為のことをいう。なお学説による否定説は、違憲の事実や習慣は、それがいかに長く積み重ねられても違憲であり、それによって妥当性を持つことはあり得ないとする。具体的には、憲法第九条をめぐって憲法の変遷があったと説く見解が見られる一方では、学説の多数説としての否定説はこの変遷は認められない立場をとることはいうまでもなかろう。

　私見であるが、この憲法の変遷には、法的安定性の問題が深い矛盾として現前に横たわっている。一種の「法的プラグマティズム（legal pragmatism）」のように、国連憲章第五一条の集団的自衛権を援用しつつ、条文を道具箱の中にはめ込み論理的正当性を図りながら憲法の原理がその時代とともに変更したかのように解釈をする解釈改憲が代表的な一例であり、憲法の形骸化に通じることになりかねない。

　ところで憲法の原理規定は一般に法の解釈（解釈法学）が次のように

28　鵜飼信成 [1956] 233頁。

なされている。

①文言解釈という文理解釈であり、いうなれば憲法条文の多義的な法文
　または個々の文言の意味を、文法的に、そしてまたは語源的な方法で
　明らかにすることである。

②歴史的解釈は法規を制定した立法者の意図を探求して法の意味を探る
　ことである。

③論理的解釈は法規に表現され、客観化された意思を探求する方法であ
　り、事物の本性や条理に従い総合的視点から把握しようとするもので
　ある。

④目的論的解釈は法に内在する目的や価値を探求し、それを指導理念と
　して行う解釈方法である。

⑤社会学的解釈は、関連する社会的事実に十分検討を加え、これに政治
　的良識に合うように解釈を選ぶ方法である。学説では国家機関や権力
　機関の解釈を有権解釈と呼び、それに倣って本書でも、国家行政機関
　や政権の解釈を有権解釈としている。

　立法過程から立法者の意思を探求することが歴史的解釈である。その
実例を示そう。自分が立法者ならば採るであるような意味を付与するこ
とが、法の性格を示すことになる。立法目的をもった意思が十分に条文
に込められてこそ、法の内容に意思が組み込まれて等値されているわけ
である。立法過程の分析の重要性を示した藤田勇はこのことを「法は意
思関係」であると説き明かしていることでもある。そこで、憲法制定当
時を振り返ると、時の政府要人の思想的意思の反映として受け止められ
る吉田首相の第90回帝国議会での答弁を見てみよう。

　「今日我が国に対する疑惑は、日本は好戦国である、何時再軍備をな
して復讐戦をして世界平和を脅かさないとも分からないと云うことが、
日本に対する大なる疑惑であり、また誤解であります。先ず此の誤解を
正すことが今日我々としてなすべき第一のことであると思ふのでありま
す。またこの疑惑は誤解であるとは申しながら、全然底のない疑惑とも
も言われない節が既往の歴史を考へて見ますと、多々あるのであります。
故に交戦権はまず第一、自ら進んで抛棄する。抛棄することによって全
世界の平和の確立の基礎を成す、全世界の平和愛好国の先頭に立って、
世界の平和確立に貢献する決意を先づ此の憲法に於いて表明したいと思
うのであります。之によって我が国に対する正当な諒解を進むべきもの

であると考えるのであります」。ここからは、先の政府の戦争に対する過ちが、きわめて明確に戦争を放棄した、平和主義の憲法を実現するという吉田首相の言及が政府の意思として受け止められる。

しかし、この意思の変化が憲法の変遷を跡付けることになる。制憲議会（1946年6月）での吉田首相は、「自衛権の発動としての戦争も、また交戦権も放棄した」と述べていた。さらには「たとえ自衛のためでも戦力を持つということはいわゆる再軍備でありまして、この場合には憲法の改正も要する」（1952年参議院予算委員会）と断言していたのであった。政府の有権解釈の一例も示している。

警察予備隊創設による憲法変遷の例解・「錨を上げて」

警察予備隊の生みの親といわれる元在日米軍事顧問団幕僚長で日本再軍備を担当したフランク・コワルスキーの『日本再軍備――米軍事顧問幕僚長の記録』（1969年2月）が憲法変遷を伝えている。この顧問団は、自衛隊の組織が整備増強された1969年6月までの19年間、日本再軍備に禍根を残すことになった。結論を先取りすれば、「予備隊は日本の再軍備の第一歩」でありなおかつ「戦争勃発の際の応急措置として発案され設置された」ものであった[29]。

占領軍が進駐後最初にやったことは日本軍を復員させることであった。マッカーサーは正規軍人士官を公職から追放した。ただ、アメリカ師団が朝鮮に出動するために起こる軍事的真空を可及的速やかに埋めるために、日本人部隊の再編配置を必要としていた。1950年7月8日マッカーサー元帥が吉田首相に兵力75,000人の部隊を設置するよう指令する書簡を送った。新入隊員は応募者40万人の中から選び抜かれた男性平均26歳であった[30]。その後1951年には、日本の要請で、公職追放された旧軍人の元少尉243名と元大尉、少佐・中佐812名が入隊した。警察予備隊発足にあたり、「日米共同作戦を行う場合、両軍が同様に編別・装備されていることが明らかに大きな利点となる。両軍の指揮、幕僚機構、通信系統、兵站部門をたいした支障なしに統合し重ねることができるのである。こういった考え方が、他の主張をおさえて、結局予備隊は

---

29 Kowalski [1969] 333、350頁。

30 同上書、117、119、200頁。

米軍の小型になることにきまった」[31]。コワルスキーが警察予備隊を米軍の小型としていたのは、日本の超国家主義と軍国主義の再来に危機感を抱いていたのに加えて、文官が武官に優越するシビリアン・コントロールの原則を予備隊に繰り返し叩き込むためであった。しかも、顧問団の者は皆、警察予備隊よりもまず「日本人軍隊を新設することにあった」[32]のであり、米軍の「張り子の軍隊」にすることにあった。そのため、75,000人の隊員の組織、訓練、養成は米軍顧問の監督により、また、若い予備隊幹部と下士官相当の手で進められ、米軍の余剰武器を押し付けるように手渡して、着々と再軍備に向けた訓練と軍事教育が米軍のもとで進められたのであった。この予備隊編成の任は、陸軍であったが警察部隊のようにカモフラージュすることが要求されたことから「リザービスト」[33]と呼んでいた。

　警察予備隊総隊総監の林敬三は、米軍陸軍参謀総長と同様な権限を有していた。林総監は、内務省の局長や宮内庁次長を務めた経歴のある人物であった。現地の連隊視察の時の演説では、「予備隊の根本精神は、愛国心と民族愛であると私は固く信じています。われわれは血のつながる両親、兄弟、ならびに妻子を愛します。この愛を延ばして、日本民族を愛し、日本国を愛します。われわれが祖先から託され、子孫に手渡すべき母国を愛します。この愛は日本人の生活の中に深く根ざしている、伝統的な偽らない感情であります」[34]。

　軍歴のない林総監から愛国心、民族主義、祖国愛が述べられたのは、ほかでもない宮内庁に在籍していたこともでもあり、その根底には皇国史観が深く根付いていたからであろう。また、この警察予備隊員には人権など認められていなかった。むしろ、林総監は、戦後数年の間の予備隊それ自体が憲法の前文や平和主義原理に抵触していることなどまったく気にもせず、全体主義思想一色に染まっていたのであった。大戦後とはいえ、憲法の変遷と崩壊にすら感性的感覚が麻痺さえしていたのであった。

31　同上書、189頁。

32　同上書、196頁。

33　同上書、243頁。

34　同上書、240頁。

1952年には、75,000人の警察予備隊の兵力はすでに110,000人に増員され、保安隊と改称され海上警備隊を加えて保安庁が創設された。政府は保安庁の任務を、『わが国の平和と秩序を維持し人命、財産を保護するため、特別の必要がある場合に行動する』と定義して「警察の任務に限らない」ことを明らかにした[35]。「保安隊は新国軍の土台」となり、1954年には航空自衛隊を新設し、陸海二軍をそれぞれ陸上自衛隊、海上自衛隊と改称し、総員も25万人に増強し防衛庁を設置した。また、自衛隊の長として幕僚長を置き、その上の調整機関として武官だけからなる統合幕僚会議を設置し、全防衛軍の全般的指揮監督及び行政に当たる者として防衛庁長官（国務相）を置いたのである[36]。すでに、日本の自衛隊は、米軍の小型から大型へと戦力を保持する巨大な軍事組織に変貌を遂げ、いまや、日米安保条約の影響で星条旗と旭日旗が渾然一体となる質的同等な日米合同軍隊に至っている。そればかりか実際、アメリカ海軍の代表的行進曲として知られる「錨を上げて」が海上自衛隊の艦艇出航や海自音楽隊のパレードでの演奏、そして地方自治体のイベントなでも演奏されていて、日米同盟の象徴となっている。これが漸進的崩壊を意味する憲法の変遷の例解である。

　もともと、警察予備隊は、朝鮮戦争時に朝鮮半島に出動する在日駐留米軍に替わって、日本の米軍基地及び米軍家族を保護する目的で創設された経緯がある。そして、警察予備隊の創設は、吉田首相の周りに集まった野村吉三郎（元海軍少佐）や保科善四郎（元海軍少将）らの旧海軍軍人によって秘密裏に組織された海上警備隊創設準備委員会（通称「Y委員会」）の手によって進められた[37]。こうして、日本の再軍備の再生には、事実上吉田首相が加担していたのであった。吉田首相のいう「平和国家」は愛国心からの狂言でしかなかったのである。

　1954年に調印されたMSA協定八条のアメリカによる軍事援助の代償は、日本に対する自衛能力増強の義務と軍事援助の効果的な利用の義務が課されたのであった。政府は、急遽自衛隊法と防衛庁法を制定し、この軍事的義務を国内法の整備を進めた。かくして「直接侵略及び間接侵

35　同上書、312頁。

36　同上書、312頁。

37　纐纈厚［2019］175頁。

略に対しわが国を防衛することを主たる任務」とし、陸海空の三軍編成
からなるジェット機や軍艦などの現代的装備をもつ本格的な軍隊として
自衛隊が誕生したわけである[38]。

　陸自・海自・空自の三自衛隊を総称して自衛隊というが、とりわけ、
陸自は日本の軍国主義の復活を警戒するアメリカをはじめ、連合国から
の強い監視下に創設されたこともあって、旧軍関係者は極力排除された
のであった。自衛隊の定員は膨れ上がり12万人と増大し、重装備化が
進められ、誰の目にも、第九条の禁止する戦力に該当する違憲な存在で
あることが明らかになった。

　そして再軍備の要請も日米安保条約を背景にしたアメリカからあり、
やがて吉田首相は「憲法も永久非武装を誓うものではない」と戦力と憲
法第九条の解釈を変更してゆく。1952年3月6日の参議院予算委員会で
は「憲法九条は、国際紛争を解決する手段としての戦力を禁じておりま
すが、自衛のための戦力を禁止しておりません。日本の独立を脅かすよ
うな国々から日本を守るため、われわれはその準備に努力しなければな
りません」と述べ、4日後の1952年3月10日参議院予算委員会で吉田首
相は、「『自衛のための武力』といえども、再軍備に違いはないから、憲
法改正を必要とする」[39]。これは憲法の変遷ではなく、憲法に対する変
節というべきである。これに先立ち1946年に行われた日本国憲法審議
にさいし、衆議院において吉田首相は内心にそなわる家族国家観を披歴
していたのである。「皇室と国民との間に、なんら区別もなく、いわゆ
る君臣一如であります。君臣一家であります・・・国体は新憲法によっ
て、ごうも変更せられないのであります」と主張しているのを見ても君
臣一家の観念と基本原理を主軸にした平和憲法との背反性が捉えられな
い理解の限界が明らかなことである。すでにこの時代から自衛隊を軍隊
にすべく改憲を模写した解釈であった。自由民主党の憲法解釈基準に吉
田首相は布石を与えたことになった。

　もちろん、自衛隊の観閲式や査閲を見れば違憲か合憲かを問わず憲法
に対する変節は明らかになる。このような変節思考をなくすためにも憲
法の尊重が必要となる。

38　影山日出弥 [1977] 346-347頁。

39　Kowalski [1969] 269頁。

私見であるが、これらの解釈方法によらないで、憲法前文に定められた「国民の、国民による、国民のための政治」という「人類普遍の原理」を解釈基準にすえて「かかる原理」にしたがい、前文の基本原理をもとにして抽象的に解釈する方法があっても良いのではないだろうか。だとしたならば、憲法本文諸条項に定められた一定の目的を達成するためには、科学的に認識された事象や規範を抽象的な前文に照応させて解釈することがより解釈法学的であり、またその意味することは平和憲法の要請に従うことでもあり、結果として憲法の本文諸条項を体系的にして客観的に認識する社会科学としての解釈に到達することになる。このような解釈の方法をとることこそが憲法が求めている目的論的解釈といえる。憲法に付属する下位法、つまり憲法付属法も同様に憲法本文諸条項を考察基準にして照応させながら、いわば憲法に準じその目的に資する原理を的確でしかも合理性と正当性をもって解釈しなければ違憲となり、日本国憲法を毀損することになる。

❷ 憲法の尊重

　憲法の尊重に移ることにする。この尊重とは、憲法が自らの存立と継続のために、違憲違法な権力行使などにより憲法が侵害されることのないように、様々な措置を講じることもその一つである。憲法の改正手続きを厳しくして容易には憲法を改正できないようにすることなどの措置がある。また内閣総理大臣をはじめとする国会議員や公務員は、公権力を担い、権力と権限の濫用を事前に防止するために憲法第九九条所定の憲法尊重擁護の義務を負うことが定められるているることも、憲法を尊重しようとする措置である。憲法が現実に侵害された場合には、救済措置として憲法第八一条の違憲立法審査制度という「裁判所は憲法の番人」としての役割が定められているわけである。さて憲法尊重擁護規定に視点を戻そう。

　憲法尊重擁護義務者については、憲法第九九条において「天皇又は摂政及び国務大臣、国会議員、裁判官その他の公務員は、この憲法を尊重し擁護する義務を負ふ。」と規定されている。通説では、「義務」の性格については法律的な性格を持つのか、単なる倫理的性格をもつにすぎないのかは議論が分かれているところである。しかし、憲法が国家権力の

担い手により侵害される危険性が多いことにかんがみて、憲法第九九条は、そのような侵害から憲法を擁護することを義務としているのである。また上諭は、憲法の構成部分ではないが法規範性を有するという学説もあり「日本国民の総意に基いて」とある。つまり、憲法では必ずしも成文化されてはいないが、すべて国民は憲法を保障し維持する権利があるといえる。なぜならこの憲法の権利主体は国民にあるとしか考えられず、国家は国民の意思に従いその意思を反映する責務を負っているのである。しかも憲法第一四条の平等原則は、「法の下に」としての法的平等を定めている限りにおいて国民が憲法を尊重することが権利であると解することができる。したがって、このような意味からも護憲とは、憲法擁護義務者とすべての国民と憲法が一体化され統一していることに根源があるといえる。憲法が概して国民との一体化を目的としているということは、国民のための憲法典ということになる。と同時に公務員は法的制約がありながらも国民でもあることに異論のないことであるから二重の意味で擁護することが課されている。このことから公務員は、護憲としての立場以外は許されないことになる。逆説的になるが、憲法の側から見れば憲法尊重擁護義務者が違背して毀損なり侵害されてはならないし、また国務大臣からすべての国民に擁護される権利がある。だから原理として生きている憲法といえるのであり、そのことは憲法自身が自認しているはずである。

❸ 憲法と国際条約

さて次に憲法と条約との関係である。条約とは日本と外国または国際機関との合意文書のことで、協定や議定書をも含むとされている。条約は国際法であるが、公布された条約は国内法としての効力をもっている。憲法第九八条二項では、条約を遵守し法律に優先する趣旨が定められている。憲法と条約は学説の多数説では、憲法が優先するという憲法優位説が支配的である。その根拠は、条約の締結や承認は憲法の授権に基づくからとされている。さらに国際法秩序においては、条約優位説を基礎づける基盤は生成されていないというわけである。そこで基盤としての憲法の制定過程など次章で述べてみることにする。

4章

日本の永世中立平和憲法

4章 日本の永世中立平和憲法

❶ 憲法の制定過程

　日本占領の最高法規となったポツダム宣言は、国民の自由な意思によって「平和的傾向を有し、かつ責任ある政府」を日本に樹立することを究極の占領目的とし、それが実現するよう条件を提示していた。その条件とは、日本の戦争遂行能力の破壊、日本国軍の完全な武装解除、再軍備を可能にするような産業の維持禁止であった。

　1946年3月に日本政府が提示した憲法草案は、マッカーサー憲法草案（マッカーサー三原則）とほぼ同様の内容のもであった。この時、もともとSWNCC228号（国務・陸・海調整員会二二八号）は軍部に対する文民統制の確立の必要性を強調していたことで、憲法第六六条二項の文民条項が加えられた経緯がある。憲法第九条の原型は次のようなマッカーサー憲法草案に由来すると推測される。

　すなわち─「国家の主権的権利としての戦争を廃棄する。日本は、紛争解決の手段としての戦争、および自己の安全を保持するための手段としてのそれを放棄する。日本はその防衛と保護を、いまや世界を動かしつつある崇高な理想にゆだねる。いかなる日本陸空海軍も決して許されないし、いかなる交戦者の権利も日本軍には決して与えられない。」

　憲法第九条の条文と比べると、マッカーサー憲法草案のほうが戦争及びその手段の放棄をいっそう明瞭かつ断定的に表現している。ついで、幣原内閣のもとで憲法第九条が登場した理由を検討してみることにしよう。

　第一に、当時の最大の憲法問題は国体の護持、すなわち天皇制の存続の可否であった。天皇制を占領政策として、修正のうえ残そうとしたマッカーサー司令部、幣原進歩党内閣にとって「戦争の放棄」は、天皇制を残してもなお日本が再び軍国主義化しないための保障となるものであった。幣原は「何とかしてあの野に叫ぶ国民の意思を実現すべく努めなくてはいかんと、堅く決心した」と述懐し憲法第九条をマッカーサーに提案した。

　そして、1946年1月1日にいわゆる「天皇の人間宣言」の詔書は、幣原が英文で原稿を草し邦訳した。さらに枢密院での審議では「戦争放棄

は正義に基づく大道で、日本はこの大旆をかかげて国際社会の原野をひとり進むのである」と決意をこめていた。

第二に、世界大戦、特に広島、長崎という二度の原爆の被害を目にしている人々が、戦争そのものを二度とひきおこさないための方法を真剣に考えていたことも否定できない。それは日本の脅威を将来にわたって取り除くとしていた連合国にとっては、きわめて現実的な法益的欲求であることが合致していた。

政府は、「憲法改正草案」を発表して、「戦争の放棄」規定を次のようにまとめた。「憲法第九条　国の主権の発動たる戦争と、武力による威嚇又は武力の行使は、他国との間の紛争の解決の手段としては、永久にこれを放棄する。陸海空軍その他の戦力の保持は、許されない。国の交戦権は、認められない。」としていた。

そして憲法調査会の調査の結果、米国側ないし渡米調査に基づいて検討に入った結果といえる、高柳賢三、大友一郎、田中英夫の研究によって、1月24日の幣原・マッカーサー会談で幣原が戦争放棄の発想を示し第九条起草への端緒となった事実が確実なものとなった。つまり、国境を超えて確立した第九条であった。そして20世紀の世界平和の組織化と国際協調と軍縮を原則外交とした「幣原外交」と言われる所以が、幣原喜重郎をしてノブレス・オブリージュといわれることでもあろう。

❷ 文民条項の由来とその意義

憲法第六六条第二項では、いわゆる文民条項を規定している。「内閣総理大臣その他の国務大臣は、文民でなければならない」とされている。

この文民条項は、マッカーサー草案にはなかったもので、貴族院の審議中に総司令部の要求によって加えられたものである。というのが、貴族院憲法委員会及び小委員会のメンバーであった宮澤俊義である。宮澤の論稿「文民の誕生」（1955年）の助けを借りて文民条項の由来を探求しておくことにしよう。

マッカーサー草案にもとづいた日本国憲法法案が帝国議会にかかっていた1946年（昭和21年）には、極東委員会では憲法改正を審議していたが、イギリスの代表者の主張にもとづき憲法に、国務大臣はciviliansである規定を設けるべきものと決議した。それにより、連合国総司令部

は、日本国憲法法案が衆議院にかかっていたときに、日本政府に対して同趣旨の規定を憲法草案に修正して入れるよう申し入れた。しかし、日本政府は憲法が軍備を否認している以上、その規定は存在理由がない旨を説明した。日本国憲法法案が衆議院の議決を経て貴族院へ送付されてから、極東委員会は先の議決を再確認して、その実行を総司令部に重ねて指令した。そこで、総司令部は日本政府に対して、「内閣総理大臣その他の国務大臣はシヴィリアンでなければならない（Prime minister and all minister of the State shall be civilians）」という規定を憲法草案に加えるよう申し入れた[40]。

　ここまでが、文民条項をめぐる極東委員会、総司令部、日本政府の三者の意見と経緯である。管見の限り、政府見解は憲法九条の規定があるため、文民条項が不要であるという論理である。だが、平和主義第九条があるからこそ、軍人でない平和主義者であったはずの内閣総理大臣や国務大臣がこの九条を守り擁護せねばならないのが常道ではなかったか。つまり、憲法上、文民大臣の他は着任できない、文民の発言や行動がなければ内閣を構成しうる適格性がないということになる。

　次にシヴィリアンの訳語と第九条との関連性についての議論である。まずいえることはシヴィリアンの訳語で「文民」という日本語はこれまでなかった。というのは、戦前には、西周が起草、山縣有朋が加筆修正し、明治天皇から発出された五カ条からなる「陸海軍人に賜る勅諭」があった。軍人勅諭の冒頭には「我が国の軍隊は世々天皇の統率し給う所にぞある」とあり、もっぱら不断に教育勅語、軍国主義思想が常態化していた。「天皇ハ国家元首ニシテ統治権ヲ総攬」する者であった大日本帝国憲法のもとでは、皇民化政策によって国民は臣民であったからである。概して国民は天皇の赤子であったから、文民など存在しなかったということになる。しかし他方、日露戦争の時の平和文学の代表作「君死にたまふことなかれ」の詩を執筆した与謝野晶子、労農派や講座派、無政府主義者などは、全体主義と軍国主義的戦争から目をそらすことはしなかった。

　続いて、宮澤はいう。文民が英語のシヴィリアンの訳として新しく作られた言葉であることは、貴族院の憲法委員会における修正の提案者（織

40　宮澤俊義［1955］2頁。

田信恒氏)の説明でもはっきりあらわれていた。総司令部のイニシアティ
ブにもとづくことは、当時総司令部から公にすることを禁止されていた
ために表にはでなかったのである。文民がシヴィリアンの意味だとする
と、国務大臣は文民でなければならないと規定することは無用ではない
か。憲法は九条で軍備を否認している以上、日本には軍人はなく、日本
国民は全部文民などではないかという疑問が出てくる。だが、第六六条
二項の提案者は、英語のシヴィリアンの意味、すなわち武官でない者、
軍籍にない者の意味と理解していた。だから過去において武官であった
者でも、現役から退けば文民となる。

　貴族院は、武官の職歴を有する者から国務大臣になる資格を奪うのは
妥当でないと考えて政府意見を排斥した。「国務大臣は武官の職歴を有
しない者でなければならない」と定めるのは国務大臣になる資格を制限
する。政府見解のように過去に武官の経歴を有する者は全部国務大臣に
なれないことになる。兵学校や士官学校を出て武官（職業軍人）を勤め
た人たちがみな非文民ということで、国務大臣の資格を失ってしまうと
反論していた。

　憲法小委員会の審議中に、川村竹治委員が「文民でいいんじゃないか」
と言い出し、これをきっかけに小委員会の意見が文民にまとまった。
六六条二項の提案者はシヴィリアンを武官でない者、軍籍にない者と理
解していたから、過去において武官であろうと現役から退けば文民であ
る。シヴィリアンを「文民」と訳して第六六条二項で規定した。もとも
と文民という概念は人の経歴に着目した概念であり、人の思想に着目し
た概念ではないのである[41]。

　こうした経緯のもとで、憲法に規定された文民条項の誕生の由来が
あった。宮澤は、憲法委員会の中にいて、日本の政府意見よりも総司令
部の意見を重視しつつ、貴族院の意見を推し進めていた。もっとも宮沢
自身、シヴィリアンすなわち文民は、軍人ではない者と理解していたか
ら、職歴やその人の過去を遡及したり軍国主義思想まで排除する必要は
なく、日本国民は全部文民だということを断言していた。

　では、なぜ当時総司令部が文民や文民条項を国民に公然とすることを
禁止していたのだろうか。

41　同上書、216頁。

総司令部の「ciivilian」について「帝国議会貴族院帝国憲法改正案委員会特別小委員会筆記要旨」によれば、翻訳案には、平人、凡人、文臣、文人、文化人、民人があげられ、最終的に文民に落ち着いたとされる。翻訳が難航した背景には、シビリアンの用語に含まれた政治文化や歴史文化が、日本において成熟していなかった事情があったからである。そして、シビリアン・コントロールの概念自体が、日本政府関係者や憲法起草委員のメンバーにとって理解しがたいものだったのである[42]。

　おそらく、シビリアン・コントロールの概念が理解できなかったのは、日本資本主義の歴史的特殊性の「最後の帝国」たらしめる背景のひとつにあった軍事的性格と後進国型によるものであると考えられる。しかも、なお翻訳案には、「人」という属人的要素が文民概念に内在していたから訂正されたのであった。警察予備隊の創設にあたったコワルスキーによれば、シビリアン・コントロールとは、「政治に関しては文官が武官に優越することを意味する」ことであるが、軍の指導者が政権を奪うことを防ぐために、「日本社会全体が文官優位に徹しなければならない」とまで述べていた[43]。

　国民に対して、文民条項を隠さねばならないことの事由は、あまりにも稚拙なものであった。とはいえ、憲法が要請する文民大臣とは、平和主義を自覚した上で、第九条の解釈を変更して、個別的自衛権と集団的自衛権を容認してまで未曾有の軍事費を増額して「日米同盟を強化しさらなる防衛力強化を図る」などと発言する者ではないことが少なくとも文民大臣の要件であることに違いない。

　次に学説による解釈に進む。①職業軍人でない者、②職業軍人の経歴をもたない者、③強い軍国主義思想をもたない者、という3説が唱えられている。現在では、自衛隊が軍としての性格があるため、文民とは自衛隊員でない者と解するのが妥当であるという説もある[44]。①説は、過去において軍人であった者は、文民となり非軍人となる。②説を補強すると、職業軍人の経歴のないもので、過去において軍人であった者は

42　纐纈厚[2005]14頁。纐纈は、文民統制を政策としシビリアンを「文官」と解釈しつつ、武力組織を統制する制度を文官スタッフ優位制と選択したと見解を示している。纐纈厚[2019]209頁。

43　Kowalski[1969]346頁。

44　戸波江二[1994]339頁。

文民になれないことになる[45]。3説以上あるということは、学説で見解が分かれるのも当然であろう。

　瞠目に値するのが「文民条項の規定に照らせば、旧陸海軍の職業軍人の経歴をもつ者を文民とするのは困難であり、現在軍隊に相当する自衛隊に所属する者も、やはり文民には含まれない」[46]。つまり軍歴や軍隊に在籍する者は文民でないという極めて至当な学説もある。

　先の②説は、実際にあったことである。1954年12月、第一次鳩山内閣成立の際に、野村吉三郎を国務大臣にするという意見があったのに対し、野村は元海軍大将であるから文民に該当せず、本項による国務大臣の資格はないという反対論があったために、さたやみになったと伝えられている[47]。

　ここから、類推する文民とは、軍国主義期に歴史を揺り戻さないための、平和主義によって立つ非武装平和憲法を守るための文民でなければならないことになる。文民統制とは、自衛隊そのものに武装させ軍隊・国防軍にさせないためのものである。よって、「文民でないもの」は入閣してはならないことになる。

　とはいえ、中曽根康弘と安倍晋三の両氏は捨象することができない「文民でないもの」であった。内閣総理大臣であった中曽根康弘は、大日本帝国海軍少佐・短期現役主計科士官（短現）で軍艦青葉に乗艦していた軍国主義思想と愛国心のある紛れもない「一億玉砕」の軍人であった[48]。

　ということは学説にある野村吉三郎と同様、内閣総理大臣になるはずではなかった中曽根は、文民条項欠格者であった。③に関しても、靖国神社を公式参拝するなど政教分離に違反するどころか[49]、第二〇条及び第八九条違反でかなり強い全体主義思想をもつ者だった。軍人の血が流れた反人間主義者であり、また日本会議の要職を兼務していた。国鉄

45　宮澤俊義・芦部信喜［1980］506頁。

46　松井茂記［1999］202頁。

47　宮澤俊義・芦部信喜［1980］507頁。

48　子島喜久［2020］36頁。

49　靖国神社は、遺族の了解なしに自らの合祀基準で死者を神に祭り上げた。戦後一貫して政府が合祀対象者を選別してその名簿を靖国神社に提供し合祀を進めたことは歴史的な事実である。沖縄人権協会編［2012］198頁。

分割民営化の過程では、国鉄労働組合への国家的不当労働行為、国労組合員への多数の馘首、失意のうちに国労組合を自死に追いやり生存権を無視した者である。その者が内閣総理大臣だったのは、内閣不信任どころか人道に反する罪を犯し続けた作為犯であり「文民でないもの」、さらには憲法擁護義務を無視した法外なる憲法違反者であった。しかしながら、財界を通じ権力をもち続け巨大な国家『リヴァイアサン』（ホッブズ）それ自体を包含していたのであった。

　もう一人の安倍内閣総理大臣は、総理大臣であったはずの心理留保の外皮を脱ぎ捨て迷彩服とヘルメットを着装し、奢侈品の戦車に乗り込む姿を一瞥すると、やはり憲法が認めることができない陸海空軍を人格化した軍人の姿態が映しだされている。これでは、国際通法上の文民と軍隊を分離している「軍民分離の原則」の識別は困難となる。よって、ただの軍属的有産者（bourgeois）である。いまだに多くの諸問題は積み残されたままである。

　両者共通の実体は、国家至上主義によく見られる好戦的内閣総理大臣の権限を強化し政府機関を臨戦化させ戦前の軍機保護法をそのまま現代日本に持ち込んで、偏狭にして憲法の平和主義と民主主義を歪め崩壊しようと目論んでいたのであった。それもそのはず、文民大臣であるはずの内閣総理大臣は、当事者能力が欠落しているのはほかでもない。自衛隊法第七条所定により自衛隊の最高の指揮監督権者として法認されているから、その実体を顕にしたのであろう。軍隊を自らの政権の基盤としていたのはドイツの独裁者ヒトラーであった。両者は、ハーケンクロイツを模倣するかのように自衛隊を政権の基盤のひとつにし防衛省官僚の武官を支配下にしていたことは否めないことであろう。俗世間ではよくいわれている、「人を見て法を説け」とはこのことをいうのであろう。

　ただ今一度原点にたてば、大臣になる良識や社会的相当性を視座に置くとなれば、日本国憲法が求める内閣総理大臣とは憲法第六六条第二項の文民であり、なおかつ第九九条の憲法尊重擁護義務を誠実に遵守する人でなければならないのである。それゆえ文民たる者は、非武装平和憲法を忠実に遵守しなければならず、第九条を有権解釈して改憲する発言や衆参両院の憲法審査会で憲法改正案の国会提案・発議を行うことさえ許されないことになる。そのことが文民の実相としての「民主的統

制」[50]ないし国民による統治を徹底しなければならないのである。

　したがって、学説にもあるように、かつての歴代内閣にもいえること
であるが、シビリアン・コントロールの概念自体がいまだに理解できて
いないのではなかろうか。それを示す言説がある。元東部方面総監の増
岡鼎は「政権が社会党をはじめとする左翼政権に移行した時、これをそ
のまま国民の意志として率直に受け入れるわけにはいかない。今の自民
党を中心とする政権、つまり議会制民主主義による政権下にあることを
前提としてつくられたのが、自衛隊なのでもしそういった事態になった
としたら、その下に働くことを潔しとせず去っていくものが多数のぼる
であろう」と述べていた[51]。政治的中立性を保持する立場の者は、天
皇のために死を鴻毛の軽きに置いた皇軍の自衛隊武官であって、その下
の自民党の兵隊であると言う。この者の任命権者は、現在の防衛大臣で
あり、文民大臣であったはずである。シビリアン・コントロールの概念
自体がおろそかになっている証左である。

　不遜のいたす大臣らは、日本国憲法の一人称「朕」から始まる上諭の
み擁護し平和憲法の諸条項は知らずじまいである。だからこそ、武装し
た自衛隊の容認、自衛隊の海外派遣、軍備拡大と増強、軍事費の無政府
性、自衛権の拡大強化、国民への国防意識の煽動と鼓吹、日米軍事同盟
の強化などに見られる、軍事超大国日本は文民条項の概念に反する「文
民でない」非文民大臣なのである。この点からすれば、国会から退場せ
ねばならないことになる。しかし、非文民大臣らは、国会の議場を独占
的に支配し続けている。

　それを実証したのが2014年の防衛会議での書面である。「防衛大臣の
もとに政治任用者、文官、自衛官の三者が一堂に会して防衛省の所管事
務に関する基本的方針について審議することとし、文民統制とさらなる
徹底を図っている」[52]と明記している。この書面は、文民統制を事実上、
廃止して、文民・文官（防衛省背広組）・武官（防衛省制服組）の三者
が一体となって防衛行政を担うとしたもので、あくまでも文官排除では

50　纐纈厚［2019］136頁。纐纈は、シビリアン・コントロールとは、文民統制と訳すより、徹底した民
　　主主義の理念を念頭に据えた人物を条件にすれば、民主的統制が相応しいとする。

51　増岡鼎［1989］25-26頁。

52　纐纈厚［2019］122頁。

なく、対等性を担保とした内容とするものである。

　結局のところ、文民、文官、武官はシビリアン・コントロールの概念自体はおろか、これらが三者一体となって平和憲法を糾弾し軍拡を推し進めているのである。

小括

　もともと文民の端緒は、平和国家の樹立と国民が健康で平和に生きることを一途に精励し、人間の尊厳に資することを目的とし、日々刻々とひたむきに社会保障を整備拡張させ、国民の生活を保障し、働く労働者が主体となる労働者国家を併存した平和国家樹立を自覚した者であって、その上で、経済民主主義的な労働環境を国家行政機関を介し整備統制することにあった。さらには、新しい人権を生成発展させることなどを最大限に考慮し、経済原則を第一の労働・生存条件にすえて、平和と人権と民主主義を保護する良心のもとで、すべての国民のために働く文民でなくてはならない。それと共に憲法の諸原理を体現し理知的でなおかつ見識のある洞察をもちあわせていなければならず、租税を公共でサービスに還元してそれを提供する過程において、必ず自己を規制し統制するのが文民条項に記したシビリアンなのである。そのため、憲法上の文民統制とは、戦力を保持する軍隊への傾斜を取り締まるものではなく、現存自衛隊を非武装化して武装解除するか若しくは解体するためのものであるといってよい。

　総じて、確かに文民とは属人的な概念であり、「人」に対する概念で現在軍人でない者と解せるから広く国民もまた文民となる。しかし、平和憲法の改正を狙う全体主義思想、軍国主義思想を兼ね備えた愛国主義者を国務大臣や内閣総理大臣にすることを前文と平和憲法は要請していない。その意味で、大日本帝国憲法の万世一系の天皇であった現人神から日本国憲法第一章の天皇は象徴天皇になったのであって、第一章には国民主権規定を置いているわけである。

　実際、自衛隊の制服組は、国家権力の装置となった武装集団であって、武力による平和を目的に構成された組織で戦争のための防衛学、軍事史論など防衛教育を体得している武官である。憲法九条は戦力不保持、交戦権否認、戦争を放棄しているにもかかわらず、強大な戦力と軍事力（軍事力は人口、経済力、地理的状態の三要素がある）を誇る武装組織自衛

隊は違憲にも存在している。だからこそ、この軍隊を憲法の精神に従っ
て排除しなければ、規定上の文民統制とはならず文民条項を制定した根
拠が損なわれてしまうことになる。

　つまり文民条項の根拠は、第九条の非武装平和主義を根拠条文にして
規定された経緯が、ここにおいても明らかになったのである。しかも、
文民になるためには二重の条件がある。憲法前文には「**政府の行為に
よつて再び戦争の惨禍が起ることのないやうにすることを決意し**」とある。
そのために、再び戦争の惨禍が起こさない文民になるための第一の条件
が、第六六条二項の文民条項で第九条その他の諸条項を擁護することで
ある。第二の条件が、第九九条所定の憲法尊重擁護義務者である。この
条件を加味して始めて文民の資格が取得されるわけである。つまり、国
政選挙で当選勝利し世襲議員で入閣するか、あるいはポークバレルで当
選し続ける閣僚大臣がすべて文民となるわけではないのである。自認す
べきは、文民大臣の水準と素養であり、概して良質な「人材」である人
的資源（ヒューマン・リソース）が立法府に求められるのか、否か。

　それはともかく、憲法前文にあるように「**日本国民は、恒久の平和を
念願し、人間相互の関係を支配する崇高な理想を深く自覚**」した憲法制
定権者は、平和主義者である文民である。その意味で、第九条二項の「そ
の他の戦力」にあたる民間軍人企業や国民保護法の民間防衛組織への加
入も禁止され、死の商人になることも決して許されないことになる。そ
れゆえ、論理的に文民とはすべて護憲の立場にある「人」であるといっ
てよい[53]。

　すなわち、文民条項の主たる目的とは、国務大臣を問わずすべての国
民が文民であり、戦争を放棄し、交戦権をも認めない「**恒久の平和を念
願した**」平和主義者となって、第九条を支え擁護に資することにある。
繰り返すが文民のなすべきことは、平和国家を実現するために、武力に
よる平和にあらず非武装による平和が国際社会の抑止力となる。そして

53　国民保護法（2004年）は、第四〇条で市町村協議会の組織を定め、第四項二号で自衛隊に所
　属する者と規定されている。また第四三条の解説では「啓発としては、武力攻撃事態等における
　住民の避難や救援の仕組みなど・・・自主防災組織やボランティアによる自発的な活動に関する
　ことが考えられる」とする。国民保護法制研究会［2005］106、117頁。自主防災組織の名のもと
　に民間防衛組織をつくりあげ国防に使用する目的である。民防組織には歴史がある。自警団組
　織は、大正時代に起きた関東大震災の時、自衛自警の自警団はいったい無辜の人々に何をした
　のか。軍人と変わらぬ行為をしたではないのか。文民とはいえない臣民は反人間的残虐な行為
　をしたではないのか。用語は精確に使用すべきである。

違憲の存在である自衛隊を統制し武装解除せしめ最終的には解体し、日米安全保障条約・日米地位協定と安全保障関連法を廃止し、核の抑止・核の傘政策を全面的に否定し、まずは核兵器禁止条約に批准する責務を負うことにある。これこそ憲法が要請する文民の第一の責務である。従前のとおり文民でないものに平和憲法を委ねるのか、それとも国民各人が文民と交替して自ら平和を創り出し非文民を統制し各人が権利主体となって国家を統治するのか。非武装永世中立憲法を守り抜かねばならないときだからこそ、護憲勢力が失地回復し巻き返しを図る時である。

❸ 不戦条約と国際連合憲章

不戦条約

　憲法第九条は、大日本帝国憲法下において憲法議会の審議を経たが、改憲案特別委員長の芦田均による修正が入り、現在の第九条が成文にいたった。その後、改進党時代の芦田均は警察予備隊と憲法九条について変更解釈した。「憲法九条は、戦力、軍隊の保持、武力の行使またはその脅迫を禁じているが、これは厳密に言えば『国際紛争の解決の手段』は禁ずるという意味である。これを平たく言えば、侵略戦争を示している。したがって、憲法は、自衛のための戦争や武力行使まで否定してはいない。同じように侵略を懲罰する戦争は第九条の規定の範囲外である」[54]と個別自衛権と戦争を認めたのであった。

　ところで、この憲法第九条の「戦争の放棄」に大きな影響を与えたと考えられるのは、不戦条約（ケロッグ・ブリアン協定）で知られる1928年のパリ条約であろう。同条約によれば、「締約国は、国際紛争の解決のために、戦争に訴えることを不法とし且つその相互関係において国家の政策の手段としての戦争を放棄する」としている。明確に戦争の放棄と紛争の平和解決を志向するものであった。この点、不戦条約は画期的であったが、しかし自衛権に基づく戦争を禁止してはいなく、それが不法であったため限界となり第二次世界大戦に日本やドイツなどが他国の侵略を許す要因となったひとつといえよう。これを受け、マッカーサーは、この不戦条約を超える重要な「自己の安全を保持する手段とし

54　Kowalski［1969］271頁。

ての戦争」の放棄までノートに明記したとされている。それは自衛の名による戦争の放棄なくして戦争放棄が徹底することはないとされている。起草過程で第九条の自衛の戦争を封じることがはっきりしたので、貴族院修正の「文民条項」が極東委員会の強い要請があって導入された経緯は前述のとおりである。

国際連合憲章と第九条

　国際連合憲章は、1945年4月25日から6月26日まで開催された「国連機関創設のための連合国会議」によって50ヶ国の代表により起草され議決したものである。審議の礎石となったのは、中ソ英米の4ヶ国の代表が作成した草案であった。国連憲章は、紛争の再発と戦争による災いを根絶することを決意した50ヶ国の代表により調印され、国連事務総長ハビエル・ペレス・デクエヤルの文言が前文にいう「われら連合国の人民は」が挿入されたものである。

　戦争の違法化を宣言した国際連合憲章の目的と原則は、「すべての加盟国は国際紛争を平和的手段によって国際の平和と安全、正義を脅かすことなく解決する」ことが明記されている。第二条三項では、「すべて加盟国は、その国際紛争を平和的手段によって国際の平和及び安全並びに正義を危うくしないように解決しなければならない」とし、同条四項では、「すべての加盟国は、その国際関係において、武力による威嚇又は武力の行使を、いかなる国の領土保全又は政治的独立に対するものも、また、国際連合の目的と両立しない他のいかなる方法によるものも慎まなければならない」として、形式的意味での戦争と武力の威嚇とその行使をともに、原則的に禁止している。

　ところが、憲章四七条第一項では「国際の平和及び安全の維持のための安全保障理事会の軍事的要求、理事会の自由に任された兵力の使用及び指揮、軍備規制並びに可能な軍備縮小に関するすべての問題について理事会に助言及び援助を与えるために、軍事参謀委員会を設ける」と平和維持を兵力に頼り軍事的義務を規定している。第五一条では、「この憲章のいかなる規定も、国際連合加盟国に対して武力攻撃が発生した場合には、安全保障理事会が国際の平和及び安全の維持に必要な措置をとるまでの間、個別的又は集団的自衛の固有の権利を害するものでない」と個別的自衛権のみならず集団的自衛権を容認している。

国際連合憲章の理念は、紛争の再発と戦争による災いを根絶することを宣言したにもかかわらず、現実には平和的手段の解決策が、武力攻撃による個別的または集団的自衛権を容認する集団的安全保障政策となっている。よって、国連憲章はその理念に反する武装戦争を根底にした「武力攻撃による平和」の限界を示しているのである。日本国憲法の非武装による平和とはまったく通底せず、共通するところは理念のみとなる。

　世界各国が国連を中心に加盟し憲章に依拠するならば、第四七条と五一条を改正すべきでなかろうか。その方途として、1978年12月15日、第33回国連総会で採択された「平和に生きる社会の準備に関する宣言」では「平和に生きる固有の権利（inherent right to live in peace）」が国際的レベルで承認されている。この権利は、日本国憲法前文の「平和を愛する諸国民の公正と信義に信頼」と憲法の平和的生存権の思想と原則的に符合するものである。

　そのため、国連憲章が国際社会で通用するためには、「平和に生きる固有の権利（inherent right to live in peace）」を敷衍させ、非武装永世中立憲法に規定されている第九条の原理を論拠にして、国連憲章に準用させ「武力攻撃による平和」から「非武装による平和」へと変更改正することが必要である。そして、そのことが、国連憲章前文に謳った「われら連合国の人民は・・・すべての人民の経済的及び社会的発達を促進するために国際機構を用いることを決意」する理念が現実なものとなろう。

　したがって、概して非武装永世中立憲法は、世界の人々の平和主義の先駆けとなる国際連合憲章の再構築のための期待と共に、国際平和機構への希望と希求の一契機となるものと確信するものである。

❹ 憲法第九条の解釈

憲法第九条—

「日本国民は、正義と秩序を基調とする国際平和を誠実に希求し、国権の発動たる戦争と、武力による威嚇又は武力の行使は、国際紛争を解決する手段としては、永久にこれを放棄する。

　前項の目的を達するため、陸海空軍その他の戦力は、これを保持しない。国の交戦権は、これを認めない。」

　学説での九条解釈をめぐる多数説は、明らかに戦争の放棄と軍備の禁止を定めたもので、自衛隊のような存在は認めないと解すほかはないとする。学説を紹介することにする。第一に、まず一項全面放棄説や一項限定放棄説に立った場合でも二項にいう「前項の目的」を趣旨に捉えれば戦力全面不保持説が導かれる。第二には、自衛のための戦争は一項で禁止されていないが、二項が自衛のための戦力の保持をも禁止している以上、結果として自衛戦争は行えなくなるため、九条全体の解釈としては戦力全面不保持説となる。第三は、一項限定放棄説に立ちながらも「前項の目的」を自衛戦争以外の戦争を放棄する目的であると解すると、二項に関しては、自衛のための戦力をのぞく戦力不保持を定めたという、戦力限定不保持説になる。多数説は第一と第二説である。

　私見では、解釈に自衛戦争を含むなどという、政治色を強めた有権解釈は無効であり、戦争など類型化することはできないことから全面放棄説に立脚して解釈するべきであると考える。

　言い換えれば、戦争の放棄、戦力の不保持、交戦権の否認の3つを合わせた全面的に戦争を放棄したとする解釈が第九条のデッドラインである。だからこそ、この解釈基準を越えた、専守防衛と自衛戦争、個別的自衛権や集団的自衛権、日米軍事同盟の締結やNATOとの連携など自衛の措置として自衛隊に武力を保持させることは全面的に憲法九条が禁止しているのは当然の帰結である。

　憲法学者ではなくとも、憲法第九条をどのような観点、視点から読み解釈するかは自由にせよ、素直に解釈すれば戦力を持たず、すべての戦争を放棄し全面的に交戦権が禁止されていると解せるのが本然である。さらに憲法前文の恒久平和主義を具体的に確認していると平明に解釈できるはずである。

自衛隊の組織と傭兵

　それでは戦力や戦争とはどのように解釈できるのかという問題がある。そこで学説の通説では、戦力とは軍隊および有事の際に軍隊に転用し得る程度の実力部隊を指すと説くのである。しかも、ここでいう軍隊とは「外敵の攻撃に対して実力をもって抵抗し、国土を防衛することを目的として設けられる人的および物的手段の組織体をいう」と定義されている。自衛隊に参与観察でもして規定したかのようであるが、この枠

組みからは、自衛隊はすなわち軍隊となり、第九条所定のデッドライン
をはるかに越えうる軍事費世界第3位の実力部隊である。

　自衛隊を増強する岸田政権は、2022年12月16日に国の外交・防衛政
策の基本方針「国家安全保障戦略（NSS）」、「国家防衛戦略」と「防衛
力整備計画」との安保3文書を閣議決定した。このうちNSSには防衛力
を強化するために「敵基地攻撃能力」を保有すること明記した[55]。学
説の戦力や軍隊の通説を超越した現政権の考えが的確かどうか疑うもの
である。善良で良識のある現政権ならば、敵をまず自分に置き換えて、
自身を攻めて改心して憲法に即して考え直すことが必要である。感性理
論の哲学である『感性の覚醒』の著作では、「五感の形成は現在に至る
までの全世界史の一つの労作である」と述べている[56]。人間的自然と
しての感性が人間の文化や社会とともに形成されたことが鮮やかに捉え
られている。

　戦力を保持する以上に、大量殺人を想定している政府、為政者らは、
感性という「全世界史の一つの労作」である人間の文化社会を踏みにじ
るのであろうか。六感への疑問は泡沫のように膨れ上がり弾ける寸前で
ある。

　自衛隊に論を戻そう。国土を防衛することを目的として設けられた実
力部隊である軍隊、すなわち自衛隊は違憲となる。それによって直ちに、
国家行政法第三条機関である防衛省は違憲であるから再編合理化の対象
となり、防衛装備庁もまた同様に必要な措置を講じなければならず、防
衛二法である防衛庁設置法と自衛隊法とを解体廃止する以前に、まず自
衛隊を武装解除させることが必要不可欠である。

　そこで、まず自衛隊の組織を外観しておくことにする。

　『令和3年度防衛白書』では、現員自衛隊員は232,509人となっている。
このうち、陸上自衛隊員141,443人、海上自衛隊員43,419人、航空自衛
隊員43,830人、統合幕僚監部等3,817人となっている。平成22年には現
員自衛隊員227,950人であったが、4,559人ほど多く採用している。充足
率94.1％で定員には満たないものの、志願就職率の増加を示し自衛隊員

55　朝日新聞、2022年9月2日（金）朝刊、2022年12月27日（火）朝刊。

56　中村雄二郎 [1997] 289頁。これはマルクスの『経済学・哲学草稿』（1844年）から著者の中村
　　が引用したものである。

を増員しているのがわかる。韓国、イスラエル、北朝鮮などおおよそ50ヶ国がいまだ徴兵制があるようだが、日本は膨大な有事即応の志願兵からなる軍隊組織となっている。自衛隊の部隊が増強しているのはなぜか。

それは、2018年の「日米防衛協力のための指針」（ガイドライン）では、陸上自衛隊に「陸上総隊」が、さらにその下に「日米共同部」が新設され隊員の増加の要因となったためである。

そればかりか、護衛艦の空母化、「日本版海兵隊」といわれる水陸機動団の設立、さらには共同交戦能力をもつイージス艦の就航など、日米同盟を強固にした「日米安保の七〇年」となったのである[57]。結局、軍事費の増額と組織拡大と防衛装備品や武器の増強と比例して自衛隊員を増員していたのである。また、航空自衛隊の名称を改めて航空宇宙自衛隊に変更するという、まさしくスターウォーズ戦略である[58]。この戦略を実現するために、国立研究開発法人宇宙航空研究開発機構法（平成一四年、JAXA法）と宇宙基本法（平成二〇年）などの法を改正、整備した[59]。

自衛隊員の法的地位は[60]、自衛隊法第一〇八条の適用除外規定により、「人たるに値する」ことを目的規定にしている労働基準法第九条の労働者ではない。しかも、自衛隊法第六四条では憲法第二八条の労働基本権が適用されず、服務の本旨及び服務の宣誓（第五二.五三条）が義務づけられており、上官の命令に忠実に従う義務が課されている[61]。ヒエラルキー組織に内包された自衛隊員には、旧態依然の特別権力関係

57　古関彰一［2018］186−192頁。

58　スターウォーズ戦略は、伊藤誠［1990］122頁。SDI（戦略的防衛構想）のような高度な情報技術を駆使した軍事技術の開発などを詳しく論じている。

59　例えば、宇宙基本法第三条では宇宙の安全保障を掲げて、JAXA法第四条は宇宙の平和利用を規定している。

60　エラスムスによれば、傭兵制は14世紀以後ヨーロッパ各国に採用され、国民軍が成立するまで職場、国際政治の舞台裏において勢力をふるった。没落貴族から農民までその階層はさまざまだが、スイスでは人口過剰の結果貧困化した山岳地方の住民は好んで傭兵となり、常時15,000の兵力が外国との契約に応ずる態勢にあった。Erasmus,［1517］125頁。

61　日本国憲法制定以前の旧労働組合法第一条では、団結権及び団体交渉権が第一二条では争議権がそれぞれ認められていたが、消防職、警察職、監獄の職員に限り、労働基本権は禁止されていた。欽定憲法下では天皇の官吏が「国家権力の犬」とされこの3種職を禁止の理由としていた。末弘厳太郎［1948］94頁。

がまかりとおった閉塞状態にある。

　なぜならば、「自衛隊員は、外敵による攻撃から自国を守るための貢献でなく、他国のする戦争に加わってする戦闘に身を賭すことを求められる。同時に、その他の国の相手国の兵士を殺害することにもなる。この事態にわが身を置くことを免れるためには、愛する自衛隊を辞める以外に手立てはない」とう組織的な特別権力関係が存在しているからである[62]。

　つまり、旧軍刑法を準用する自衛隊法の所管である防衛省は、自衛隊員の精神教育や服制で国防意識や帰属意識を啓蒙させて祖国防衛のために内部化し、愛国心のある傭兵に育てあげ古典的国家主義の保全に身を挺す精神と安寧秩序の維持にこそ目的があると考えられる[63]。ここでいう学説による安寧秩序の概念とは、「『国安』＝『安寧秩序』概念は、せいぜいのところ広義・包括的であるという批判をうけはするが、その本質にせまる攻撃はあらわれない・・・市民的自生的な秩序に超然独立の、より高次な国家的秩序たるところにある・・・『安寧秩序』はあたかも旧治安維持法（大正14年〔1925〕年4月22日法律第46号）が『国体ヲ変革し又は私有財産ヲ否認スルコト』（第1条）と表現して、国体と資本制秩序とを等値しているように、資本制における特殊利益を包摂し、これを支持・貫徹せしめる機能を営んだことを軽視してはならない」と説いている[64]。実際、現在の自衛隊での精神教育の柱は「民族愛、愛国心、反共教育」の三つである[65]。時間が止まったように短命を美化する武士道精神を基礎にした忠君愛国をはじめとする軍人勅諭がなされ、世界的規模の軍国自衛隊の育成に励んでいる様相である。

　防衛大学校教授で憲法学者の西修は以下のように述べていた。「はたして憲法は、以上のような理想型ないし非現実的な安全保障政策をとる

62　これは「自衛隊南スーダンPKO派遣差止等請求事件」（2016年11月30日）に札幌地裁での訴状内容からの一文である。小林武［2017］123頁。

63　この安寧秩序は大日本帝国憲法第九条では「天皇ハ法律ヲ執行スル為ニハ公共ノ安寧秩序ヲ保持シ臣民ノ幸福ヲ増進」と欽定していた。なお、消防法の第一条に安寧秩序が用いられているが、労働基本権が適用されていない自衛隊、警察官や海上保安庁職員関連の法律にはこの表記は見受けられる。

64　奥平康弘［1978］75-77頁。

65　纐纈厚［2019］171頁。

ことを要求しているのであろうか。憲法は一方では平和主義を宣誓するとともに、他方で『生命、自由および幸福追求に対する国民の権利』について、『立法その他国政の上で最大の尊重を必要とする』と定めているのである。したがって、国は、国民の生命や自由、そして幸福を追求する権利を、例えば外国の不当な侵略などによって審判されないよう、現実的な方式をとることが義務づけられているのである。そしてこの義務に応えられないとき、国は憲法の規定を履行しなかったとして、その責任を追及されることになろう」[66]、と。第一三条の履行の仕方は、「現実的な方式」の核戦争を容認する必要を防衛大学で教鞭をとっていた憲法学者である。こうした、武装による国防論、防衛学を説示していた自衛隊組織そのものを平和憲法の力で解体せねばなるまい[67]。

　だがしかし、人間の脳は可塑性だからシナプスは増殖するものである。兵器を解き放ち平和へと進む蓋然性はまだありえる。その先駆者である小西誠という反戦自衛官は、人類の戦争の廃絶を主張していた一人である[68]。海軍軍人であった水野広徳は、国防問題に批判を呈して軍人を辞し、軍縮・平和のために軍国主義侵略政策と日米開戦に反対して、軍縮運動に参加した人であった。

　こうした自衛隊組織から飛び出して自己をあるがままに表現する方法がある。服制から見直し武力から身を解き放すことである。そして様々な自然災害、地震、水災害、土砂災害など各種災害から国民の生命を保護すると共に、これら災害からの被害による軽減と除去、そして各種罹災による倒壊や半壊、浸水した建物に対して、災害避難住宅用の建設やインフラストラクチャーの整備から補修、公衆衛生等を含みうる全般的災害に対応する、国家防災組織体に編成替えすることも考えられよう。そうすれば、警察、消防、NPO、NGOや各ボランティア団体と協働することによって、非武装による平和を創り出す第一歩となるであろう。

66　西修［1978］23-24頁。

67　自衛隊解体論は、奥平康弘［2007］も同様な見解を示している。「規範を現実にあわせるのでなく、事実を規範に合わせるということを防衛問題に即していえば、自衛隊の解体を意味します」。172-173頁。

68　竹内芳郎［1972］53頁。

戦争・戦力消費説

　私見では、軍が戦力を用いて一方的に他国へ進出、介入し戦略兵器を集団的に消費ないし使用すれば戦争ということになり、そのさい犠牲になるのは無辜な人間である。この人間の身体、つまり肉体的諸器官が死滅したならば甦らず、蘇生もせずに再生もしない。高度な医学を有する最先端な再生医療技術でも不可能なことは理解できる。日本は違憲ながらも戦力を現在保持しているが、それを個別的にも集団的にも生産し消費してはならないのである。戦争は何も生産はしない。もし何かを生むとしたならば惨禍と悲劇と深い悲しみだけである。

　このことは、パール・ハーバーから巣鴨プリズンの史実によって想起されることであろう。さらに、戦争は、国民のみならず、戦地から帰還した兵士の犠牲を生み、日常生活に戻れない重い苦しみをかかえさせ、将来の展望をなくし絶望と失望の重圧の厭世観から失意のうちに自ら生命を絶つ人々を生む。加えて、戦地の悲劇の末路が脳裏から離れずに、象徴的イベントを見た時の苦痛や出来事の再現などで過度の不安反応を引き起こすPTSD（心的外傷後ストレス障害）という精神疾患で苦しむ人々を生むことにもなる。

❺ 非武装永世中立論の論旨

　何人にいたる子供から老人まで、凄惨な戦争や紛争の戦禍で多くの人々が犠牲になるだけであるからこそ、憲法第九条二項では、「陸海空軍その他の戦力は、これを保持しない。国の交戦権は、これを認めない」とし、第一項では非武装中立原理が謳われている。この原理は、憲法の包括規定たる前文と各条文の理論的体系の文脈において、他のどの国とも軍事条約の締結、軍事同盟と戦争や紛争などを認めず、中立的で国際協調主義を前提に国家間の対立を容認しない意義を持つ。ではなぜ非武装永世中立なのか。先学者の代表的学術文献をもとに考察してみよう。

鈴木安蔵・田畑忍の学説

　高野岩三郎（大原社会問題研究所長）や杉森幸二郎らで設立された民間団体の「憲法研究会」の一員である鈴木安蔵の論文「日本国憲法と自衛権」（『憲法と自衛権』1959年）では、「日本国憲法が諸国家に先がけ

て示している絶対非武装、永久中立という日本の『安全と生存を保持する』ための基本政策こそは、日本にとって、考えうる最も安全な現実政策である。のみならずそれは、全世界の国際平和に積極的に寄与する方策である」と「永久中立」を主張していた。GHQは鈴木の研究を早くから認めていた。これに先立ち、1951年の論稿「戦争放棄と自衛権」（『日本及び日本人』第2巻1号）では、「憲法は、第九条の冒頭の『正義と秩序を基調とする国際平和』および前文に言うところの『平和を愛する諸国民の公正と信義に信頼』することに示されるごとき、国際平和、国際正義に自衛権の保障を求めているのである・・・かかる一切の直接間接の支配をこうむらない自主独立の民族国家としての本質を防御する権利こそ、自衛権でなければならない・・・戦争放棄の規定よりしても永世中立の保障以外に日本の要請しうる道はない」と断言していた。

　そもそも1936年のソ連憲法の人権規定や社会権規定の影響を受けていたとされる鈴木であったが、しかし自衛のための戦争を容認する権利があるという。まさに、自由民権期の民族主義的な思考様式を捨てきれず、自衛権を認め侵略、不法戦争を想定した国家防衛的解釈に陥りながら永世中立の保障というかぎり、絶対非武装と自衛権とはまったく相容れない鈴木による第九条の解釈水準の限界を示すアマルガムの様相を呈するものとなっていた。

　田畑忍の論文「日本の永世中立について―日本国憲法第九条の平和規定と永世中立主義の問題」（『同志社法学』1960年）を見てみよう。すなわち―「従って、日本は特定の外国と軍事条約を締結することも、また特定の外国に軍事基地を貸与することも許されない。しかのみならず、常に万国の軍事放棄のために努力すべき義務を負う。要するに、永久平和主義は、きわめて積極的な無軍備的永世中立主義を意味または内在するものなのである」として、「永久平和主義」が「必ず永世中立と軍備放棄とを含蓄していなければならないものである」としていた。田畑は、憲法九条に含蓄しているのは、日米安全保障条約の廃止と永久平和主義であると解していた。田畑は『憲法学講義』においても次のように述べていた。「憲法九条に従って、非武装永世中立の対外的な国家的宣言をする義務を有するものである・・・第九条の絶対平和主義は、当然に非武装永世中立主義を内在的に要請する。」とし、第九条に内在する非武装永世中立を全世界に向かって宣言する義務が国家にあると説いていた

のであった。

　田畑の非武装永世中立の意義について学界からは、「日本の安全保障の課題として永世中立論に憲法学者としておそらくはじめて本格的に取り組んだ貴重な試み」として評価されている[69]。

平和憲法擁護学説

　次に、本書第一章において、憲法の前文をかなり重要視して解説してきたので、憲法前文と憲法九条の規定を論拠に非武装永世中立を論究している先覚者とその内容を紹介しておくことにする。

　景山日出弥は、「前文と九条・・・平和の原理が実は日本の中立のステータス（憲法上『非武装中立』）を規範的に内包している」として「憲法が公権力にたいして中立」を具体的に実現するための「作為義務を命じている強制規範」であるという極めて憲法規範として説得力がある説を唱えている。

　芦部伸喜は、「前文はさらに、太平洋戦争に対する反省をこめて・・・国際協調・恒久平和主義を強調し、憲法九条と合わせて・・・世界に稀な永久平和主義を基本原理とする憲法である」と主張した。前芝雄三は、安保討論の席上で「憲法九条と前文を総合して理解するならば結局、日本の具体的なステイタス（status）としては中立以外にあり得ない」と述べた後、「これが一番常識的で正直な解釈」であるとしながら、「日本が永世中立の宣言を憲法九条と前文に基づいてやる」べきであると主張した。

　そして、佐藤功は、憲法第九条と前文を自然的かつ理想型として承認した上で、実際には「憲法が予想している方式は、非武装中立の方式、すなわちこのような中立を関係諸国あるいは国際連合によって保障するという方式である」として「いわゆる政治論ではなくて、それが第九条及び前文の規定から導き出される」と結論づけた。非武装中立原理を第九条及び前文から解釈し引き出す方法は注目に値する。

　最後に、松下泰雄は、憲法前文の平和熱愛主義を受けてそれを具体化する第九条を規定する目的は、世界平和を熱望し、万国の戦争放棄を希求して、世界各国の憲法を越えた絶対平和主義、永久平和主義であるこ

69　深瀬忠一・山内敏一編 [1978] 217頁。

こととして、「日本国憲法の前文の精神、第九条の規定に沿った、平和的自衛権の発動として考えられるわが国のとるべき安全保障方式は、非武装、永世中立が唯一のもの」であるとしていた。

これらの憲法諸学説から共通して看取されることは、憲法前文と憲法第九条との概念には、非武装永世中立主義が法意として潜んでいると認められるのである。前文の抽象的規定は第九条において、より一層非武装永世中立を具体的に表現していることになる。そしてそれがまた正当性をもちうる合理的解釈であると考えられる。総じて卓越にして透徹した憲法擁護論に値する学問的営為を与えてくれている。

永世中立とは

永世中立という概念は、決して二項対立から生じたものではなく、憲法第九条及び前文の解釈として、しかも中立は前述したように憲法が非軍事同盟と国際安全保障政策から独立していることを確認する、憲法第九条の自律と自立という二つの意義から生じたものである。憲法第九条のいう、陸海空軍その他の一切の戦力を保持しないということは、無抵抗主義ということではなく、常に民主主義を貫いている「人類普遍の原理」をもって、非武装を要件とした抵抗を求めている。つまり、国際社会へ向けての永久平和宣言や、平和を存続するための人間の鎖による反戦反核運動が憲法前文の精神を貫く平和的生存権と非武装永世中立平和主義を堅持するものといえる。

憲法前文最後の「日本国民は、国家の名誉にかけ、全力をあげてこの崇高な理想と目的を達成することを誓ふ。」とされ、憲法第九条は「陸海空軍その他の戦力は、これを保持しない。国の交戦権は、これを認めない。」とし、「国際平和を誠実に希求し、国権の発動たる戦争と、武力による威嚇又は武力の行使は、国際紛争を解決する手段としては、永久にこれを放棄する。」としている。この意味で、前文と第九条の文理的解釈のほか目的論的解釈としては、非武装よりも反武装であると積極的に解すべきではなかろうか。

というのは、日本国憲法が永久に、日米安保条約や国際的な安全保障政策からも、また他国からも日本は独立するとした実定憲法である限り、中米コスタリカの非武装憲法や各国憲法と比較する余地はないからである。なぜならば、日本国憲法の第九条における歴史的な制定過程を踏ま

えれば、非武装と永世中立の両義性のある安全保障政策と理解すべきである。したがって、憲法第九条を合目的的に解釈するとなると戦力不保持と戦争の放棄そして交戦権を全面的に否定することになるから、論理的に絶対非武装ないし反武装が導きだされることになる。

5章

砂川裁判闘争と伊達判決の再生

　本章では、砂川事件伊達判決から砂川事件国家賠償等請求訴訟までを考察するものである。ただし先行研究がすでに浩瀚であるため、昭和34年3月30日に伊達判決が下される以前の、最高裁判所調査官時代の論稿を頼りに、伊達秋雄裁判長の心証の端緒を試みたものを出発点としている。

　さて、本章の要旨である。砂川事件の伊達秋雄裁判長の判断とは、日米安保条約並びに行政協定そして駐留米軍は憲法第九条第二項前段に違反すると下した。よって日米安保条約第三条に基づく行政協定に伴う刑事特別法第二条は無効であるとし、憲法第三一条の適用が認められ、被告人7人を無罪としたものである。最も合理的でしかも、憲法第九条の平和主義に即した歴史的な判決であった。この裁判は、最高裁で安保条約は司法権の範囲外として統治行為論を展開したあげく、一審に差し戻し1963年に有罪が確定した刑事事件である。ところが、2008年4月米国立公文書館（NARA）新館で砂川事件「伊達判決」関連の解禁文書14点が発見された。それを機に、伊達判決の裁判規範を再生させるために原告は、2014年6月17日に免訴再審請求をしたが2018年7月、最高裁で棄却、続く憲法第三七条に基づく「公平な裁判所」を侵害されたとして2019年3月19日東京地裁に提訴、砂川事件国家賠償訴訟で現下、係争中の訴訟事件の論点を整理したものである。

❶ 伊達判決にいたる心証と背景

　本項では、法の番人ひいては憲法の番人が人格化した砂川東京地裁・伊達秋雄裁判長の世界観と心証に迫り造詣を深めてみることにする。それというのは、憲法の精神に従う公正な態度が「裁判官の世界観が決定的な役割を演じている」[70]とのことであるから、伊達判決が生成された世界観をめぐり最高裁判所調査官（刑事担当の第三調査官室）[71]と

70　伊達秋雄［1986］9頁。

71　伊達は、昭和23年（1948年）7月から昭和31年（1956年）9月の8年2カ月にわたり最高裁調査官をしていた。伊達秋雄［1977］26頁。

しての論稿4本からその論旨を追ってゆくことにする。

　第一の論稿「争議行為としての『暴力の行使』と刑法三五条」（1954年3月）である。伊達は、下級審や最高裁の判断に対して労働組合法第一条第一項但書の裁判過程に疑問を抱いていた。そしてさらに刑法三五条の正当行為である刑事免責を全面的に認めることを主張した。（この但書とは、「但し、いかなる場合においても、暴力の行使は、労働組合の正当な行為と解釈されてはならない」というものである）[72]。

　伊達はいう。「労働組合法の第一条第一項但書の規定を引いて、暴力の行使は労働組合の正当な行為と解釈してはならないから、被告人等の所為が脅迫、暴行、監禁等々の犯罪に該当する限り正当な行為を認めることはできないという趣旨の判示をしているのが殆ど大部分のようである・・・最高裁の判例を見ると・・・右但書が追加されない以前の労働組合法第一条第二項当時又は労働組合法施行前に関する判例が大部分である（下線―引用者）・・・当然に刑法第三五条にいわゆる正当行為ということはできないというのである・・・急迫不法の侵害という語に従来の市民法的な正当防衛概念を超えた意味を附与し、又刑法三七条に列挙する他人の生命、身体、自由等の法益を拡張し、更に同条に要求せられている法益均衡の評価については新しい時代意識に即応した尺度を見出しこれを基準とすることによって、従来の正当防衛、緊急避難論に理論的変貌を加えながらこれを駆使することによって違法阻却の結論を構成してゆくに違いないと推測するのである・・・率直に争議行為としての暴力行使についても刑法第三五条の適用を認むべきであり、これによって刑法第三六条、第三七条の解釈を本来の姿において維持するのが法の正当な運用であると思われる」[73]。

　さてその旧労働組合法は、日本国憲法が制定される前の昭和20年12月22日公布・21年3月1日に施行されていた。本法第一条は、「本法は団結権の保障及び団体交渉権の保護助成に依り労働者の地位の向上を図り経済の興隆に寄与することを以って目的とす」。続いて、「刑法第三五

72　賀来才二郎［1949］257頁。法学者の末広が、旧労働組法と旧労働関係調整法の原案を作成したことは松岡三郎らの著作でも明らかなことである。末広がいうには、労働組合法第一条の争議行為が「正当な行為」は抽象的なもので解釈上紛争が起きる恐れがあったため、労働関係調整法第5章に「争議行為の制限禁止」規定でさらに具体的標準がたてられたとしている。末弘厳太郎［1947］137頁。

73　伊達秋雄［1954a］9-13頁。

条の規定は労働組合に団体交渉其の他の行為にして前項に掲ぐる目的を達成する為為したる正当なるものに付適用あるものとす」と規定した。

続く、昭和二四年の新労働組合法第一条第二項は、「刑法（明治40年法律第45号）第三五条の規定は、労働組合の団体交渉その他の行為であって前項に掲げる目的を達成するためにした正当なものについて適用があるものとする。但し、いかなる場合においても、暴力の行使は、労働組合の正当な行為と解釈されてはならない」と規定した。

　この旧法と新法の対比において、旧法では「但書」は確かに置いてはいない。これにより、旧法に従った最高裁判所の判例が多く、たとえ新労働組合法が施行され「但書」が正当な行為であったとしても、労働組合の争議行為は暴力行為とみなされ、実質的には正当な行為とはみなされず、刑法第三五条を適用しない判断が顕著であった。

　しかしながら、憲法二八条が保障した団体行動権、すなわち正当性のある争議権については、従前のとおり暴力行使を一律的に取り扱う市民法的な解釈枠組みを超えるべく、斬新な社会法的な正当防衛の概念を視座に置き、それを踏まえて政治経済の動態変化と共にその概念を拡張すべき分岐点に最高裁は差し迫っていた。また、こうした刑法三五条並びに三六条、及び三七条の法益を労働組合が受容し、正当な争議行為を体現しなければ、何ら法規範としての労働基本権は保障されることはない。それゆえ「裁判官は、争議行為関係事件において常に刑法第三五条論と対決せしめられることによって内外の情勢や労働政策に関心を払い、常に形成せられ改変せられつつある社会規範としての法規範を探求することを怠らず、最新のセンスを以って行為の適法違法の価値判断をなし得るように心掛ける」[74]ことにそのゆえんがある。

　ここでは、裁判官が国家による労働政策や政治経済情勢を絶えず探求し分析して、社会規範としての法規範、すなわち概して裁判規範を形成するという、調査官としてのひたむきな知的謙虚さの源泉が看取できる。この文脈から伊達判決が生まれるまでには、裁判所と裁判官の内在化した矛盾と葛藤のほか、裁判所の判決が日本の社会に多大な影響を及ぼすことを十分に自意識をもって承服していたからこそ、正面から違憲や適法違法の価値判断を準備していたのであろう。

74　同上書、13頁。

　第二の論稿は、「軍機保護法の運用を顧みて」（1954年6月）である。ここでの伊達は、日米相互防衛協定に伴う防衛秘密保護法案が国会で審議されていることに対し、危機的な権利問題であると大きな懸念を抱いていた。おおよそ同法が制定すれば、国民は「同法に触れ検挙処罰の対象とせられるおそれのあること」、法律が一度実施されると「次第に処罰の範囲が拡大されていき」、法の不当な拡張解釈がなされる危険や「主権者である国民は知る権利を奪われひたすら為政者に追随する」ことになり「隷属状態」に陥り「国政上由々しき事態が発生するという諸点にある」。この際、戦時中の軍機保護法を回想して、今日の防衛秘密保護法の保護する秘密は実質において極めて、軍機保護法に近似するから同法の規定内容及び運用の実態につき、紙上で回顧して検討することにしたのであった。

　「軍機保護法は、昭和十二年八月十二日裁可発効せられた・・・『軍事上の秘密』換言すれば、作戦、用兵、動員、出師その他軍事上秘密を要する事項及び図書物件、即ち統師及び統師と直接に密接な関係を有するものを保護するものである」。この「軍事上の秘密」とは「軍事上要祕の図書とせられるものは陸海軍ともに軍の機密、軍機、軍事秘密等々の標記をなしたものに限られている」。しかし「軍事上の機密の認定については、裁判所の検事局は・・・殆ど軍当局者に紹介してこの回答によって判断していた」ので「軍部の一方的意思によって決定せられていた・・・かのゾルゲ事件においては検察当局は、軍務局長を通じて東条首相の国家機密であるとの断定を得て不動の確信の下に起訴したとのことであって、この場合裁判所の認定権がどれだけの意味をもちえたのであろうか・・・軍機保護法は、軍事上の秘密を探知し又は収奪する行為、軍事上の秘密を探知又は収集した者がこれを他人に漏泄する行為・・・故意犯である」。故意犯の成立には「未必の故意をもって足るとされており、従って軍事上の秘密を要する事項又は図書物件であることの認識は、右の未必的認識を以って足りるとされる点である」。軍機保護法が実施以来廃止迄の間にどの位の件数が処理されたかの完全な統計件数は見当たらないが、「昭和一四年末迄の統計表によると、受理件数159件人数280人、内起訴31件44人、不起訴127件235人となっている。不起訴件数の多いのは可成り小さな事件まで捜査が行われたことによるものであって同法が如何に国民の言論に対して大きな影響をもっていたかを物

語っている・・・戦時中戦争遂行のため強力な刑事政策が実施されてその間に人権蹂躙乃至抑圧の絶無でなかったことは戦後に曝露せられた諸々の事実により窺い知られている・・・防衛秘密保護法は恐らく国会を通過するであろうが、上述したように軍機保護法から軍用資源保護法へ・・・秘密の範囲が拡大されていき、これに比例して国民の政治的発言力が日に日に圧縮せられた歴史をみつけるにつれ、われわれは、同法成立後における解釈運用並びに今後の立法推移については、極めて慎重な態度を以って臨まなければならないと思うのである」[75]。

　伊達は、軍機保護法の副作用として、軍事上の秘密を軍部、すなわち軍国主義者東条首相が掌握していたので不合理にも拡張解釈されてゆき、国民が隷属状態に陥り人権蹂躙となる法現象を告発していた。つまり、弾圧法である軍機保護法の延長上にやがては、生起することになろう法現象としての法の副作用が実定法たる防衛秘密保護法にも露呈することになると、眼光紙背に徹した洞察がことのほか浮かびあがることである。

　概して、この論稿の論点は、伊達がいかに憲法が認めた基本的人権の尊重と保障に重心を置いていたかということにある。

　第三の論稿は、「東大ポポロ劇団事件と超法規的違法阻却事由」（1956年）である。東京高等裁判所の判決（昭和三一年五月八日）で下された超法規的違法阻却事由について、伊達いわく違法侵害行為に対する法益の防衛行為は、刑法第三六条に規定する正当防衛の問題として取り扱うべきだとする見解を明示的に提示している。これは先の第一の論稿「争議行為としての『暴力の行使』と刑法三五条」とほぼ同旨見解である。

　事件の概要は、「演劇の理論及び上演の研究を目的とし、東京大学の学生によって組織されている学内公認団体である劇団『ポポロ』は、昭和二七年二月二日東京大学法文経二五番教室において、演劇発表会を開いた・・・演劇の内容は松川事件に取材し、開演に先だって同会場で右事件のカンパやいわゆる渋谷事件の報告もなされた。ところで、本富士警察署の警備係巡査である柴、茅根、里村の三巡査は、右劇団『ポポロ』の演劇会場においては、警備活動の対象事実発生の疑があって、これを直接に査察して対策を講ずる必要があると解し、職務上警備情報蒐集の

75　同上書、9-13頁。

目的で・・・私服で入場券を購入した上右会場に入会した・・・柴巡査が場内略中央辺にいた同大学生より警察官であることを感付かれたような気配を覚え・・・同大学経済学部学生である被告人が同巡査に近づいてその右手を掴み『私服がもぐりこんでいる』と叫んだので場内にいた他の学生数名も同所に集まって来て同巡査を同所から東方の舞台(演壇)前に連行して同巡査に警察手帳の提示を求めたり同巡査の写真を撮ったりしたが・・・右手帳を提示しないのを見て同巡査の着用しているオーバーコートの襟に手をかけて引きながら同手帳の提示を促したりしているうち同巡査が所持の同手帳を取り出して被告人等に提示したので被告人等は之を一見した後同巡査に返した事実を認めることができる」というものである[76]。

　本判決は違法性がないと判断した。「刑法三五条を形式的に引用するものでなく、同条にいわゆる『正当』の観念の基礎をなし一層広汎且つ深遠な法則として一般に認められている条理である・・・被告人の柴巡査に対する行動は、外観上やや素朴粗野に流れる嫌いはあるにしても、その動機目的は右大学自治保全の念願にあり、而して同巡査に加えた現実の損害は僅かに手をおさえ、着衣の襟を引いた程度に過ぎない・・・被告人の本件所為によって齎される大学自治保全の法的価値と同所為によって被った右警察官の個人的法益の価値とを前述公共秩序維持の原点に照らして勘案考量すると、前者の著しき優越は自ら明白である。従って、此の際右警察官に対する外観上犯罪類型に該当する法益侵害は刑法上違法性を阻却せられるものといわなければならない」[77]と判断した。

　次いで違法阻却事由について、『刑法第三五条にいわゆる正当の観念の基礎をなし一層広汎且深遠な法則として一般に認められている条理』である。これは超法規的違法阻却事由を認めたものとみてよい・・・刑法学における通説的見解によれば、犯罪構成要件に該当する行為があるときは、それは一応違法と推定せられ、特に違法性を阻却する事由が存しない限り、これを違法と評価する・・・刑法は、法令による行為及び正当業務行為（三五条）、正当防衛（三六条）、緊急避難（三七条）等を違法阻却事由として規定している・・・違法阻却事由の存在しないとき

76　伊達秋雄 [1956a] 63頁。

77　同上書、63-64頁。

は、構成要件を充足する行為はすべて違法であると解することは正当ではない・・・超法規的違法阻却が認められ、行為の違法性判断をそれぞれの特殊具体的事情に即応した裁判官の合理的評価に任せようとするに至る・・・人々の有する世界観、国家観乃至は人間観によって左右せられ、畢極的には人々の直観によって決定せられるものであるから、時には、裁判官の恣意に流される危険も予想される・・・刑法学においては、超法規的違法阻却事由を認めるとしても・・・判断者の主観によって解決が異なることのないよう努力が続けられ・・・人智の及ぶ限りこれを追求することは、まさに法律学の宿命ともいえる。ところが、従来のわが国の裁判上の実務においては、犯罪構成要件を充足する行為は明文上の違法阻却事由の存しない限り違法であるとする傾向が強く、超法規的違法阻却事由の肯定に対しては好意的ではなく・・・厳格な要件、基準を樹立して裁判の統一を期そうとする要請は左程強く実感されなかった」。「正当防衛の外に・・・違法阻却事由を構想する必要があるであろうか・・・私自身なおよく考えてみたいと思う」[78]。

　伊達の見解である。「本件において違法阻却事由を論ずるとすれば・・・刑法第三十六条にいう急迫性の要件を充たすものというべきではなかろうか・・・刑法三十六条にいう不正の侵害の『急迫』とは・・・『法益の侵害が間近に押し迫ったこと、即ち、法益侵害の危険の緊迫したことを意味するのであって、被害の現在性を意味するものではない』（昭和24・8・18最判、刑集3巻9号1465頁）・・・かようにみてくると被告人の所為は、右の如き本富士警察署員の違法な大学内の警備活動による大学自治の法益侵害が切迫しているという『急迫不正の侵害』に対する正当防衛行為とみることができなかったであろうか・・・刑法三十六条にいう『已ムコトヲ得サルニ出タル行為』と認め得るのではなかろうか・・・柴巡査は本富士警察署警察官の一員であって、これ警察官等は署長の指揮下に一体となって将来とも大学の自治を侵害しようとする危険性を有する者であると認められる限り、柴巡査は矢張違法な侵害者に外ならないものとみるべきではなかろうか・・・若しそうだとすれば本件は矢張正当防衛の法理によって解決され得るものであって、敢

78　同上書、63-64頁。

て緊急避難の法理に従う必要はないとみてよいと思はれる」[79]。

　ここでも、砂川東京地裁・伊達秋雄裁判長の判決を下された道程が見て取れる。この論稿は、事件の概要とその内容を理解させることから始まり、憲法の原理的規定をもとにして、抽象的な刑法三五条から三七条の違法阻却事由を説き解釈をする。そして裁判官の実務による実践的な事実認定と刑法学説との共有を介し、本事件の具体的内容そのものが違法阻却事由を規定した刑法の一般的ないし抽象的な諸条項に対して、最高法規である憲法の理念と精神に照らして本事件の個別具体的内容を当てはめて検討を加える。そこでは、『急迫』の裁判法規範と被告人の行為とを照応させて、『急迫不正の侵害』であることを確証して刑法三六条の正当防衛の法理が認められることになる。その過程では、比較衡量論のように被告人の法益などを総合考慮し思慮深く考察する。その上で、特殊的具体的な事件の結論を導きだすという、極めて体系的で演繹的な論理で結論を導出する論法である。このことは、伊達判決にいたる過程を通じ憲法第九条を解釈する密度の増大と共に広い視野での鋭敏な人権感覚の水準が高まってゆくことを示し、なおかつ世界観や人間観、及び国家観などの心証の一端を窺うことができる。

　第四の論稿は、「憲法と最高裁判所」（1956年）である。伊達は断言する。「公正な法解釈の立場にある最高裁判所は・・・憲法擁護者としての使命が存在する」。とりわけ「新憲法の基本的原理とする基本的人権の保障に対する最高裁の責任はまことに計り知れないものがあると思われる」。「最高裁は清新な人間的感覚を持って・・・時代の歴史的動向を洞察して憲法の内在的理念に照らし諸施策を批判し、その憲法適法性を判断しなければならない・・・その時代の支配的傾向に支持された政策、立法を、その渦中において冷静に価値否定することは、よほどの透徹した見識と勇気とをもつことなくしては不可能である・・・この困難な仕事こそわが憲法によって最高裁判所に課せられた任務であり、これを遺憾なく完遂してこそ、最高裁判所に対する国民の信頼は高められる

79　同上書、66-67頁。伊達は、他の論稿において、「刑法学においては主観的要素といえども違法要素となり得る場合のあることは一般に承認されているけれども・・・感情法学というべきであり」とし、「ピケッティングの合法性の問題については、既にわが国の学説において相当の準備が行われその成果も示されている筈である」と述べている。伊達秋雄［1957］46頁。

のである」[80]。

　伊達は、冒頭でまず最高裁判所に対する根本的命題を打ち出す。立憲主義を基調にしながら、最高裁判所は「憲法擁護者としての使命」を明確にしたうえで、基本的人権の保障が何よりも最高裁の責任とする。そして最高裁のあり方と任務は、人間的感覚を保持しながら国家の政策に批判的見識をもって揺るぎない憲法の原理に即して、政治的な国策を批判的に分析し、それを可逆的に洞察することを提示するのであった。

　この「人間的感覚」とは、伊達判決を下した奥深い心証が見い出されるのである。おそらく伊達の裁判官としての本源的な理念ではなかろうか。1986年の著作『司法と人権感覚』のタイトルが物語ることである。「人間的感覚」とは、国家やその他の権力機関に惑わされることなく、最高裁判所の裁判官は、人間が人間らしく生きるための権利を保障しうる冷徹な人間主義的感覚と人権意識がもっぱら求められるということである。そして、最高裁判所は、その時代の政策潮流を模写する対象自身の動態変化の現状分析を怠ることなく、支配的政策とする国家権力には決して迎合することなく、不断から信念と矜持をもって憲法の前文を含めた諸条項の理念と精神を実効的に体現すること。それゆえ、憲法の理論的体系を現代日本社会に直接的に活かし任務を遂行する過程で求められるのが「憲法擁護者としての信念」であるという。伊達の憲法や法律の解釈基準の対象は、常に人間であり、人々の生命の存続を希求することが底流にあるといえる。まさしく、伊達による憲法の番人が発現した論究であり、憲法観に誘われることである。

　次に昭和29年11月24日最高裁大法廷が、公安委員会に広汎な裁量権を認めた新潟県条例を合憲としたことに対する見解である。

　集会・集団行進（憲法第二一条）では、「集会等の自由は、思想表現の自由の一つとして民主主義的国家において最も重視されなければならない。それは社会の平和的、合法的発展に対する基本的条件であり、これを抑制することは専制政治への逆転を意味し・・・これを訴えようとする集会デモ行進等が時として暴力その他の治安侵犯的行動に陥り易い危険の存することは予想できないことではない・・・治安の維持は必要に応じて警察力の動員によって万全を期すべきであって、いたずらに事

80　伊達秋雄 [1956b] 10-11頁。

82

前の許可制によって思想表現の自由を抑圧すべきではないと思う。それ
こそ暴力革命への端を開くものであって、かえって公共の福祉に合致し
ない」という[81]。

　伊達によれば、第二一条で認められた集会・集団行進は、民主主義国
家の表示器であり、新潟条例を許可制にしたことをもって民主主義の尺
度器としている。これにより、表示器でもあり尺度器でもある集会やデ
モ行進を届出制ではなく公安委員会に裁量の余地を与えることは、必ず
しも公共の福祉の増進に資するものではなく、かえって規制を強化する
ことによってかかる第二一条を委縮させ抑制することになり、民主主義
の尺度器となる思想や表現の自由を抑圧することになりかねない。それ
ゆえ、非暴力的合法的運動も時に治安侵犯的行動に陥る蓋然性があると
する。ここで最も重視したいのが、集会・集団行進が「社会の平和的、
合法的発展に対する基本的条件」としていることである。

　すなわち、憲法第二一条の集会、結社の自由を合法的に活用すること
で権利が発展するのである。この権利は、国民すなわち憲法制定権者の
民主主義的な基本的条件である手段と規定され、それによって生成発展
することになるのである。おそらく、伊達は、各人に与えられた第二一
条を活発に実効させることによって、それに対応する民主主義国家の表
示器と尺度器が一変するほどの国家形態を望んでいたのではなかろうか。

　労働者権（憲法二八条）では、「あらゆる憲法問題中、憲法二十八条
をめぐる問題こそ最高裁の最も苦手としたものであったといえる」とし、
「生産管理に関する最初の大法廷判決（昭和25・11・15刑集4巻11号
1257頁）は『同盟罷業を単なる労働力の給付の債務不履行』という古
い概念から把えて論証している・・・労働条件に関する契約の自由を回
復しようとするものであるとすれば・・・争議権を単なる債務不履行と
いう型だけで把えることは正当ではなく、そこに何等かのプラス・アル
ファーを認めて然るべきではなかったのではなかろうか・・・日雇労働
者の市失業対策委員会（昭和28・5・21刑集7巻10号1240頁）・・・ま
たは公共職業（昭和29・2・29）等に対する団体行動権を根本から否定
した態度は、形式論にすぎ憲法第二十八条の精神にそぐわないものでは

81　同上書、12-13頁。

なかろうか」[82]。

　ここでは、最高裁が最も苦手とする憲法二八条の争議権を市民法原理に基づく民法第四一五条で捉えるのは正当性を欠いているとする。この事件は、山田鉱業事件で争われた最高裁判決であろう。もともと生産管理とは、使用者の指揮命令を排除し、事業場を占拠して労働組合管理のもとに業務をおこなうことをいう。最高裁の判例は、財産権の積極的な侵害になる点で違法であるとし、刑事責任として威力業務妨害罪、建造物侵入罪などの追及も認めている[83]。つまり、最高裁は争議行為の正当性を判断して、民事免責のみならず刑事免責を認めなかったのである（労働組合法第1条2項及び第8条）。伊達は、プラス・アルファーを認めて差し支えないとし、団体行動権を根本から否定した最高裁は社会権である第二八条を認めるべきであるとした。極めて第二八条を擁護するプロ・レイバー的な見解であるといえる。

　憲法第三一条の適正手続条項についてである。「わが最高裁は、いくたびかこの問題を取り上げて解決すべき機会に恵まれながらも、未だその見解を明らかにしていないのである・・・刑訴四〇五条の上告理由に仕立てるために本条に藉口するというやりかたにも一因がある・・・解釈如何は人権の消息に極めて微妙な影響をもつものである・・・最高裁は一刻も早く本条の趣旨を宣明せられ、具体的内容の各事案を通じて明らかにせられていくことを切望してやまない」[84]。

　本条項は、いわゆるデュー・プロセス条項（due process of law）に由来する人身の自由の基本原則である。伊達がいうには、公権力、国家権力の恣意的な発動によりなんら合理的な理由もなく不当に逮捕、刑罰を科されることがあるならば基本的人権の意義が失われる。そこで最高裁は、具体的事案を通じ罪刑法定主義の原則に立脚して上告を退ける事実認定を蓋然性に傾斜することなく、明白で的確にすることを求めてい

82　同上書、14−15頁。

83　山口浩一郎［1991］209頁。この争議は従業員組合によって構成された闘争委員会指導のもとで、編集、印刷、発行の業務を労働者が掌握し、資本の所有者を社外に排除して企業を運営したのである。その他には、1945年12月10日から29日までの京成電鉄争議、1946年の1月14日から29日の東芝争議がある。また、トアコム労働組合の東芝アンペックス争議では、解雇撤回を求めた「自主生産は労働運動の自己発展形態の闘い」の記録として山根雅子による『自主生産労組−東芝アンペックス争議八年のたたかい』（1991年）がある。

84　伊達秋雄［1956b］15頁。

た。これは、後の伊達判決に通ずる心証の一端でもある。

　死刑（憲法三六条）では、「死刑制度を存置すべきかは、今日重大な社会的関心となりつつある」。昭和23年3月12日大法廷判決は、「すなわち憲法は現代多数の文化国家におけると同様に、刑罰として死刑の存置を想定し、これを是認したものと解すべきである」とした。「新憲法の『劃期的な平和主義と民主主義の高遠な理想の下に』死刑廃止の目標にたゆまぬ努力を重ねることは、正に当代人の責務であろうと考える」[85]。

　死刑廃止論者としての伊達は、文化国家だからこそ憲法に定めた高遠な平和主義と民主主義が規定されたのであるから、最高裁は軽薄に人権を黙殺するのではなく、高度な生命観と倫理観をもって、死刑制度の廃止に資することが責務であると示唆していたのである。

　農地改革と財産権（憲法二九条）では、「最高裁の態度には敬意を表する」とした上で、「農地改革は、農村の農業生産力の発展を目的とした極めて革新的な政策であった・・・自作農創設特別措置法六条三項による農地買収の対価は・・・何人の眼にも低廉に失することから合憲性が論議されるにいたった」。最高裁は、昭和28年12月23日大法廷判決において、「地主の農地所有権の内容は著しく制限され、市場価格を生ずる余地なきまでにいたっていたのであり、しかも、かかる農地所有権の性質変化は、公共の福祉に適合した国策に伴う法律上の措置であるから、何等不当でない・・・資本主義原理を超えて私有財産の社会化を計ろうとする立場においては・・・農地改革の重点は・・・自作農創設という点で社会主義的改革というよりも、むしろブルジョア的改革を目指すものであった・・・今日わが国の当面する諸問題はすでに市民法原理によって、解決されえるものではなくより高度な社会法的原理の浸透を必要とすることを知らなければならないのである。農地改革に識見を示した最高裁に一段のイデオロギー的飛躍を望みたいのである」[86]。

　最高裁を特段に評価しない、むしろ批判的であった伊達にとって本判決では希少にも同調している。しかも本項では、資本主義社会の構造を的確に捉えていて本源的蓄積を端緒にした私有財産制の矛盾を止揚しようとする。その方法が、資本主義原理を超えうる社会法原理に基づいた

85　同上書、16–17頁。

86　同上書、17–18頁。

立法政策を拡大すれば、何人も私有財産の社会化が社会公共の福祉の増進となると試みている。そしてまた、最高裁にあっては、形而上学的な解釈で判断をせず、より一層飛躍した法の解釈よる判断を求めていたのであった。この点、視座をかえた伊達の心証の試みは、資本主義市場経済によるブルジョア的な労働強化、搾取の増大、貧困や格差拡大、労働苦などを無くすための方途として、社会民主主義国家による経済民主主義を切望していたと推測することができよう。

法令審査（憲法八一条）では、「憲法八一条は・・・わが最高裁にいわゆる憲法裁判所としての性格を認めたものであるかについて争いがある」。最高裁は、昭和二十七年十月八日大法廷判決において「我が最高裁裁判所は具体的な争訴事件が提起されないのに将来を予想して憲法及びその他の法律命令等の解釈に対し存在する疑義論争に関し抽象的な判断を下すごとき権限を行い得るものではない・・・この権限は司法権の範囲内において行使されるものである・・・この点われわれの承服しがたいところである・・・立法府や行政府が違憲の措置をした場合に、裁判所が冷静に法を解釈して違憲合憲の判断をすることは、決して三権分立の原則を破る司法優位ではない・・・われわれは、他日法律の制定により最高裁判所が憲法裁判所の機能を兼ねるに至ることは、何ら現行憲法に違反しないのみならず、また国民の要望に副うものであると信ずるのである」[87]。

この最高裁判決の原告は、警察予備隊違憲訴訴訟の社会党委員長であった鈴木茂三郎である。この判決は、抽象的審査制、つまり憲法裁判所を否定した判決であった。伊達は、抽象的判断と考えられているものも、一定の要件のもとでは十分に具体的な判断と解釈されると、最高裁に批判を呈するのである。そして、司法権の概念は固定的なものではなく時代とともに変遷し得るものであるから、司法権の限界を形式的に解することは、なお反省すべきであるとする。したがって、最高裁判所の機能としては、憲法裁判所として存在すべきであると主張していた。いわば統治行為論に関連することである。

ここでは、統治行為論の考察に論旨を移す。この判決が下される以前に、伊達は、東京地裁判決の統治行為論を知り得ていたと思われる。伊

87　同上書、18頁。

達のおおよその経歴は、1933年年10月大阪地方裁判所予備判事に任官され、1961年年6月東京地方裁判所判事を最後に退官、その間1942年10月から1946年5月までの3年8ヶ月は、満州国司法部に参事官として勤務、裁判官として最高裁判所調査官8年がもっとも長く、東京地方裁判所刑事部で5年間勤務していた[88]。下記に示す経験則から1953年の苫米地事件判決を知り得ていたと思われる。しかし伊達は「いわゆる統治行為論」は「砂川事件判決において先例を示しているもので、自衛隊問題もまさにこれにあたるという説である」と述べていた[89]。一方憲法学説では苫米地事件の最高裁判決が下されたことによって、「わが国でも、統治行為の概念が、判例上ほぼ確立したといえる」としていた[90]。伊達のいう「先例」とは、学説は別にして、伊達の経歴を踏まえれば憲法第九条に違反する駐留米軍と安保条約に限定した統治行為論が先例として先鞭をつけたと思われる。

　さてそこで、1953年の苫米地義三の苫米地事件では、衆議院の解散の効力は、議員の歳費請求事件において、これが先決問題にあるとして裁判所で争われていた。東京地裁判決は次のように下した。「司法権を認めているわが国の法治主義の下において、なお裁判の対象から除外されるべき統治行為なるものを認むべき法理上の根拠も、又統治行為なる概念についての積極的、具体的な内容規定も明らかにされてはいないのであって、自由主義的法治制度に徹すれば・・・単に政治性が強いという一事だけで衆議院解散の合憲性を裁判所の判断対象から除外することはできないものといわなくてはならない」と判断していた（昭和28・10・19行裁判例集4巻10号2540頁）[91]。この判決は東京高裁によっても支持されたが、最高裁はこれを覆した（1960年）。「直接国家統治の基本に関する高度の政治性のある国家行為のごときは・・・最終的には国民の政治判断に委ねられているものと解すべきである・・・司法裁判所の権限の外にありと解すべきことは・・・あきらかである」（最判昭和

88　松本一郎 [1995] 147頁。

89　伊達秋雄 [1986] 50頁。

90　宮澤俊義・芦部信喜 [1980] 125頁。

91　同上書、597頁。

35・6・8民集14巻7号1206頁）[92]。

　本稿の公刊は、1956年であったし、伊達が1933年年10月大阪地方裁判所予備判事に任官されてから20年後の判決であった。おそらく1953年の東京地裁による苫米地事件判決を伊達は知り得ていたと思われる。それゆえこの裁判規範を準用して「最高裁判所が憲法裁判所の機能を兼ねるに至ることは、何ら現行憲法に違反しない」と断言したものと考えられる。加えて警察予備隊違憲訴訟では、「司法権の概念は固定的なものではなく時代とともに変遷し得るものである」としたのは、伊達自身が、最高裁の司法権それ自体が動態的であることを自覚していたのであり、裁判官本然の透徹した洞察力と時局の大静を分析することを通じ広い視野での世界観、国家間、人間観をもってして判断すべきと考えていたと思われる。

　以上、これまで伊達判決が下される以前の四つの論稿から、砂川東京地裁・伊達秋雄裁判長の世界観と心証の一端を検討し考察してきた。後に伊達判決に影響を及ぼすとみられる論稿からは、裁判官である以前に、壮大な世界観をもった思想家であり、平和主義者であり、そしてまた幅のある心証によって基本的人権を尊重する人間主義者であることが看取できた。

　平和主義者であることを裏打ちする証左としては、伊達が法政大学教授の講義において、「全く純粋に憲法九条、憲法の平和主義を明らかにしたい・・・憲法と法律のみにしたがって、裁判官の良心にしたがって判断できるのであります」[93]と述べていた。この一節からは、平和主義を基調にした憲法九条を最も尊重していた研究者の学問的良心から見出すことができる。

　伊達は、複雑でしかも論理的な思考様式から勇断な伊達判決が下されたわけであるが、その基盤には、揺るぎない憲法第九条の解釈を基軸にした感性的表現と人間的感覚をもった公正かつ的確な事実認定による価値判断をなす深い造詣と碩学にして透徹した見識が貫徹していたからである。もっともそのことは、裁判所法第五七条の規定を超克した第

92　同上書、598頁。

93　伊達秋雄［1995］163頁。「本文は1989年11月18日の講演記録に加筆・修正したもの」と記されている。

七一条の法廷の秩序維持のための、平和憲法を堅持するための、人間的現実性の確証行為であったといえる。

　さらに加えて、弁護士時代の伊達が裁判官本然の労働観と心証形成の過程を開示していた。「秀れた裁判官は自己の職責を天職と心得、虚心に当事者の主張を聞き、証拠さえあれば事案の真相は自ずから裁判官の胸裡に明瞭のごとく写るであろうと考えるかもしれない」、「裁判において一番難しいこと、それ故に一番大切なことは、蓋然性の虚偽性を打破するに足りる一回限り的な具体的証拠をもって真実を論証することである」[94]とした。さらには、「最高裁調査官時代の思い出」を総括していた。「国家権力の行使に対するクールな批判的精神を持たなくてはならないと思う。国民の基本的人権擁護と平和憲法の維持に強い情熱を燃やすとともに」[95]と括られていることは示唆に富む。

　総じて、最高裁調査官時代の伊達は、法曹界を俯瞰し批判的精神を後世の裁判官に継承することを教示していたのであった。

砂川事件の概要

　1955年在日アメリカ軍は、原水爆を搭載できる大型爆撃機の発着に必要な滑走路の延長のため、立川・小牧・横田・木更津・新潟の各米軍基地拡張を求めてきた。同年5月に調達庁は、砂川町長・宮崎左衛門に立川基地の拡張計画を申し入れた。これを受け、町民の総意で「立川基地拡張反対同盟」が結成された。地元住民の反対理由は、先祖伝来の土地や墓地もあり軍による接収で耕作地の4分の1を失うからであった。だが予備測量が開始され地元農民や学生、労働者の闘いのスローガン、「土地に杭は打たれても、心に杭は打たれない」が広がりをもつようになった。1957年に政府は、土地収用法で強制収用することとし、そのため測量が開始された。これに対し、基地内に入って抗議行動をすることになり基地内の柵を押し倒して、学生がスクラムを組んで基地内に入ると労働者もそれに引っ張られるように突入したが、鉄条網のバリケードが張られ機動隊が並び、後ろから機関銃を積んだ米軍のジープも出動

94　伊達秋雄 [1971a] 95頁。なおウェーバーの天職（Beruf）やリチャード・バックスターなどの労働観については、子島喜久 [2012] 24-25頁。

95　伊達秋雄 [1977] 27頁。

してきたのであった。同年9月13日、安保条約に基づく行政協定に伴う刑事特別法違反で基地内に入った学生と労働者23人が逮捕され、そのうち学生3人労働者4人が起訴された事件である[96]。

❷ 砂川事件・東京地方裁判所裁判長伊達判決

「本件は、砂川基地反対運動にからむ『日本国とアメリカ合衆国との間の安全保障条約第三条に基づく行政協定に伴う刑事特別』」違反被告事件であるが、判決では『日米安全保障条約第三条に基づく米軍の日本駐留は、憲法第九条の戦力不保持の規定に違反し、存在を許されないもの』と断定し、『従って在日米軍施設を一般国人以上に保護する右刑事特別法は憲法第三十一条に違反し無効のものである』との理由で、米軍施設たる立入禁止区域内に立ち入った廉で起訴されたデモ隊員七名に全員無罪（求刑懲役六月）を言い渡したものである」[97]。

主文

「本件各公訴事実につき、被告人坂田茂、同菅野勝之、同高野保太郎、同江田文雄、同土屋源太郎、同武藤軍一郎、同椎野徳蔵はいずれも無罪」

判決理由

「本件公訴事実の要旨は・・・右事実は日本国とアメリカ合衆国との間の安全保障条約第三条に基づく行政協定に伴う刑事特別法（以下刑事特別法と略称する）第二条に該当する・・・これに対応する一般刑事法規としては、軽犯罪法第一条第三十二号の正当な理由なく立入禁止の場所に入った者に対する処罰規定を見出すことができ、従って刑事特別法第二条は右の軽犯罪法の規定と特別法、一般法の関係にある・・・後者においては・・・法が合衆国軍隊の施設又は区域内の平穏に関する法益を特に重要に考え、一般国民の同種法益よりも一層厚く保護しようとする趣旨に出たものとみるべきである・・・もし合衆国軍隊がわが憲法の

96　土屋源太郎［2015］16頁。土屋は、1956年の闘争には全学連が各大学に闘争参加を呼びかけ明治大学が500人から600人、東大教養、早稲田、法政、中央からの動員が多かったとしている。

97　判例タイムズ［1957］79頁。

規定上許すべからざるものであるならば、刑事特別法第二条は国民に対して何等正当な理由なく軽犯罪法に規定された一般の場合よりも特に重い刑罰を以って臨む不当な規定となり、何人も適正な手続によらなければ刑罰を科せられないとする憲法第三十一条及び右憲法の規定に反する結果となる」。

「日本国憲法はその第九条において、国家の政策の手段としての戦争、武力による威嚇又は武力の行使を永久に放棄したのみならず、国家が戦争を行う権利を一切認めず、且つその実質的裏付けとして陸海空軍その他の戦力を一切保持しないと規定している。即ち同条は自衛権を否定するものではないが、侵略的戦争は勿論のこと、自衛のための戦力を用いる戦争及び自衛のための戦力の保持をも許さないのであって・・・わが国の安全と生存を維持しようとする決意に基づくものであり、単に消極的に諸外国に対して、従来のわが国の軍国主義的、侵略主義的政策についての反省の実を示さんとするに止まらず、正義と秩序を基調とする世界永遠の平和を実現するための先駆たらんとする高遠な理想と悲壮な決意を示すものだといわなければならない。従って憲法第九条の解釈は、かような憲法の理念を十分考慮した上で為さるべきであって、単に文言の形式的、概念的把握に止まってはならないばかりでなく、合衆国軍隊のわが国への駐留は、平和条約が発効し連合国の占領軍が撤収した後の軍備なき真空状態からわが国の安全と生存を維持するため必要であり、自衛上やむを得ないとする政策論によって左右されてはならないことは当然である。」

「従って日米安全保障条約によってかかる危険をもたらす可能性を包蔵する合衆国軍隊の駐留を許容したわが国政府の行為は、『政府の行為によって再び戦争の惨禍が起きないようにすることを決意』した日本国憲法の精神に悖るのではないかとする疑念も生ずるのである・・・合衆国軍隊の駐留は、わが国の要請とそれに対応する施設、区域の提供、費用の分担その他の協力があって始めて可能となるものであるからである・・・合衆国軍隊の駐留を許容していることは、指揮権の有無、合衆国軍隊の出動義務に拘らず、日本国憲法第九条二項前段で禁止されている陸海空軍その他の戦力の保持に該当するものといわざるを得ず、結局わが国内に駐留する合衆国軍隊は憲法上その存在を許すべからざるものといわざるを得ないのである・・・安全保障条約及び行政協定の存続す

る限り・・・前記のような合衆国軍隊の駐留が憲法第九条二項前段に違反し許すべからざるものである以上・・・合理的な理由は何等存在しないところであるから、国民に対して軽犯罪法の規定よりも特に重い刑罰をもって臨む刑事特別法第二条の規定は、前に指摘したように何人も適当な手続によらなければ刑罰を科せられないとする憲法第三一条に違反し無効なものといわなければならない」。

（昭和三十四年三月三十日　東京地方裁判所刑事第一三部　裁判長裁判官　伊達秋雄　裁判官清水春三　裁判官松本一郎）[98]。

　伊達が最後に断案した判決からは、戦争の反省と世界平和の実現に向けてのバックボーンとして非武装平和憲法が認められている。安保条約第六条の極東条項への鋭い批判は今日でも妥当するし、駐留米軍の意義と軍事同盟的性格を精確に捉えていて、いわゆる「第三者行為論」[99]を真っ向から否定して憲法第九条の意思にしたがった目的論的ないし論理的解釈によって非武装永世中立の原理が定立されている。

　さて判決文を見てみる。安保条約と行政協定に基づく刑事特別法第二条は特別法であり軽犯罪法は一般法であるとし、特別法は一般法に優越するとはいえ、この特別法は合衆国軍隊の施設又は区域内の平穏に関する法益を特に重要としている。しかしながら、憲法第九条第二項で禁止している日米安全保障条約と行政協定に基づく米軍の駐留は戦力の保持に当たり違憲であるから、当然に刑事特別法二条の規定は、起訴の根拠とならず被告人に適用されることはない。よって、被告人が立川基地内に立ち入ったとしてもそれは、憲法三一条の適正手続き以外では刑罰を科せられないだけに無効であり、それゆえ、起訴の根拠のない刑事特別法第二条は違憲な法律であるから被告人は無罪である、と下した画期的な裁判規範である。

　伊達は、判決の当日に墨書の辞表を東京地裁所長に提出していた。なぜなら「この判決によって、国際的、国内的にわが国を混乱させた責任をとる」ということであったが、所長は辞表を受け取らなかったとい

98　同上書、79-82頁。公判にあたった弁護士は海野晋吉をはじめとする数十名であった。

99　嘉手納基地を含む差し止め訴訟で裁判所は、「基地の管理・運営権は米国に委ねられ、国は米軍機の運航を規制、制限できる立場にない」というのが第三者行為論である。山本章子・宮城裕也［2022］214頁。

う[100]。他方で、伊達秋雄の著作『司法と人権感覚』（1986年）におい
て「砂川事件判決を言い渡したとき吉田茂総理から『彼はアカ』との根
も葉もない罵声を浴びせられたことを覚えている」と述懐さえしている
が、一方では「十人の罪ある者を逃しても、一人の罪なき者を罰しては
ならない」[101]と「人間裁判官」らしい格言的な言葉を言い残していた。

砂川事件・最高裁所判決

　一審判決に対して検察官は跳躍上告し、全員一致の破棄差戻し判決と
なった。最高裁判決は、政府の安全保障政策の基幹を支持する極めて重
要と思われる判断を示した。（砂川事件・最高裁判所大法廷判決昭和
三十四年十二月十六日）

　「本件安保条約は、前述のごとく主権国としてのわが国の存立の基礎
に極めて重大な関係をもつ高度の政治性を有するものというべきであっ
て、その内容が違憲なりや否やの法的判断は、その条約を締結した内閣
およびこれを承認した国会の高度の政治的ないし自由裁量的判断と表裏
をなす点がすくなくない。それ故、右違憲なりや否やの法的判断は、純
司法的機能をその使命とする司法裁判所の審査には、原則としてなじま
ない性質のものであり、従って、一見極めて明白に違憲無効であると認
められない限りは、裁判所の司法審査権の範囲外のものであって・・・
終局的には主権を有する国民の政治的批判に委ねられるべきであると解
するを相当とする・・・従ってこれを前提として本件刑事特別法第二条
を違憲無効としたことも失当であって、この点に関する論旨は結局理由
あるに帰し、原判決はその他の論旨につき判断するまでもなく、破棄を
免かれない・・・裁判官全員一致によるものである」[102]と判示し、主
文のとおり東京地方裁判所に差し戻した。

　最高裁判所は、安保条約は政治論であるため「裁判所の司法審査権の
範囲外」にあるという、学説を準用した統治行為論をもって司法の独立
を放棄したのであった。

100　小林一郎[1995] 154頁。小林によると、伊達裁判長は判決から2年後に退官し、52歳で裁判
　　　所を去った。後年の伊達は日本社会党の支持者として活動をしていた。

101　伊達秋雄[1986] 39-40、86頁。

102　吉田敏浩[2020] 232-239頁。

その後、本件事件は、1961年3月27日、差戻し第1審の東京地裁で刑特法2条違反として被告人全員につき各自罰金2,000円とする有罪判決が言い渡され、1962年2月15日、第2審の東京高裁で被告人らの控訴が棄却され、さらに1963年12月25日上告が棄却され、1964年1月5日、差戻し第1審の有罪判決（罰金各2,000円）が確定した。

　その10年後の1973年に伊達は、砂川事件判決の統治行為論には賛成できない旨を示した。「民主的な法治国家においては、最高度の政治的事項であっても、国民全体の立場から政治的検討を受けるほか、憲法の立場から合憲性が問わなければならない。裁判所の違憲審査権はこの後者の役割を担当するものである・・・憲法九条は、国の平和と防衛という最高度に政治的な問題について、日本国民が、民主的に政治選択を行い、これを今後の平和と防衛にかかわる問題に対処する場合の基準としたものにほかならない・・・裁判所が違憲審査を放棄したならば、憲法擁護という裁判所の使命が果たされないばかりか、人権保障という裁判所の基本的生命は死滅することになる」[103]としていた。

　統治行為論は、長沼ナイキ基地事件における自衛隊違憲判断の福島裁判長の判決を引き合いに出して考察しても、やはり憲法第八一条所定の違憲審査権の行使をしたとしても何ら三権分立の建前を侵すものではないというべきである。

最高裁判決による伊達の疑念と正しい裁判

　伊達は、砂川事件・最高裁判決に対して多くの疑念を抱いていたのであった。伊達の透徹した洞察力が窺えることである。最高裁判決の30年後のことである。

　伊達が法政大学教授であった1989年の法政平和大学第Ⅷ期講義の講演記録である（講義録7所収）。「一九五九年（昭和三四年）の三月三〇日、安保条約が違憲であるという判決を出しました」と述べた。その後、「その判決は、直ちに検察官によって飛躍上告されました（下線は引用者）、普通ならばこの判決は東京地方裁判所第一審の判決でありますか

103　伊達秋雄[1973b]248頁。なお伊達の別稿[1973a]において長沼ナイキ基地訴訟事件では、高度に政治な問題であるとしても、憲法九条との関連においてその適合性が問われる限り、基本的人権に深く関わるものであって司法裁判所としての職責上、統治行為論の適用を否定した本判決にはそのような認識があったとしている。14–15頁。

ら、第二審は東京高等裁判所へいって判断を求めるべきなのですが、しかし憲法問題に触れておりますので高等裁判所抜きにして、最高裁判所へ上告できるわけです。これが飛躍上告で、検察側はこれをしたわけです。最高裁判所では、大法廷で十五人の裁判官が全員揃ってこの事件を対応したわけです・・・飛躍上告を受けました最高裁判所はきわめて早く、その年の十二月に判決をしました。それは、原判決を破棄する、というものでした・・・最高裁判所の十五人の裁判官が、私は意外に思ったんですが、十五人が全員一致した判決だったのです。最高裁判所は、ご承知のように一審二審とは違い少数意見を判決に生かすことができるのです・・・たとえば、十三対二とか、十対五とかという形ではっきりと判決の上に現れてくることがあるのです。ところが砂川事件の場合は十五対〇でした。一人の少数意見、反対意見もなかったのです・・・判断できないといいながら実は判断をしている。どういう判断をしているかというと、違憲ではない、という判断をしている。ということは、判断できないといいながら、違憲ではないという判断を二番目にしている・・・最高裁判所の判断というのは決して純法律的な判断ではない、という印象を受けたのです・・・これが違憲という判決ということになれば、日米間に非常に大きな衝撃をひきおこすわけですから、政治的な配慮というものがどうしても動いてくる・・・私はこの判決は最高裁の、きわめて政治的な判断ではなかったのか、と思っています・・・田中耕太郎氏は、この憲法制定時になんと申しましたか。当時彼は、文部大臣でありました。国会で答弁をした時に、曰く『剣をもってたつものは剣によって滅ぶんだ。だが日本国は今後剣を捨てる。剣によって国はたたない。』こういう言葉を吐いたのは田中耕太郎氏であります。それがひとたび、最高裁判所の裁判官になると、『剣によってよらずんば、国は守れない』こういう精神に、全く一八〇度の転換をしたわけです」[104]というものであった。

　この講義記録の論点を整理すれば、第一に、飛躍上告である。第二には、最高裁判所の判決が12月であまりにも短期間であり、裁判官15人が全員一致であったということ。第三は、最高裁は純法律的な判断では

104　伊達秋雄［1995］163-170頁。伊達は判然と学生諸賢に向けていた。「砂川闘争というのは、まさに戦争反対という平和を守る闘いだった」と述べている。

95

ないという印象を受け、それは日米間に非常と思われる衝撃が起こり、最高裁の政治的な判断でなかったのか、という諸点を疑念に抱いていたのであった。田中耕太郎の変節観にも疑念を隠すことはできなかったであろう。

　その田中耕太郎は、もともと商法学者であった。田中は商法の中に行為法と組織法を区別した。商行為法は行為法に属し、会社法は組織法に属する。これにより会社法は確固たるものとなり商取引が安全迅速に行われることになる。田中は商法の技術性とカトリック的信仰にもとづく自然法思想に基づいて『世界法の理論』（1932–1933）（のち後編あり）を展開し、その名声をもとにしてドイツ（当時ヒトラー総統）、イタリア（当時ムッソリーニ首相）への政府代表としての使節となった。第二次世界大戦後は、吉田内閣の閣僚を経て、国際司法裁判所判事となった。注目に値するのはナチの暴政の経験が新しく悪法論議のきっかけをつくり、自然法思想の再生を刺激したことである[105]、と研究者であり最高裁判事であった団藤重光は田中耕太郎の外観を記している。その意味で田中耕太郎は、枢軸国で全体主義思想をもって命がけの飛躍を遂げようとしていたことは想像に難くない首肯しえることである。いずれにせよ、最高裁判所長官の田中耕太郎は、利己主義によく見られるように「我が亡き後に洪水きたれ」と、憲法の番人を平然と放棄していたのであった。

　伊達は正しい裁判について次のように書き記していた。「正しい裁判をえようとするのであれば、法廷外で批判をすべきではなく、その批判の論理と証拠を法廷内に持ち込んで、法廷の弁論を通じて目的をとげるべきであると」。この正統派の主張は一応正しいとしつつ「それは今日の議会制民主主義の下において国民の政治的要求はすべて国会内の国民の代表を通じて実現されるべきであるという主張よりも正しいものである。原則論はたしかにそのとおりではあるが、大衆的裁判批判には、法廷内の防衛にみられないメリットを持つことをも忘れてはならない。そしてそのメリットは、必ずしも法廷において真実を立証し、無罪判決の

105　団藤重光 [2007] 92、110、269頁。団藤によれば、「裁判官の良心」とは、職業的良心の一種として本来の純粋に個人的な良心が職業的な義務ないし任務との関係で屈折して現れる。問題が世界観、政治的立場などの根本的なものに触れるとき、場合によっては裁判官の辞職まで行く時がある。アメリカのワシントン州最高裁判所の判事であったロバート・アター判事は死刑廃止論者で良心の命じるままに辞任している。

成果をあげることと全く無縁なものとはいえない」[106]と断言していたのであった。このことは、最高裁所長官であった田中耕太郎と国家行政機関と自民党政府に向けた正論であったと言い換えることができる。法廷外での策略的な裁判官との密談やその文書が保存されるようなことになれば、「公平な裁判所」といえないことを示唆していたと思える。

　それもそのはず、伊達の裁判官時代における憲法や各法律の研究による研鑽は、実務的判断が要請され、如何にも人権を左右することになるから、裁判官としての経験の深い誇りや信念から生み出された洞察力によって見事に三つの疑念が的中したのだ。砂川事件後50年を経て隠蔽されていた砂川事件のブラックボックスが開かれたのが2008年4月のことであった。

❸ 米国立公文書館（NARA）解禁文書の内容

　孤高の伊達判決を甦らせるために『砂川事件と田中最高裁長官─米解禁文書が明らかにした日本の司法』（2013年）から一部引いておくことにする。

　同書、第一部解題によれば、新原昭治が2008年4月、米国立公文書館（NARA）新館（米メリーランド州カレッジパーク）において入手した砂川事件「伊達判決」関連の解禁文書14点の原文コピーとその日本語訳がある。この中には、伊達判決の翌日早朝、藤山愛一郎外相を訪ねて伊達判決をめぐり協議したマッカーサー大使が、最高裁への跳躍上告を勧めたことをワシントンに報告した電報がある。マッカーサー大使が秘かに藤山外相に対して伊達判決つぶしの外交工作を行っていた事実が報告されている[107]。

　第二部解題では、ジャーナリストの末浪靖司が、2011年に米国立公文書館（NARA）で調査中発見した2通の解禁文書（末浪資料）と2013年1月布川玲子が、米情報自由法（FOIA）によって日本から開示請求

106　伊達秋雄 [1971a] 95頁。

107　布川玲子・新原昭治編 [2013] 3頁。電報や書簡など貴重な資料の詳細については本著作を参照されたい。また末浪によれば、アメリカには情報自由法という法律があり、アメリカ政府と軍部がつくった文書は30年経過すればすべて公開することになっている。また、英語の原文の紙は黄色い色がついているが、これは国務省が区分するためである。埼玉弁護士会2015] 7、13頁。

した結果、入手できた1通の解禁文書（布川資料）の計3点を収めている[108]。

このうち米政府解禁文書の5つの資料（新原・末浪・布川）を閲覧引用するが、田中長官とマッカーサー大使は、4月22日と11月5日の2回も密談をし、マッカーサー大使と自民党政府も癒着していたことが明らかなことになった。

1. 資料1-①では、マッカーサー大使が藤山に会い跳躍上告を勧めている。「今朝8時に藤山〔愛一郎＝外務大臣〕と会い、米軍の駐留と基地を日本国憲法違反とした東京地裁判決について話しあった。私は、日本政府が迅速な行動をとり東京地裁判決を正すことの重要性を強調した。

   1. 東京地裁判決を上級裁判所〔東京高裁〕に控訴すること。2、同判決を最高裁に直接、上告〔跳躍上告〕すること。

   2. 藤山は全面的に同意すると述べた（1959年3月31日午前1時17分受信：宛先：国務長官）。

      私は、もし自分の理解が正しいなら、日本政府が直接最高裁に上告することが、非常に重要だと個人的には感じている。というのは、社会党や左翼勢力が上級裁判所〔東京高裁〕の判決を最終のものと受け入れることは決してなく、高裁への訴えは最高裁が最終判断を示すまで論議の時間を長引かせるだけのこととなろう・・・藤山は全面的に同意すると述べた。完全に確実とは言えないが、藤山は日本政府当局が最高裁に跳躍上告することはできるはずだとの考えであった。藤山は、今朝9時に開かれる閣議でこの上告を承認するように促したいと語った」[109]。

2. 資料1-⑥は、資料1-⑤の当時の岸内閣が跳躍上告を決定したことを、マッカーサー大使に自民党幹事長の福田赳夫が通告した内容である。資料1-⑤は、4月1日、「この会談の開催について最終決定を下す前に、藤山は明朝、福田〔赳夫＝自民党幹事長〕と船田〔中＝自民党政調会長〕と相談し、事前公表予定の明日の会談が、自民党にとっても世論にとっても有意義かどうかを再確認する予定であ

108　布川玲子・新原昭治編［2013］59頁。

109　同上書、11-13頁。国務省・受信電報「極秘」電報番号1969、3月31日午後2時。

る」。そして、資料1-⑥の4月3日には、「自民党の福田幹事長は、内閣と自民党が今朝、政府は日本における米軍基地と米軍駐留に関する東京地裁判決を最高裁に直接〔跳躍〕上告することに決定した、と私に語った」[110]。

3. 資料1-⑧田中長官とマッカーサー大使の密約が交わされ、東京地検の上告と判決の時期の見通しを語っている。「最高裁は4月22日、最高検察庁〔原文は、SUPREME PROCURATERであるが、判例集で確認するかぎり、実際の上告趣意書の提出者は、東京地方検察庁検事正野村佐太男である（最大判昭和34年12月16日刑集第13巻13号3222頁）〕による砂川事件の東京地裁判決上告趣意書の提出期限を6月15日に設定した。これに対し、被告側は答弁書を提出することになる。外務省当局者がわれわれに知らせてきたところによると、上訴についての大法廷での審理は、おそらく7月半ばに開始されるだろう。内密の話し合い〔原文は、PRIVETE CONVERSATION〕で田中〔耕太郎〕最高裁長官は、大使に本件には優先権が与えられているが、日本の手続きでは審理が始まったあと判決に到達するまでに、少なくとも数ヵ月かかると語った」[111]。

4. 資料2-①は、公使・参事官として在日米大使館に勤務していたウィリアムK.レンハートと田中最高裁長官が会談した。会談では裁判の日程と訴訟指揮の方針及び結審後の全員一致に向けた決意が記載されている（布川資料.1959.7.31・発送日8.31）。「田中耕太郎裁判長は、在日米大使館主席公使に対し砂川事件判決は、おそらく12月であろうと今考えていると語った・・・彼は、口頭弁論は9月初旬に始まる週の1週につき2回、いずれも午前と午後に開廷すれば、およそ3週間で終えることができると確信している。というのも、14人の同僚裁判官たちの多くが、それぞれの見解を長々と弁じたがるからである。裁判長は、結審後の評議は実質的な全員一致を生み出し、世論を"揺さぶる"素になる少数意見を回避するようなやりかたで運ばれることを願っていることを付言した」。コメント「社

110　同上書、25-27頁。国務省・受信電報「秘」電報番号1982、4月1日午後8時及び、国務省・受信電報「秘」電報番号2001、4月3日午後4時。

111　同上書、33頁。国務省・受信電報「秘」報番号2220、4月24日午後4時。

会主義者たちは、地裁法廷の米軍の日本駐留は憲法違反であるとの決定に強くコミットしている。もし、最高裁が地裁判決を覆し、政府側に立った判決をするならば、新条約支持の世論の空気は決定的に支持され、社会主義者たちは、政治的柔道の型で言えば、自分たちの攻め技がたたって投げ飛ばされることになろう」(8月5日受領の航空書簡)[112]。

5. 資料2-②は、田中最高裁長官がマッカーサー大使と会談し、評議方針と判決言渡しを控えての15人の裁判官たちの合意基準と評議内容を伝えていた内容である(末浪資料.1959.11.5)。「彼は、15人の裁判官からなる法廷にとって最も重要な問題は、この事件に取り組む際の共通の土俵を作ることだと見ていた。できれば法廷を構成する裁判官全員が、いわば合意された、適切かつ現実的な基本的規準を基盤として事件に取り組むことが重要だと田中裁判長は述べた・・・(裁判官の何人かは、伊達判事を裁判長とする第一審の東京地裁には、合衆国軍隊駐留の合憲性について裁定する権限はないのに自己の権限と、もともとの不法侵入の中で地裁に提起された固有の争点を逸脱してしまったという、狭い手続き上の理由に結論を求めようとしていること——他の裁判官たちは、最高裁はさらに進んで、米軍駐留により提起されている法律問題それ自体に取り組むべきだと思っている)・・・しかし、重要なのは、15人のうち、できるだけ多くの裁判官が、ここに含まれる憲法上の争点につき裁定することだという印象を私は得た。この点に伊達判事が判断を下したのは、まったく誤っていたのだと彼は述べた」(1959年11月5日発送、11月6日受領の航空書簡)[113]。

以上の5通の電報と航空書簡の内容のうち、伊達が最高裁の判決に疑念を抱いていた3つの諸点が符合していたのであった。しかも、政府自民党の福田赳夫が、自然法則の状態変化に見られる元素や化合物が液体を経ずに固体から気体へと相転移する「昇華」現象のように、跳躍上告により、伊達判決を覆せるという見通しをアメリカのマッカーサー大使に述べていたのであった。

112　同上書、61頁。国務省受領航空書簡「秘」。

113　同上書、65頁。国務省受領航空書簡「極秘」。

　これはまさに、司法の貧困化が暴露されたということに多言を要しない。日米軍事同盟の強化が裏側で締結されていたと同時に、司法権、立法権、行政権が三位一体化した策略的な砂川事件最高裁判決であった。これは、憲法第七六条第三項所定の司法の独立の権威を失墜させたものである。

　司法の独立について伊達は、重みのある指摘をしていた。「政府が裁判所に何らかの影響を与えうるものとし、あるいは裁判所自ら政府の意思に屈従するようなことになれば、司法の独立は失われ、憲法と法の解釈は政府の意図するとおりになり・・・政治権力に対して憲法と法を守り、国民の自由と権利を確保するためには、司法の独立は欠くべからざる前提をなすものといわざるをえない」[114]。これに続いて、国の機密と漏洩は国民の「知る権利」を奪うことを主張していた。「民主国家においては、行政機関に秘密があってはならないということを原則とすべきである・・・自己に不利な真実の秘匿は、権力の本能ということができる・・・オープン・ガバメントの原理上、必然的な結論だというべきである」[115]と求めていた。こうした伊達の正視しえた考察は、この解禁文書の内容をあたかも熟知していたかのような臨場感に満ち溢れた歴史的意義のある洞察的玉稿である。

　これら伊達の主張に呼応するかのように、上記の5通資料と他の秘密資料の証拠をもとに免訴判決を求めて2014年再審請求が行使された。この裁判について、砂川事件弁護団代表の吉永満夫によれば、かつての最高裁判決に高田事件の先例を取り上げて、同判決は被告人に保障された憲法第三七条第一項の「迅速な裁判を受ける権利」が侵害されている「異常な事態の場合」には裁判所は免訴判決によって裁判を打ち切ることができる。従って、差戻し後の東京地裁の有罪判決は誤判だったのである[116]。

　砂川事件裁判闘争は、米国立公文書館（NARA）解禁文書の一連の内容をもとにして伊達判決の再生をめぐり展開してゆくことになる。

114　伊達秋雄［1971b］137−138頁。司法の独立について、青法協の「平賀書簡」と宮本裁判官の再任問題に触れ、憲法と法律に対する進歩的解釈の立場である青法協を擁護している。

115　伊達秋雄［1986］172−180頁。昭和46年における国政情報は、外務省極秘40,673件、秘59,915件、防衛庁の機密58,000件、極秘38,000件、秘641,000件であった。

116　土屋源太郎編［2015］44−47頁。

❹ 伊達判決の再生と免訴再審請求

2014年6月17日、砂川事件被告であった土屋源太郎、椎野徳蔵、武藤軍一郎、元被告で故人の坂田和子ら4人は、伊達判決の裁判規範を再生するために東京地裁に免訴を求め再審請求をした[117]。再審請求の基本的な問題は、砂川事件の被害者であるアメリカ側のマッカーサー大使と裁判で判決を下した最高裁長官の田中耕太郎が会っていた点にある。田中耕太郎は、裁判長でありながら被害者に会い、1960年の日米安全保障条約締結を現前にして、不断にアメリカ側に有利な計らいを企て常態化していたその地位と権限を有用的に利用したのである。

砂川事件最高裁では、すでに第一審で定立していた伊達判決に対し、反定立の判決を実行したのであった。2014年から2年後の2016年3月8日、東京地裁は、元被告側が『新証拠』として提出した一連の公文書を検討した上で、田中長官とマッカーサー大使らの面談を認めながら、再審請求を棄却した。これに対し、土屋らは直ちに棄却は不当だとして東京高裁に即時抗告した。弁護団は、『本件における最高裁大法廷は憲法第三七条による『公平な裁判所』だったとは到底いえない』と断言している。

東京高裁第三刑事部は、2017年11月15日、公平な裁判を受ける権利が侵害されたとの主張は、刑事訴訟法上、免訴の理由にはならないとして即時抗告を棄却した。これに対し、土屋らは最高裁に特別抗告をしたが、しかし2018年7月18日、最高裁小法廷は、この再審請求の特別抗告は『実質は単なる法令違反の主張』であり『憲法違反、判例違反』といった憲法問題ではなく、刑事訴訟法上の最高裁への特別抗告理由に該当しないという理由で、棄却した[118]。

だが、この砂川事件裁判は、もともとは裁判の性格として憲法裁判、憲法第九条を典拠にした裁判だということにある。これを最高裁は、新証拠にまったく触れることなく刑事訴訟法に置き換えたのである。刑事訴訟法第四三三条所定では、「この法律に不服を申立てることができな

---

117 本章で個人の実名を掲げているのは、原告の土屋、坂田両氏と接見することができ、本事件の質問などを得たうえで承諾を得たものである。

118 吉田敏浩［2020］67−73頁。

い決定又は命令に対しては、第四百五条に規定する事由があることを理由とする場合に限り、最高裁判所に特に抗告をすることができる」とする、この規定を俎上に載せて棄却したのである。

　最高裁長官の田中は、裁判所法第五二条一号の政治運動の禁止、及び同法第七五条第一項の評議の秘密の漏洩を犯した罪を負い、裁判官の責務を懈怠するがごとく非行にも適格性を欠いている。他方で同法第四八条所定では、司法の独立を確保するために裁判官には強い身分の保障が認められていることでもある。

　とはいえ、砂川事件・最高裁判決が誤判ならば「がんくつ王」事件についての伊達の一節がある。「誤判を零にすることは不可能に近い。たとえ確定した裁判であっても、それが真実に反する疑いのある限り、これを再審査し是正の途を講ずることは、裁判官の厳粛なる責務であると考えなければならない」[119]と。誤判は、裁判官の責務をもって厳粛に再審査すべきであることを強調し、またそのことが人権擁護となることを示唆していた。

　その一方で弁護士時代の伊達は、全逓の顧問弁護士を務めていたこともあって全逓名古屋中郵事件判決に対して「怒りが心の中から沸き起こった」[120]とし、労働・生存条件を獲得するための労働基本権には確固たる理解を示していた。かくして争議権は、労働者の人間の根源的権利であり生存権と同様であるとしつつ、「最高裁の裁判官の任命権は政府にある。自民党政府はその任命に際しては、おそらく、憲法二八条の労働基本権についてどの立場をとるか、憲法九条について、ことに自衛隊についてどう考えるか、少なくともこの二点を踏絵的基準として人選を行っていることは想像に難くない。かくして最高裁の裁判官は、自らは良心的に独立だと考えているけれども、大局的には次第に政府の期待にそう憲法論に傾く裁判官が多数獲得することになる」[121]と述べていることは最も批判的良心に魅了されることである。

　実際、政府の内部では、内閣大臣が国家行政組織法第3条や8条機関

119　伊達秋雄［1986］296頁。いわゆる「がんつく王」事件は冤罪事件であった。

120　同上書、115頁。全逓名古屋中郵判決は昭和52年5月4日で官公労働者の争議行為の全面一律禁止について公労法17条を含め全面的に合憲と最高裁が判断したものである。

121　伊達秋雄［1976］103-104頁。

の実質的な任命権者となっている。内閣法第二一条一項により内閣官房に内閣人事局を設置したことによって国家行政機関を集約し中央集権的に行政組織の人事権を掌握して実質的に支配しているのである。伊達による見識の深さがここにも見て取れるのである。

　最高裁で棄却されたことに対して、最も正当性のある憲法論を基底にした砂川事件裁判闘争は当然の帰結のごとく続くこととなる。

❺ 伊達判決の再生と国家賠償等請求訴訟

　2019年3月19日、土屋源太郎、椎野徳蔵、坂田和子の3人は、人権の最後の砦であった伊達判決の裁判規範を再生するために砂川国家賠償等請求訴訟を東京地裁に提起した。（以下、「砂川国家賠償訴訟」と略記する）

　原告の3人は、人権保障の要である憲法第三七条第一項のいう「すべて刑事事件においては、被告人は、公平な裁判所の迅速な公開裁判を受ける権利を有する」にしたがって提起した。原告の請求は、

i　各10万円の慰藉料請求（公平な裁判所の裁判を受ける権利の侵害による慰藉料。但し、原告坂田和子は、亡坂田茂の法定相続分8分の1に相当する12,500円）（民法709条、710条）。

ii　各2,000円の不当利得返還請求（砂川事件裁判の結果徴収された罰金。但し、原告坂田和子は、亡坂田茂の法定相続分8分の1に相当する250円）（民法703条）。

iii　読売新聞全国版に日本国総理大臣の謝罪広告の掲載請求（違憲の裁判で原告らが毀損された名誉を回復するための処分）（民法723条）。

　原告の支援団体である「伊達判決を生かす会」によれば、田中耕太郎最高裁長官（当時）による人権侵害の責任を追及し、元被告等の名誉を回復するとともに、司法の公平性・独立性を確立することを目的とすると明言している[122]。

　この意味で、この砂川国家賠償訴訟は、伊達判決を不動の精髄とした砂川事件最高裁判決の否定の否定を目的とするものであるといってよい。

　2022年9月26日に口頭弁論が開かれたのであるが、新証拠資料の認否を明らかにすることがなく、かなりの不誠実な態度を示した被告である。

122　「伊達判決を生かす会」砂川事件裁判国家賠償請求ニュース第10号〜13号を参考にしている。

国側に対して裁判長は、「裁判所は陳述書を見せていただいた上で採否について決定したい」と発言、11月28日に第10回口頭弁論を東京地裁第103号法廷で開くことを決めて閉廷した。原告の代理人弁護団代表は武内更一である。

　第11回口頭弁論が、2023年1月23日東京地裁で開かれた。2021年5月に裁判所から米国立公文書館に対する電文等の存在確認と地裁が最高裁に提出した「調査嘱託」並びに「調査委託書」について、裁判長は「まだ、回答が届いていない」調査委託書も「わかっていない」との回答であった。そして、2022年7月29日に原告側が申請した証人尋問と原告本人尋問につき、裁判所は採否を決定した。これにより証人尋問には外務省国際情報局長であった孫崎享を、原告の尋問は土屋源太郎と坂田和子の2名が本件事件の真意を法廷で述べることが決定した。

　これまで被告・国側（政府）は公文書の存在について「不知」と無責任な主張をしてきたために原告側は事実認定のため2020年2月5日、裁判所に民事訴訟法に基づく調査嘱託を申立てた。一方、2022年8月10日には、米国立文書館から公文書を複写したpdfファイルが請求者の吉田敏浩に届きすでに公文書の存在が明らかになっていた。

　第12回口頭弁論が、5月22日に開かれた。第11回に決定した証人・孫崎享の発言要旨である。「米国には、国立公文書館法、連邦記録法などの公文書の保存管理に関する法律があり真正性が担保されている。マッカーサー大使やレンハート大使による電報と書簡が作成され、米国務省に送られたのは間違いない。安保条約は、『米国が望むだけの軍隊を、望む場所に、望む期間だけ駐留させる権利を獲得する』のが目的であった。そのため砂川事件第一審東京地裁判決は、安保条約の継続を困難にし、日米両政府にとっては許せない判決であった。被告である国は、本件公電と書簡の内容を『大使の聞き間違えや大使の主観が含まれる可能性がある・・・タイピストが打ち間違えることもありうる』という主張をしているが外交の重大性を理解しない無責任極まる主張である」と証言した。本訴訟の全容解明の鍵となる孫崎享の告発的証言である。この証言を言い換えれば、この裁判は伊達判決に対する挑戦であるということになる。

　原告の土屋源太郎は、刑事裁判の継続によりアルバイトなど不安定な社会生活が虐げられ、しかも有罪とされ元被告人として生きてこざるを

えなかった。憲法37条の公平な裁判である憲法裁判によってこれまでの社会的名誉や精神的苦痛など奪われてきた権利を失地回復するために、この裁判の重大な意義でもある「もう一度伊達判決をしってもらうための運動が必要だ」と述べ、土屋の学生運動からの生涯闘争を貫く証言であった。

　次に原告の坂田和子である。私は、父の急逝後にその父が行っていた文書開示請求や伊達判決を生かす会を引き継ごうと考えた。このような事実があったことがもっと早くわかっていれば父が解雇されることもなく、あの不安で苦労の多かった暮らしが、最高裁長官らの不当なやりとりによってもたらされていたのかと思うと強い怒りを覚える。砂川事件裁判の陰で行っていた不当なことを明らかにしていく。裁判長は、司法は公平独立したものであることを明らかにしてほしいと願っている、と証言した。坂田の証言は、活動家であった亡き父の遺志を継承して国家権力に抗い立ち向かう態度の底意がみごとに現れている。

　原告の土屋源太郎と坂田和子は、決して国家権力に屈服することなく、われわれ諸国民、すなわち憲法制定権者の代表となって、憲法裁判を闘いながら非武装永世中立憲法の基本原理と平和的生存権を取り戻すために辛辣で険しい山路の道でさえ何事にもいとわない者としての闘いの源泉たる哲学をこめた表明であった。原告を助言する学説的言明があった。「哲学がプロレタリアートのうちにその物質的武器を見いだすように、プロレタリアートは哲学のうちにその精神的武器をみいだす」（マルクス『ヘーゲル法哲学批判』）のだと。

　つまり砂川事件国家賠償等請求事件を総括的に表現すれば、原告にとっては、いわば生涯闘争という裁判過程の性格を有し、しかもそこには反動的で辛辣な荊棘であった特殊歴史的な過程を経て、憲法第37条所定の「構成其他において偏頗の惧れなき裁判所の裁判」、すなわち「公平なる裁判所の裁判」を要求、実現することにたどり着いたのであった。

　ここでは2023年9月11日、第13回武内更一弁護団代表の最終弁論における大部な資料「原告最終準備書面」の大要を示し解説することにする。

　論理的に記述された深部から被告たる国家に迫りくる奥行のある原告最終準備書面は、被告がたとえ国家権力の濫用を行使しようとも、民法第724条後段の除斥期間は、正義・公平の理念や条理によって、適用を享受すべき事由がなく、そしてまた同条による3年の消滅時効の成立は

しないし、第703条所定の不当利得返還請求権についての消滅時効もまた成立はしないことになる。

　すなわち、憲法の原理的諸規定である憲法第37条と市民法原理に基づく民法第724条及び第703条とは相反する対立的な法律関係ではなく、概して本件訴訟上においては、幾多の裁判規範を含む調和的な法域の枠組みとなって、いわば第37条の基本的人権の保障を発現するための第76条の司法権独立に資することを目的とする憲法と民法の諸規定が有機的に関連した揺るぎない実定法となり現出したのである。それゆえこの法意は、表裏的な法的関係となって結実した法の機能がさらに増大し、被告である国家とその機関を法的拘束力のある法廷に釘づけにするための歯止めとなっているのである。

　総じて、原告最終準備書面は、東京地裁の裁判官に対して、公正で的確なリーガルマインドの判断を要請したものであり、裁判規範として歴史的意義のある透徹した伊達判決の再生を意味するものである。これにより本事件の判決は、2024年1月15日東京地裁で下されることになった。

　この「公平な裁判所」とはあまりにも抽象的であるため学説の助けを借りてみる。宮澤・芦部は、「構成其他において偏頗の惧れなき裁判所」を意味する（最判昭和二十三・五・五刑集二巻五号四四七頁）[123]。また佐藤は、「個々の事件につき内容実質が具体的に公正妥当なる裁判を指すのではない」とし、裁判所の構成上の公平を保障するため、刑事訴訟法及び刑事訴訟規則は、裁判所職員の除斥、忌避、及び回避の制度を求めている。いわゆる「起訴状一本主義」を採用している（刑事訴訟法第二五六条六項）ことなども公平な裁判所を確保する趣旨である[124]、と説いている。

　一方の鵜飼は、「憲法第37条は、刑事裁判についてとくに『公平な裁判所の迅速な公開裁判』を保障している。明治末年の幸徳事件などは、迅速ではあったが（1910年6月1日検挙起訴、11月9日予審終結、12月29日公判結了、1911年1月18日判決言渡、1月24日死刑執行）公開裁判ではなかった。予審や検事の取調が秘密の中に行われて法廷における裁判は、予断に支配されるようでは国民の権利は保障されない。現行憲法

123　宮澤俊義・芦部信喜［1980］313頁。

124　佐藤幸治［1992］523-524頁。

が、この意味で公判中心主義を採用したことは重要である」[125]と説いている。

　つまり、「予断の支配」を排除することが、「公平な裁判所」の原点であるということになる。裁判の対象となる事件について、何ら先入観や予断を持つことは許されないから、公平で公正な判決が導きだされる。これは、刑事訴訟法上の、「予断排除の原則」のことであり、同時にそれは憲法第三七条第一項が要請している「公平な裁判を受ける被告人の権利」の要件である。この原則の現れが起訴状一本主義である。

　先の大逆事件すなわち幸徳事件は、国家の捏造による冤罪事件であったが幸徳秋水は死刑となった[126]。幸徳は、日本の歴史上初めての社会主義の立場から反戦運動を展開した勇士である。砂川事件国家賠償訴訟の原告らは、日本の裁判史上初めての非武装永世中立憲法第九条に対する日米安保条約と駐留米軍を違憲とした裁判闘争を凛々しく野にあって闘う不抜の勇士である。第一審で無罪となったからには、最高裁長官田中とマッカーサー大使との密約よって冤罪となったことにはかわりはない。

　かくして、憲法第三七条が要請する「公平な裁判所」が創設されるには、異常な司法、立法、行政の三位一体化をそれぞれ切り離すことである。それによって正常な三権分立となし、腐朽化した司法組織内部の自浄作用を働かせ予断排除の原則に立脚することにある。それは、伊達が指摘していたように裁判官のひたむきな謙虚さと資質が問われることになる。

　裁判官は、「ゾルレンの宣言を役割とする」[127]ことに加えて「次第に政府の期待にそう憲法論に傾く裁判官が多数獲得することに」は決してならず、「人間性尊厳の基本的条件」である「人格の自主性」[128]を確立

125　鵜飼信成 [1956] 232頁。

126　明治44年の1月1日幸徳秋水は、巣鴨の監獄で泣きながら堺枯川（利彦）に手紙を書いていた。近いうち死刑になることが定まっている幸徳にとって多年の盟友に対する最後の手紙であった。それから20年（昭和6年）枯川は「幸徳事件の思い出」を『中央公論』に書いていた。川口武彦編 [1991] 98頁。

127　伊達秋雄 [1986] 302頁。ゾルレンはドイツ語のSollenで当為の意味である。法は当為規範的な性格を有し、存在Seinと結びつくとされている。

128　伊達秋雄 [1975] 45頁。

させ、彫琢され「秀れた裁判官は自己の職責を天職と心得、虚心に当事者の主張を聞き」入れて、「憲法と法律のみにしたがって、裁判官の良心にしたがって判断」することであり、「人間裁判官」の結集体による「司法的感覚」[129]を必要条件とする。それによって、裁判所は、平和憲法を空洞化させることなく「裁判所は法治国家における人権保障の最後の防波堤である」[130]であるがゆえに、「裁判において一番難しいこと、それ故に一番大切なことは、蓋然性の虚偽性を打破するに足りる一回限り的な具体的証拠をもって真実を論証することである」と規定していた。

　つまり、自己を統制し制御する裁判官は、決して時代の潮流に流されのみ込まれることなく、官僚制一般の病理である司法官僚機構を打破すべく、比類なき深刻無比なる訴訟事案であってさえ、憲法と法律のみにしたがって判断しなければならないことを示唆していた[131]。

　こうした諸条件と司法の独立の要件を具備した上で、憲法第三七条の精神に基づく公平な裁判所となる。それゆえ、同条を保障し体現するためには、国家権力からの司法権の支配と服従、抑圧的な人事政策に迎合することなく屈服せず、しかも不偏不党を堅持することが前提条件である。この前提諸条件を保持しながら社会的相当たる司法権を発現ことによって、はじめて公平な裁判所が創設されることになる。これにより、伊達判決の再生と非武装平和主義の存続に資する砂川事件国家賠償訴訟の原告は、第三七条を適用し活用することによってこの権利が体現し展開するにいたる。かくして、伊達判決の方法論の方法が問われることになる。

小括

　奥ゆきのある思念に満ちた伊達判決は、裁判規範としてある一定の社会層に定着していった。平和勢力と護憲勢力の拡大と共に、働く人々にとって1960年以降の疾風怒濤の時代を迎えうる安保闘争と三池争議が相重なり合う政治闘争と経済闘争の有機的な結合を事実の上で示した階

129　伊達秋雄 [1986] 86頁。

130　同上書、52頁。

131　例えば最高裁事務総局を中心にした司法官僚については、新藤宗幸 [2009] 54頁以下を参照されたい。

級闘争となった。これにより資本主義反動勢力に対抗する総労働を助長する大きな期待と希望を与えてくれただけに、現代日本資本主義の根底から息を吹き返し息づかせ普遍的に再生することが改憲勢力を阻止し、反戦平和運動と労働者のための闘争に帰着したのであった。要するに、砂川裁判闘争は、これまでの階級闘争の歴史を築いているのである。

　したがって、人々のためのこの闘争過程を引き受けた砂川国家賠償訴訟の東京地裁は、司法権独立の矜持を欠かすことなく、伊達裁判長の主文と判決理由に立ち返り、人権尊重の真義を典拠として深部から学び必然的に随伴する素養を蓄え、米国立公文書館での新たな証拠などを総合考慮して厳格なる審議を尽くし、歴史的真実に基づき事実認定をすべきであって、その上で原告の人々に内在化する「平和のうちに生存する権利」を認め、それをより一層具体化している非武装平和憲法第九条と基本的人権を保障し擁護して判断すべきである。

　総じて、砂川事件裁判闘争は、日米安全保障条約と日米地位協定を背景にした歴史的な憲法裁判と『権利のための闘争』（イェーリング）の中から展望を切り拓くための、社会的人間生活の向上と憲法の諸原理を発展させるための原動力となり、そしてやがて生きゆく世代を超えて世論に多大な影響を及ぼし非武装永世中立憲法を堅持する方法が要諦となる。概してその方法論は、すでに裁判規範として定立している平和憲法を基調にした伊達判決を再生することが平和国家への大道となる。

6章

平和主義の原理

6章 | 平和主義の原理

　本章では、憲法の平和主義を一面的に潜脱する日米安全保障条約、安全保障関連法、核兵器禁止条約、原子力問題の4つの側面を問い直し省察を深めることにする。

❶ 日米安全保障条約と諸問題

　日米安全保障条約締結の内容と問題とは、護憲であるかぎり見逃すことはできない日本における、すべての国民に対する憲法の根幹を揺るがす社会問題である。ロシアによるウクライナへの人道的に許されない侵略戦争が引き起こされ、長期的に大量虐殺が続いている。これを皮切りに、改憲勢力が平和憲法を改正する抵抗勢力となり、安全保障環境の変化による相乗効果の効用に求めて、政権の企図する軍事同盟である日米安全保障条約に基づく安全保障政策を拡大強化している。この戦争をもって、日本の防衛危機を誇張させてそれを憲法改正の合理的理由とする企図が、メディアを通じて国民の中に浸透させ増しつつある。

　日米安保条約の延長上には、国民主権、恒久平和主義、基本的人権が間接的にも直接的にも関連する沖縄辺野古への米軍新基地建設の問題が多分に含まれている。

　そこで、まず旧日米安全保障条約の成立過程と法的性格を確認しておく必要がある。

　日本は、ポツダム宣言受諾後、連合国総司令官マッカーサーのもとでアメリカ軍を主力とした実質的「アメリカの日本の単独占領」といわれる実体を多分にもつものであった。1950年6月25日、朝鮮戦争勃発以後、トルーマン大統領はダレス国務長官に対日講和政策を委ねたが、早期講和と憲法改正による再軍備を要求するダレスと、吉田首相の改憲・再軍備反対との間をマッカーサーが仲介し、その妥協として講和独立後も米軍が駐留し基地を使用する旧安保条約がサンフランシスコ講和条約と同時に締結されたのであった（1951年9月8日署名、1952年4月28日発効）[132]。

132　深瀬忠一－[1987]304頁。

　旧安保の発効と重なって1952年4月28日、日本の人口は8,454万人、平均寿命は60歳を超えていたが、大赦により減刑された人達が200万人に及ぶほどであった。マッカーサーにより弾圧されていた、日本共産党の機関紙「赤旗」が再現したことでもある。一方の左派社会党は、日本は極東における米国の戦略基地となり、日米安保条約の大きな代償を払うことになったと見解を示していた[133]。

　占領体制から安保体制という支配の形態を変えうる「支配の実質を生かす体制」といわれた旧安保条約は次のような特性をもつものであった。①米軍駐留、軍事基地条約である。講和条約は片面講和であり、北大西洋条約機構のような相互防衛体制が極東において成立しえないので、安保条約は日米の反共の実質的軍事同盟条約であり、米軍の駐留および基地貸与条約である。また、琉球諸島（沖縄）および小笠原諸島を、アメリカを単独の施政権者とする信託統治地域として、軍事基地を確保した。②片務性である。この条約は、米軍の駐留と基地確保（およびそれに伴う米軍の特権、広範な日本側の協力義務）の権利を規定しているが、米国側の日本防衛義務は規定していない。③米軍出動範囲の不明確性である。安保条約第一条には、駐留米軍の出動する場合について、三つの場合が予定されていた。

　一つは「極東における国際の平和と安全の維持に寄与」するために必要のある場合である。二つ目は、「一または二以上の外部の国による教唆または干渉によって引き起こされた日本国における大規模な内乱および騒じょうを鎮圧するため日本国政府の明示の要請」がある場合。三つ目は、「外部からの武力攻撃に対する日本国の安全に寄与するため」の場合である。このうち「極東の範囲」が広範かつ漠然とし、米軍は自由な判断で行動するから、日本には何ら関係ない戦争に巻き込まれるおそれがあり、かつ内乱条項は内政干渉の足がかりとなり、独立国としては異常な形態である。④暫定性である。条約前文は、基地協定を内容とするこの条約が「暫定措置」であることを特にことわっているが、安保条約をテコとして日本再軍備を進め、将来アメリカの相互援助体制の方向にもってゆく意図を示したものであった。

133　Kowalski［1969］306–309頁。GHQはレッド・パージやプレスコードなど戦後弾圧を繰り返していた。

同条約前文が、実質的再軍備を政治的に義務づけていたことにこたえて、保安隊設置（7月）、さらに日米相互防衛協定（MSA）締結に伴う「自国の防衛力及び自由世界の防衛力強化の増強」のための条約上の義務を負ったわが国は、自衛隊の設置・整備・増強を進め、1960年の新安保条約への改訂にいたる[134]。

　さてここで安保条約の法的性格を考察しよう。条約とは、広く国家間の文書による合意であり、この合意は、条約・協約・協定・議定書・憲章など色々な名で呼ばれることがあるが、原則として条約に含まれる。条約は、全権委任の署名により成立し、あるいは署名（または調印）・批准および批准交換（または批准寄託）によって成立する[135]。

　つまり、条約は、法律と同一の性格をもっているのであるから、概して安保条約は法的性格を有することになる。

　この条約を執行するために、委任を受けて執行制定される国際間の取り決めがありえるが、これを執行協定あるいは委任協定と呼ぶことができる。後者を特に行政協定といい実質的には条約であるものもある。日米行政協定は、形としては日米安全保障条約の委任協定であるが（旧安保条約三条は、「アメリカ合衆国の軍隊の日本国内及びその付近における配備を規律する条件は、両政府間の行政協定で決定する」）、実質的には軍備配備の一切の問題を定めるもので、委任立法の正当な範囲を超えており憲法第七三条三号に「条約」として、当然国会の承認を必要とするものである[136]。しかし、国会は、結局行政協定につき国会の承認を求めなかった政府の態度を承認した。それは、行政協定をもって、日米安全保障条約の委任にもとづく、受任命令的な性質である行政協定の性質を有すると解したからである[137]。

　つまり、旧安保条約三条に基づく行政協定であるとして、政府は国会の承認を求める手続きをとらなかったのである。その後、1954年にはMSAが締結され、日本の再軍備および日本の防衛任務と駐留米軍の配置を総合的に容認することになった。

134　深瀬忠一［1987］305-306頁。

135　宮澤俊義・芦部信喜［1980］562-563頁。

136　鵜飼信成［1956］207-213頁。

137　宮澤俊義・芦部信喜［1980］562-563頁。

　実際、旧安保条約と行政協定の締結交渉にあたった外務省条約局長の西村熊雄は、アメリカ側の草案を見せられて「一読不快」という感想を抱き、国会の承認が不要な行政協定として独立させることを提案していた。「われわれの案では、そういった駐屯軍の特権免除に関する規定を本条約の中にあげれば、条約を読む人たちは日本が一方的に義務ばかり負う愉快でない条約という感じをもたされ政治的効果を減殺するだけであるので、そのような事項は条約の委任によって別に行政協定で協定しようということになっていたのです」と述べていた[138]。

　国会を軽視し続けている行政協定・安保条約であるだけに、日米安全保障条約の締結と国会の議会主義の関連を考察することにしよう。

　日本国憲法の規定によれば、条約の締結権は内閣に属するものとされている。憲法第七三条三号は、「条約を締結すること。但し、事前に、時宜によっては事後に、国会の承認を経ることを必要とする」と規定する。条約成立にあたっての国会と内閣の関係が浮上する。この国会の条約形成への参加には二つの憲法上の意義がある。一つは、国会が「国権の最高機関」として、内閣の行使する条約締結権を監督することであり、もう一つは国会が「国の唯一の立法機関」として、法律より上位の法規範である条約の内容を審議し、それによって人権を保障するということである。つまり、同条三号は条約を内閣と国会の協同行為であると説いていることになる。

　学説によれば、この議会主義が守られているかは、この憲法上の意義が実現しているかどうかによって判断しうる。岸内閣のもとで、安保条約の審議を十分せずに、野党の質問に明確な答えを与えず、自民党単独で会期延長を行い、党内に反対意見があるのに突然、政府与党の単独採決で衆議院の承認を可決させ、参議院では討議らしいものはないままに、承認は自然成立で通過させてしまったやり方は、憲法上の議会のありかたを無視するものであった。安保条約そのものより、議会主義をまもるほうが重要である、あるいは民主主義をまもることが大切であるのは当然である、と憲法学者の長谷川正安は議会主義を無視した時の政権に対して異議を述べていた[139]。

138　松竹信幸［2021a］6頁。

139　長谷川正安［1973］158–159頁。

国会の正常な運営を遂行するための責務を負う政府は、議会主義を通じて見れば異常なのか正常なのかは過去と現在とは大差はない。内閣による閣議決定という常套手段は、非常でなおかつ異常なほど議会主義を無視し、国権の最高機関が民主主義を弾圧したとものと言わざるを得ない一例である。さて以上これまで、旧安保条約を見て来たことから、次項からは新安保条約の考察に移る。

日米安全保障条約の内容

　新安保条約の正称は、「日本国とアメリカ合衆国との間の相互協力及び安全保障条約」である。（以下、「安保又は安保条約」と略称する）。本条約は、1960年（昭和35年）1月19日に署名され、同年6月23日に発効した条約第六号である。この条約のほか、合衆国軍隊の地位に関する条約をはじめ、交換公文・合意議事録がこれに付属した。本条約は60年の「安保改定」によってあらたに結ばれたが、それまで効力をもっていた旧安保条約を実質的に継承したものである。

　安保条約には、前文を置いているが旧安保条約の前文を改定したものである。全10ヶ条からなる条約である。まず前文を列記するが、日米経済協力（経済安全保障）の他、個別的自衛権、集団的自衛権を容認した憲法の冒涜と第九条のデッドラインをはるかに超えた条約に注目をしてもらいたい。また、条項を掲げて解説を試みることにする。

　前文―「日本国及びアメリカ合衆国は、両国の間に伝統的に存在する平和及び友好の関係を強化し、並びに民主主義の諸原則、個人の自由及び法の支配を擁護することを希望し、また、両国の間の一層緊密な経済的協力を促進し、並びにそれぞれの国における経済的安定及び福祉の条件を助長することを希望し、国際連合憲章の目的及び原則に対する信念並びにすべての国民及びすべての政府とともに平和のうちに生きようとする願望を再確認し、両国が国際連合憲章に定める個別的又は集団的自衛権の固有の権利を有していることを確認し、両国が極東における国際平和及び安全の維持に共通の関心を有することを考慮し、相互協力及び安全保障条約を締結することを決意し、よって次のとおり協定する」としている。

　日本政府が、戦争目的である個別的又は集団的自衛権を承認して条約を締結しているのは、国連憲章の第五一条を根拠にしたものであ

る[140]。「極東における国際平和及び安全の維持に共通の関心」をかなり
恣意的に強めることは、今日的意義のある日本の軍事防衛問題を俎上に
のせた「法の支配」による安全保障上の課題でもある。

　第一条は、「締約国は、国際連合憲章に定めるところに従い・・・国
際連合の目的と両立しない他のいかなる方法によるものも慎むことを約
束する」。本条は文字通り国連憲章に準じた原則条項である。

　第二条は、「両国の間の経済的協力を促進する」ことを定めた、「経済
協力条項」[141]と呼ばれている。日米軍事同盟は日米経済同盟と同様、
すなわち経済協力とは、アメリカの圧倒的なドルの基軸通貨をもって経
済的覇権を展開した1973年にいたるまでのブレトン・ウッズ国際通貨
体制を意味する。それは、軍事同盟のみならず日米資本主義市場経済を
強化する同盟でもある。もっとも、日米の経済協力は1973年以降、日
米貿易協定や日米デジタル貿易協定など様々な日米2国間協定が締結さ
れている。これらは経済安全保障といえるところであろう。

　第三条は、「締約国は、個別的に及び相互に協力して、継続かつ効果
的な自助及び相互援助により、武力攻撃に抵抗するそれぞれの能力を、
憲法上の規定に従うことを条件として、維持発展させる」。条文の「自
助及び相互援助」は、もともとアメリカのバイデンバーグ決議（1948
年の発議者バイデンバーグ）による「自助及び相互扶助」の引用である
とされている[142]。本条は、外交・防衛政策の基本方針である国家安全
保障戦略・国家防衛戦略・防衛力整備計画の安保3文書を改定した典拠
であると読める。

　第四条は、随時協議を定めている。「締約国は、この実施に関して随
時協議し、また、日本国の安全又は極東における国際の平和及び安全に
対する脅威が生じたときはいつでも、いずれか一方の締約国の要請によ
り協議する」。この協議とは、日米安全保障協議委員会で行われるのが
通例で、1960年の安保条約とともに設置された。1990年には、日本側
は外務大臣と防衛庁長官（現防衛大臣）、アメリカ側は国務長官と国防
長官が出席する形式となった、2プラス2（ツー・プラス・ツー）を1

140　松竹信幸［2021b］151頁。

141　同上書、65頁。

142　同上書、69頁。

年から2年の間に実施することになっている。また、1995年には普天間基地問題をはじめとする沖縄基地問題を協議する「沖縄に関する特別行動委員会」が設置された[143]。通称、SACO（Special Action Committee on Facilities and Areas in Okinawaのちに、Special Action Committee in Okinawaに変更された）と呼ばれ、同年11月に開催された。1996年12月のSACO最終報告は、県道104号線越え実弾砲撃演習の廃止や航空機騒音の負担軽減、さらに日米地位協定の運用見直しについて一定の改善を図る内容を含んでいるものの、普天間飛行場の全面返還を含む11施設、約5002haの土地の返還については、県内移設が条件となっていた。しかし、県民の返還要求に対して県内移設では基地負担軽減にならない点や、自然環境や生活基盤が奪われSACO合意の欺瞞性がある[144]。なお、2022年7月29日には、日米の外交・経済を担当する日米経済政策協議委員会（経済版2プラス2）を立ち上げている。

　第五条は、「締約国は・・・自国の憲法上の規定及び手続にしたがって共通の危険に対処するように行動することを宣言する(後略)」とした。この五条を具体化したのが、1978年版の「日米防衛協力ための指針」である。1996年の日米首脳会談では「日米安全保障共同宣言」が合意され、周辺事態が研究された結果、1997年版「日米防衛協力のための指針」が定められた。これにより「極東」から「周辺事態」に拡大され、安保条約の範囲を超えることになった。現行の2015年版日米防衛協力のための指針が4月27日に定められた。1997年版を変更した主なところは、周辺事態が「当該事態は地理的に定めることができない」として、明確に地理的区域を緩和したということである。

　つまり、周辺事態では、日米軍事同盟がグローバルに展開されることになる。2015年版「日米防衛協力のための指針」は、アメリカの危険に対処するために日本の防衛義務が明確になることと同時に、憲法第九条の全面的戦争放棄に違反することもまた明確となった。

　第六条は、「日本国の安全に寄与し、並びに極東における国際の平和及び安全の維持に寄与するため、アメリカ合衆国は、その陸軍、空軍及び海軍が日本国において施設及び区域を使用することを許される」。

143　同上書、73頁。

144　沖縄人権協会編［2012］177頁。

　この第六条は、安保条約の核心的な「極東条項」である。この極東とは1960年２月25日の政府統一見解では、「『極東』は、別に地理学上正確に画定されたものではない・・・実際問題として両国共通の関心の的となる極東の区域は、この条約に関する限り、在日米軍が日本の施設及び区域を使用して武力攻撃に対する防衛に寄与しうる区域である。かかる区域は、フィリピン以北並びに日本及びその周辺の地域であって、韓国及び中華民国の支配下にある地域も含まれている（『中華民国の支配下にある地域』は現在『台湾地域』と読み替えられている）」[145] と表明している。

　要するに、極東条項は、フィリピン、韓国、台湾というアメリカ同盟国のために、在日米軍が自由に行動することを求めたのであった。さらに安全保障関連法を槓桿にした現政権は、憲法九条のデッドラインを超えた集団的自衛権をもって、従前の極東区域であったものを世界規模のグローバル区域へと拡大化を図り、武力攻撃事態とならば敵基地攻撃能力を保有して自由な自衛力の発揮を決定したのである。2015年版の「日米防衛協力ための指針」は、安保条約はいまだに変更改正されてはいないのにもかかわらず、極東から周辺事態へ、そしてその区域を除外してまで、自衛隊に軍事防衛力の強化を図り集団的自衛権の行使を認めたのであった。憲法九条のデッドラインを超えてしまえば、臨戦態勢を望む軍国主義へと邁進する一方となる。

　第七条は、「この条約は、国連際連合憲章に基づく締約国の権利及び義務又は国際の平和及び安全を維持する国際連合の責任に対しては、どのような影響も及ぼすものではなく、また、及ぼすものと解釈してはならない」。安保条約が国連憲章の枠のなかにあることを規定している。

　第八条は、「この条約は、日本国及びアメリカ合衆国により各自の憲法上の手続きに従って批准されなければならない。この条約は、両国が東京で批准書を交換した日に効力を生ずる」。

　条約の批准手続きと発効の規定である。政府の代表者が協議して確定し、全権委員が署名・調印する。国会で審議を行い議決し、条約を国家が承認することを批准という。両国が批准書を交換したらその日から安

145　松竹信幸［2021b］84-85頁。

保条約が効力をもつことになる[146]。

　第九条は、「1951年9月8日にサンフランシスコ市で署名された日本国とアメリカ合衆国との間の安全保障条約は、この条約の効力発生の時に効力を失う」。新安保条約が発効すれば、旧安保条約は効力を失うというものである。

　第一〇条は、「この条約は、日本区域における国際の平和及び安全の維持のため十分な定めをする国際連合の措置が効力を生じたときと日本国政府及びアメリカ合衆国政府が認める時まで効力を有する。もっとも、この条約が一〇年間効力を存続した後は、いずれの締約国も、他方の締約国に対しこの条約を終了させる意思を通告することができ、その場合には、この条約は、そのような通告が行われた後一年で終了する」。

　条約が発効した後、10年が経っていれば日本が条約を終了する意思を通告すれば、アメリカの同意なしで、1年後には条約は終了することができる内容を定めている。これとは反対に、日米両国のいずれかが意思表示をしないかぎり条約の効力は存続し自動継続することになる。つまり、日本国憲法の前文から第九条に違反する安保条約を破棄するといいたいところだが、本条に準ずれば、日本の政府が安保条約を「終了」する意思を固めることが先決になる。民法の意思主義でよいのである。日本の法律は、政財界の立法政策により改正や成立を繰り返しているが、安保条約は1960年以降、変更改定されず手を触れることのない、日米軍事同盟と経済同盟を強めるための金科玉条に仕立て上げられているのである。

　このような全10ヶ条からなる安保条約の内容に反対し、第九条のデッドラインを超えさせまいとした輝かしい残像がいま蘇る。

　総評、社会党、安保改定阻止国民会議は、安保条約の強行採決にそなえて、連日動員態勢をとった。安保反対闘争の1千万人署名運動を展開し、6月11日の国会請願デモには24万人が参加し日比谷では20万人の大集会と国民大行進が行われ国会を囲む十重、二十重のデモは深夜まで続いた。6月15日には全国345ヵ所で100万人がデモや集会に参加した。アイゼンハワー大統領は安保条約の自然成立にあわせて6月20日に来日が決まっていたが、打ち合わせに羽田に来たハガチー新聞係秘書の車をデモ隊が包囲し、米軍のヘリコプターで救出された。6月15日には、全学

146　同上書、121頁。

連のデモ隊が国会構内で衝突し、東大生の樺美智子さんが死亡した。社会党は樺美智子さんの葬儀を安保改定阻止国民会議の国民葬とすることを決定した。この影響で、衆議院は強行採決し、参議院は自然成立となった。これに対し、反対運動は激化の一途をたどることになった。6月23日、批准書が交換され安保条約が発効し岸内閣総辞職が発表された。安保闘争について総評の太田議長は、「平和と民主主義、国民の生活、平和憲法を守りうる力を得たことは偉大な成果であり、国民のなかに労働者の闘争が理解され支持されたことは大きな前進である」と総括した[147]。

岸総理が辞職したのは、岸総理が安保闘争に自衛隊を出動させようとしていた。ところが砂川事件伊達裁判長の友人であった、警察庁長官の柏村信雄が岸総理の命令に従わず自衛隊の出動に反対したためであった。岸総理はその責任をとって辞職したのであった[148]。アイゼンハワー大統領は、安保調印に際して、「新条約はきたるべき年の日米関係百年の基礎をきずく重大な条約だ」という声明を発表した[149]。

だがしかし、その後の70年安保闘争の国民運動としての盛り上がりは、質量ともに比較にならなほど低調なものであった。

日米安保条約の諸問題

安保条約に関する諸問題に視点を移す。日米同盟の基礎100年を問うものである。

まず第一に基地供与がある。条約第六条によって、アメリカ軍は日本における施設と区域の使用が許されている。どのような施設・区域が提供されまた返還されるかは両国代表の日米合同委員会の協議で決定される。また基地を維持するために日本側の提供する便宜は、「地位協定」で詳しく規定されているが、その範囲は、裁判権・課税・出入国に関する特権や免除、さらに調達・課税・交通・通信・公益事業にまで及ぶことなどかなり広い。第二に、アメリカ軍駐留の目的が規定されている。条約第六条は「日本国の安全に寄与し、並びに極東における国際の平和及び安全の維持に寄与するため」とした。アメリカ軍の駐留目的が、広

147　『総評四〇年史』編纂委員会 [1993] 321-327頁。

148　伊達秋雄 [1994] 172頁。

149　星野安三郎 [1974] 230頁。

く極東の平和の維持に及んでいるので「極東条項」と呼ばれた。第三に、本条約は相互防衛体制の構築が内容となっている。条約第三条では「武力攻撃に抵抗するそれぞれの能力」を維持発展することを定め、第五条では「日本国の施政の下にある領域における、いずれか一方に対する武力攻撃」に対しては「共通の危機に対処するよう行動する」ことを確認している諸点である。

第四に、安保条約は、効力発生後10年経過した1970年６月23日以後は「いずれの締約国も、他方の締約国に対して、この条約を終了させる意思を通告することができ、その場合には、この条約は、そのような通告が行われた後一年で終了する」（第一〇条）ことになっている。したがって、日米両国のいずれかが意思表示をしないかぎり条約の効力は存続するので、自動継続あるいは自動延長となり2023年の現在にまで法の効力が及ぶ問題がある。

こうした安保条約の諸条項に関する諸問題は、多くの難問と人々の基本的人権の侵害が目に余るほどである。

例えば、施設、区域をめぐる紛争は基地問題といわれ、旧安保条約時代から絶えなかった。農地・漁場・入会権・用水権などを失うことから生じる生活上の脅威、誤射・墜落などによる危険、原子力艦艇の寄港・病院設置などにともなう放射能や伝染病に対する不安、アメリカ軍人による犯罪や風紀問題、騒音・電波障害・危険物輸送・航空路制限などの問題、地方財政の圧迫などさまざまな問題がある[150]。

安保条約が締結された３年後の1963年には、自衛隊統合幕僚会議による三矢計画が秘密裏に作成された。正式には「昭和38年度総合防衛図上研究」という。

これは安保条約に基づく日米共同防衛作戦となっていた。作戦行動は、日米作戦調整所を媒介としながらアメリカ軍の指揮のもとに行われ、核兵器の搬入を除き一切の措置の包括的承認を事前にアメリカに与え、日本は防衛面を担当するが、その計画も米軍基地防衛を中心に形成された。この作戦の内容は、占領、軍事目標の攻撃、核の利用までも含む広範な

150　石本泰雄［1970］796−797頁。また、アメリカ経済の立場からサンフランシスコ講和条約と日米安全保障条約を軸に、戦後におけるパックス・アメリカーナの政治・軍事体制に組み込まれてゆくとする捉え方もある。例えば、河村哲二『現代アメリカ経済』（2003年、有斐閣）135頁などがある。

ものであり、作戦地域は全極東にまたがり、アジア全域におよぶもので
あった。そして三矢計画は、非常事態の国家措置を詳細に規定し、司法、
立法、行政の三権をすべて軍隊に統合して軍事独裁を確立し、総力戦を
闘い抜く態勢を図っていた[151]。

　安保条約締結による、こうした三矢計画は、自衛隊に軍隊としての資
格を承認し世界市場獲得への侵略的性格を強めることにあった。そして
また、国民の基本的人権を制約し文民統制や公共の福祉と平和憲法の法
規範を完全に無視した内容の作戦計画であった。

　これら旧安保条約と安保条約の本質は何かというと、旧条約の作成に
携わった外務省の西村熊雄が述べた、「物と人の協力」にある[152]。とい
うのは、日本がアメリカに基地という物を提供し、アメリカは日本に武
力という軍隊（人）を提供するということである。一見、この協力関係
は、名目的に等価交換のようであるが、実質的には日米不等価交換条約
であった。ただし、等価交換であったとしても安保条約を認めるもので
はないから、交換原理は成立しない。こうした諸問題、すなわち安保条
約にもとづく基地負担が、土地や家屋の収奪と低賃金労働者の基地内外
への労働市場の吸収とそれにともなう搾取や思いやり予算、人々への人
権蹂躙など日米安全保障条約から生ずる軍事的犠牲を負う諸問題の元凶
となっているのである。

　つまり、アメリカによる日本の軍事基地化と兵站基地化で、極東地域
を越えた前線基地となってしまったのである。この安保条約がなければ
駐留米軍基地やはかりしれない諸問題がなくなり、平和的生存権が確立
されて、世論の動向も生命の倫理観に関心が強まるに違いない。

　だが、日本政府としては不等価交換を助長する考えをもっていた。
1950年代に、反基地闘争がらみの事件事故が多発している状況のもと
で、1955年、重光葵外務大臣が在日米軍の撤退をアメリカに要求する
一方で、外務省下田武三条約局長の駐留米軍に対する認識は、違ってい
た。「実態的には大規模な占領軍の継続的駐留」を切望していたのであ
る[153]。またその後、日本に残っていた唯一の地上戦部隊である海兵隊

151　影山日出弥[1977]348頁。

152　西村熊雄[1999]48頁。

153　吉田慎吾[2012]38-39頁。

の沖縄からの撤退案が1973年にアメリカ側から提示された際、外務省と防衛庁は、海兵隊のプレゼンスは重要であるとして、駐留米軍の継続を要請していたのであった。その後、1980年には、大来外相は、『在日海兵隊がいつの間にか移動していって、わが国の防衛ができなくなるのではないかという疑問が国民に一般に広くできている・・・日本にいてくれたほうがいい」と述べるのであった[154]。国家が、すでに基地問題を問題として取り扱いをしていなかった。だからこそ、安保条約を温存して駐留米軍を政府は引き留めたのであった。海兵隊は、基地負担の重要な粗悪の要素である。兵力の6割が海兵隊であり、普天間、辺野古、高江はすべて海兵隊の施設である。アメリカでは、海兵隊は荒くれ者といわれ、有事の際には一戦で戦う「殴り込み部隊」とされてきた。米政府は、沖縄の海兵隊を2025年までに改編し海浜沿岸連隊（MLR）を設置する方針である。

　こうした、旧安保条約と安保条約の背後には、諸問題を抱える多くの民衆の意志に反して、基地と軍隊を継続して駐留米軍を引き留め、強固な新安保条約の「事務方同盟」[155]の性格が浮彫となったのである。このことは、安保条約を温存し軍事関係を強化継続することとなり、締結した同条約が憲法を歪め諸問題を解消することにいたらず、不断に憲法違反の常態化をますます促進していったのである。この結果として「物と人の協力」の問題が安保条約の廃止どころか、それを反転した日米軍事同盟の協力関係が経済関係と相まった軍事関係となって進展しているということが裏打ちされたのであった。

安保条約に関する諸学説と軍事費

　次に諸学説に視点を移す。ここでは、イタリアのトリアッティの国際政治学と憲法学の見解をそれぞれ見ておくことにする。

　旧日米安保条約に関する洞見を一瞥するわけにいかないのが、コミンテルン第二書記であったイタリアのトリアッティである。トリアッティは『平和論集』（1955年）の中でサンフランシスコ平和条約と同時に締結された旧日米安全保障条約を侵略同盟であると断言した上で日本の基

154　野添文彬 [2016] 25、196頁。

155　船橋洋一 [2006] 415頁。

地問題と軍国主義化を洞察していた。

すなわち──「極東では、主要な要素はいわゆる『平和条約』調印から生じる軍国主義の公然たる復活である。この条約は、ソ同盟を参加させないで、事実上、復活した日本軍国主義と侵略同盟を結んだアメリカ帝国主義の指導のもとでつくられたものである。この同盟は、アメリカ合衆国によって侵略基地がつくられたことを意味し、また日本の戦争目的のために占領したことを意味する。あきらかに、世界のこの部分でアメリカ帝国主義が直接に激励し支持するのでなければ、すぐる戦争で日本人民がおそるべき試練をなめたにもかかわらず、いままた日本軍国主義が頭をもたげるということは可能ではなかったであろう」[156]と。

トリアッティの示唆は、ソ同盟と中国が入っていない単独講和とアメリカとの旧日米安全保障条約の締結の2つの要件に視点をおき、アメリカの占領政策が終了していないことを指摘している[157]。それは、戦後GHQの対日理事会による民主化政策を漸次的に進める一方で、非軍事政策から軍事化政策への政策転換をなし、レットパージなどに象徴される解放から弾圧へと転ずる過程において、日本軍国主義の復活を旧日米安保条約をして「侵略同盟」締結の様相を、トリアッティはイタリアから静観していたのであった。

例えば、戦後におけるGHQの占領政策には、憲法を通じて行うのと、占領政策の力で憲法を無視して行うという併存の方途で行使された。それぞれ憲法と管理法あるいは政治と法とが併存する占領政策が実施されたのであった。このうち、旧安保条約では憲法を無視した反民主化政策の方途を掲げるとすれば、2・1ゼネスト禁止のマッカーサー声明、第二次読売争議の発端となるプレス・コード、レッド・パージ指令、公務員のスト禁止のマッカーサー書簡などの超憲法的指令を繰り返し強行した。そして、多くの労働者を弾圧解雇し権利を奪っていった反民主化政策は、傀儡的な内政干渉の側面も否定できないことであった[158]。

156　トリアッティ[1951]56頁。

157　1951年には、平和3原則である全面講和、中立堅持、軍事基地提供反対したマルクス経済学者の大内兵衛らが社会党の平和3原則に賛同し平和問題懇話会を設置した。同党は3原則に再軍備反対を加えて、平和4原則を鈴木茂三郎のもと決定している。小島恒久・田中真一郎[1975]46-47頁。

158　戦後の労働改革の参考文献として竹前栄治[1982]344頁以降に第二次読売争議からはじまるレットパージについてより詳しく研究されている。

トリアッティは、その後におけるサンフランシスコ平和条約は日本の独立を保障するものではなく、旧日米安全保障条約第三条に基づく行政協定により占領が継続しているとみなしていた。なぜならこの協定は国会の承認を得ていない、政府の手によって締結した行政命令的であると分析していたからである[159]。またトリアッティがいう「日本軍国主義」ということは無理もないことである。なぜならば、その反証として旧安保条約前文には、「日本国は、武装を解除されているので、平和条約の効力発生の時において固有の自衛権を行使する有効な手段をもたない、無責任な軍国主義がまだ世界から駆逐されていないので、前記の状態にある日本国には危険がある」となっていたために、日本もその危険を孕んでいたと推認することができたからである。

　総じて旧安保条約による駐留米軍基地、警察予備隊創設から再軍備増強と再軍事化を進めた侵略同盟が日本軍国主義の復活であると見すえた政治経済政策に対する卓越した、トリアッティの見識の広さと知的洞察はあまりにも正鵠を得ている。わが科学者らもこの時期に予想などしていなかったことであろう。

　国際政治学からは、日米安保条約の問題を大別して次の2つを掲げている。第一に、日本国憲法上の規定からは日本が集団自衛に参加することに問題がある。アメリカを中心とする集団安全保障体制に日本が参加することと理解すれば、（一）安保条約は中ソを敵視する軍事同盟で東西間の「雪どけ」や平和ムードに逆行する、（二）極東に米軍が出動した場合、日本にある米軍基地に報復が加えられ、日本が紛争に巻き込まれる恐れがある。第二に、国際経済上の問題に密接しているが、（一）近く予想される貿易自由化は日本の中小資本や農業に打撃を与えて、独占資本のみを利すると思われるが、安保条約の締結は、日米独占資本の提携を強化する、（二）防衛負担が増加し、日本経済における軍需産業の比率が増大する、経済の軍事化が行われる[160]、などの諸点の問題を提起していた。

　論点を整理してみれば、国際政治学の視点からは、平和ムードに逆行

159　例えば安保条約と憲法について詳しくは、長谷川政安［1973］154頁以下。

160　国際政治学会は安保条約に一部の者が反対してアメリカの相互防衛条約とあわせてこの安保条約が軍事同盟であるNATOを構成するとしていた。その他、国際法上の問題などが主張されていた。大畑篤四郎［1961］148-155頁。

する日米安保条約を槓桿とした日本の再軍備拡張を渇望する資本は価値
増殖を実現することにくわえて、日米経済協力の強化が増すことにより、
朝鮮戦争特需を発条にして基幹産業であった重厚長大産業の一端が軍事
産業に傾斜することを主張していた。

　この軍備拡張とは、量的側面と質的側面の二面から行われてきた。量
的軍拡が軍艦、戦闘機、戦車などの兵器の数量の増強、兵員の増強、師
団数の改変・増強などの拡張行動を意味するのに対して、質的軍拡とは
技術革新をともなう新兵器の導入による近代化や高度化となったハード
ウェアの強化にともない、新軍事技術の研究、開発の着手といったソフ
トウェアの強化をも含む、国家の軍事的行為一般を意味する。これら軍
拡路線は量的にも質的にも拡大を図り、軍需産業にとっては高度情報化
革命と相まって、資本の価値構成が高度化し、資本は競走場裏の有者と
して利潤獲得を目指すことになる。

　次に憲法学からの指摘である。安保条約全体の軍事力強化の趣旨から
いって、憲法九条の規範力を弛緩させる傾きをもつ国際法的・憲法的関
係を強化し、「自衛力」合憲論の政府のもとでは、軍事力として整備強
化を促進する機能を果たす。その内容は、日本の安全のみならず極東の
平和と安全のために活動する米軍に基地使用を認めた第六条、「極東条
項」にある[161]。六条の実施にあたっては、一つの制約がある。その制
約とは、「条約第六条の実施に関する交換公文」に定める「事前協議制」
である。事前協議事項は、(一)米軍の日本国への配置の重要な変更、(二)
米軍の装備における重要な変更、(三)日本国から行われる戦闘作戦行
動の三つである。これらの事項については、事前協議が必要だとされて
いても、事前協議は政府の拒否権を意味しない以上、実際有効な制約の
効果を果たさなかったのである。また六条は、ベトナム戦争の場合に日
本の米軍基地が沖縄基地と一体的に使用されていたように、重要な役割
を果たした。現実に六条は、日本の安全に寄与するどころか日本の危険
に寄与したのであった[162]。

　この他の学説は、第九条二項の戦力とは日本の戦力であって、外国の
軍隊の駐留は関しないとする説、外国の軍隊であっても条約によって日

161　深瀬忠一-[1987]308-309頁。

162　影山日出弥[1977]351頁。

本の意思に基づいて駐留している場合には違憲とする説、また駐留する外国軍隊が国連軍に準ずる性格のものであれば合憲と解する説がある[163]。

　これまで、3つの研究された学説を検討してきた。トリアッティは、日米安保条約を侵略同盟と解し、日本軍国主義の再来の洞見を与えてくれた。国際政治学は、日米安保条約の背後に伏在する政治経済の側面から資本の価値増殖運動を読み取る指摘があった。憲法学からは、極東条項第六条を軸にした事前協議の無効、及びベトナム戦争では沖縄基地が前線基地として使用されていたことが第九条の法規範を弛緩する旨の見解があった。いずれも、「他に例をみないもので国際法上、国連憲章上、容易に説明し難い難物」をどうすべきかが問われている。

　これら様々な学説の視座から安保条約の諸問題が提起されていたが支配的な説が学界では定まってはいないし、安保条約が国民に形而上学的に定着しているから触れないでいる様相である。

　通説や支配的な学説はともかく自衛力合憲解釈のもとで、自衛隊が整備強化され続け極東条項を軸に集団的自衛権を発動することを防止せねばならない。NATO加盟に際し、西ドイツは再軍備のために基本法を改正しさえしたのであった[164]。

　事実、2001年9月11日、アメリカでは同時多発テロ事件が発生し、約3,000人の人々が犠牲になった。これに対し、NATO加盟国は集団的自衛権を戦後史上はじめて発動して、アメリカの戦争支援を行った。国連もまた加盟国がアフガニスタンのタリバン政権打倒の戦争に加担し、集団的自衛権を認めたのである。日本は日米安保条約のもとで、インド洋上に海上自衛隊を派遣し、米艦などに給油を行ったことでもある[165]。

　日米安保条約を基盤にすえて、日米の共同軍事行動を拡大進展している現下である。仮想敵国構想論は、冷戦時代の仮想敵国ソ連に次ぐ中国や北朝鮮を射程においた、21世紀の現代日本社会はドグマ化した仮想敵国の悪循環を繰り返すことを継承して、日米安全保障条約の再強化を

163　戸波江二[1994]102頁。

164　石村善治[1979]37–43頁。西ドイツは1956年3月に再軍備体制のために1949年5月の基本法を改正したのであった。

165　松竹信幸[2021b]91頁。

図る影響を及ぼし、防衛力の強化と共に防衛費予算の増加に導く論理が
執拗に保たれており、最強の軍事超大国日本がグローバルに展開してい
る。それは「アメリカ的帝国主義」に日本が加担しさえしようとするの
だろうか。

　確かに、安保条約の再強化を図る影響のひとつに防衛費予算がある。
これまでは対GDP比１％の防衛費であった。だが、防衛費予算は10年
連続で増え続け、2022年度の当初予算は５兆4,005億円（前年度比583億
円増）の過去最多であった。さらに2023年度は予算比3.6％増の５兆5,947
億円と過去最大を記録した。現政権は、2022年から５年間の防衛費を
GDP比２％以上の43兆円とした。こうした防衛費予算の増額は、自衛
隊存続の温床となる一方となり国民が負担する所得税増税で支出するし
くみである。それはまた、働く者の所得税で軍事費を支出し、日米軍事
同盟と自衛隊の組織拡大を助長し、それに大義を与えることになる。い
わば無政府的に軍事超大国日本へ進みゆくのであるが、「大砲かバター
か」の差し迫った戦後日本の経済生活の悪化と危機、経済的諸要因が人
口の減少と少子高齢化を自然法則とみなす人口問題の人口転換の法
則[166]、憲法一四条の平等原則に違反する貧困や格差再拡大が解消され
ない要因がここにも生じていた。

　こうした日米安全保障条約の影響からなる再軍備拡張路線と自立的軍
事戦略へ進みゆく現政権は、防衛政策から析出される社会通念や良識と
素養、理性などもちえない非文民集団である。そのことは、平和憲法第
九条をを潜脱しながら自衛権拡大の無政府性と防衛力強化の軍需産業へ
の投資の比重を高度化することは、財政民主主義の形骸化に連なること
になる。諸国民は、清貧で実直な社会的生活を営む上で、無意識のうち
に再軍備されてゆき、軍国主義化への流れに揺り戻されながら基本原理
が現代日本の潮流と共に押し流されているのである。

❷ 安保条約の進歩と歪み

　日米安全保障条約は、日米軍事同盟の深化と固定化を図るために国民

166　伊藤は、マルサスの『人口論』を批判した、マルクスの相対的過剰人口に即して、IT合理化を
　　通じた個人主義的社会での共同体的人間関係の解体が人口の維持・再生産を不可能にする
　　荒廃化の要因を説いている。伊藤誠［2020］170−171頁。

に向けて発信し続けた。極東地域における対外政策のひとつとして、この地域の平和と安全の維持に大きく貢献するという国家的策略をメディアを通じて嫌疑なく誇張し続け、安保条約を斬新的に定着させていった。この条約への認識が、憲法に準拠した正当なものであると見なされ、あるいは憲法を飛び越えて意識づけられたものとなり、常に軍事に際して個別的自衛権と集団的自衛権を組み合わせた、安全保障政策の大きな要件となり、条約をもって世界の軍事支援を確実に組み込んでいった。この安保条約は、名実ともに片務的でありながら、しかし日本は同盟国としての義務を果たすことを約束し実行することになり、憲法第九条をもとにした非武装永世中立政策を認めることはなかった。かくして、安保条約は、国家にしてみれば国民的合意が得られたと見なされたのである。

これにより日米安保条約は、「日米の地域的安全保障」とされ[167]、軍事同盟であるという事実が日々明らかになってゆく。この条約と深く関連しているのが、太平洋安全保障条約（ANZUS）と北大西洋条約機構（NATO）であり、後者は現下において、米国の核兵器を日本に配備するという核共有の問題が浮上している。それに呼応するかのように新しい資本主義に根差す現政権は、事実上、新自由主義的資本主義を継承発展させ、さらなる日米軍事関係を基調にした堅牢な安保条約を拡大保持している。

政権内に設置されている国家安全保障会議は、専守防衛の規整をはるかに越えた敵基地攻撃能力に弾みをつけて、資本主義経済の危機と再編、再活性化のために立憲主義の枠外で防衛政策の転換を図ろうと広く外征に眼を向け敵視し続けている。

ところで、現政権は、自衛隊による安保条約を基礎にした「敵基地攻撃能力」を進める方針であるが、実はかつてこのような政府見解が1956年2月、鳩山首相によって示されていた。「自衛のために手段がないときは敵基地を攻撃することも憲法上可能である」とした。さらに翌年エスカレートした鳩山は「すべての核兵器の保持を憲法上禁止されているわけではない」と明言していた[168]。続く岸首相は、「核兵器のすべ

167　国連による普遍的安全保障あるいは日米安保の地域的安全保障とするのは、澤野義一[2002] 226頁。

168　影山日出弥 [1977] 347頁。

てがこの禁止条項の範囲内に入るとは思われない。もし、純粋な防御用兵器と考えられる核兵器があれば、日本がそれを所有できる可能性はありうる」と政府見解を表明していた。つまり、歴代の政府は、保守反動的な反復見解を示しながら平和憲法に違反する安保条約に基づく敵基地攻撃能力の保有を国民に対して一方的に正当化していった。

　一方、国防会議事務局長であった梅原治は、安保条約について、「軍事同盟の相手国である米国は、日本の戦争のために巻き込まれることを約束しているのに、日本の方は、それと同じ義務を負うのはいやだというのでは軍事同盟は成り立たない・・・それが日米安保体制の意味である・・・日米安保条約は、わが国の安全を支える大黒柱であり、安保体制は、現在の姿のものが、最も確実な安全保障の手段である」と明言していた[169]。この有権解釈は、国会議員のように保守政権に世襲され、いまなおその解釈を変更するものではない。

　梅原は、露骨にも安保体制を軍事同盟だと、言うに及ばず軍神の化身となり、国民の戦意高揚を図る挙国一致をもとに軍国主義の息吹に吹き込まれた軍人勅諭に資する相貌を率直に提示している。それは単に、軍事同盟であるばかりではなく、アジア・太平洋圏の資源を経済的で軍事的な略奪を含めた日米共同の「総合的安全保障」体制の意味をもつものになってゆく。

　こうした、安保体制の強化が総合的安全保障体制へ流れ込む過程において、安保条約を考える背景には、1955年以降を出発点とする高度経済成長をも併せて考察せねばならない。なぜなら日本経済の動態変化は、戦後における日本資本主義の特殊性であった後進性が歴史的性格をなしていたからである。

　日本資本主義の後進性というのは、工業技術の後進性のことである。明治以来、日本経済のもっていた性質であるが、戦争の過程で先進国との格差をひらかせていた。技術革新は、輸入により工業技術の格差を埋めようとするキャッチング・アップの過程であった。他方、後進性は社会構造の後進性でもあった。この点、低賃金労働者の豊富な存在があった。安価な労働力が補充されることで、労働賃金の上昇を相対的に遅ら

169　梅原治 [1975] 104, 218頁。

せ高蓄積をすすめることが可能であった[170]。この後進性が日米安保条約とともに高度経済成長の強みとなり、他方では憲法第九条の弱みとなり、この2面が相互関係を保ちながら憲法九条の明暗を分ける分水嶺となるのであった。

　戦後における高度経済成長期には、アメリカの経済覇権のもと、日本型フォード的蓄積体制による実体経済の強みをともないながら安定的な成長をもたらした。これを相対化した憲法第九条の弱みとともに、日米安保条約を発条にして無政府的な再軍備拡張路線を歩むことになった。高度経済成長の強みの支柱となった日本型経営の核心は、労使協調的な企業別組合、終身雇用制、年功制賃金の三面からなる雇用関係であった。このかたわらで、弱みとなった憲法九条は、日米安保条約の締結とブレトンウッズ国際通貨体制を皮切りに、冷戦構造による巨大な軍事支出がアメリカに有効需要を与え、国際協力と通商拡大の路線のもとで、重化学工業を基幹産業とした耐久消費財のモータリゼーションと相まって強行的にも憲法九条を逸脱しながら安保条約を肯認せざるをえなくなっていった。こうして弱みをもたらし続けた憲法九条は、やがて憲法の理念と原理に違背することになったのは前章でみた砂川事件・最高裁判決がその一例である。

　このことは安保条約第二条の経済協力条項が明白に示していた。「締約国は、その国際経済政策におけるくい違いを除くことに努め、また、両国の間の経済的効力を促進する」と規定した。日米安保条約の経済協力条項とアメリカによる経済覇権とが、ドルを基軸通貨とするブレトンウッズ国際通貨体制のもとで、日本資本主義の後進性の上に組み立てられることにより、日本型経営を柱にした日本型フォード的蓄積体制のもとで高度経済成長が急成長を遂げる過程で生産力が強まれば強まるほど、憲法第九条の解釈基準が弱められたのである。言い換えれば、資本の拡大再生産による資本の集中集積と資本の高蓄積によって生産力が上昇するに連れて急速な経済成長と共にキャッチング・アップによる労使協調的なインデックス賃金が上昇した。これとは反対に、経済成長に押された憲法は弛緩作用をなし第九条のデッドラインをはるかに超えた安

170　大内力［1969］297頁。日本では、欧米で第二次大戦後に拡大された自動車を中心とする機械工業と、第二次大戦後に開発された電子工業や石油化学工業が、第二次大戦後同時に開発されるにいたったという事実が注目される。そこにも日本の後進性が明確にあらわれている。

保条約の経済協力条項が拡大適用され、それを発条とした軍事費の増大、日米軍事同盟の強化、再軍備拡大そして自衛権が進展していったのである。

　こうして「軍事的スペンディング」をアメリカのドル散布の傘のもと、日本の経済的復興に、つまり、日本資本主義の歴史的特殊性であった後進性の克服と1973年に至るまでの高度経済成長の進展は、憲法九条を弱めることによって容易なものとなった。それと相まって安保条約は、沖縄施政権返還移譲とならぶ重要な柱となって進歩し、日米安保体制が不動なものとなって確立されたのであった。

　その反証としては、まず70年安保闘争が低調で、しかも反安保勢力の分裂の中で共闘組織を作り上げることができず、佐藤内閣を解散に追い詰めることはできなかった。憲法九条の弱みの反証のひとつに、1970年11月の防衛庁発行の『防衛白書』は国民を自衛隊支持の方向に統合するものであった。

　「われわれ国民は、不正な侵略からわれわれの国民共同生活や国土を守るため、国をあげて最善の抵抗を尽くさなければならない・・・その務めを果たそうとする自覚が防衛の意欲であり、国を思う心であり、愛国心の発露である。真の愛国心は、単に平和を愛し、国を愛するということだけではない。国家の危機に際し、身を挺して国を守るという熱意でなければならい」[171]。旧態依然の大日本帝国憲法ならまだしも憲法九条の弱みの証左としての防衛大臣が認めた防衛行政の白書である。

　これに対し、社会党は、民主的多数を結集して憲法擁護・安保条約破棄・生活と権利を守ることを任務とする過渡的政権を樹立することを確認した。1970年6月23日は、大内兵衛、中野好夫、吉野源三郎、末川博ら個人の呼びかけで統一実行委員会が組織され、「安保条約破棄宣言・平和・中立・生活擁護をめざす6・23全国統一行動中央会集会」を結成、全国25都道府県で400ヶ所にのぼる集会が行われた。しかし、佐藤内閣を総辞職に追い込むことができなかったのは、12月の参議院選挙の大敗が反安保闘争の高揚を妨げることになり、軍事同盟に反対する多数派結集の組織に至らず、社会党・総評系と共産党が分裂し共闘態勢を組み

171　佐藤保・福田豊 [1975] 194−195頁。

上げることはできなかった[172]、と総括している。

　この反安保闘争と相まって憲法九条の弱みが歪みとなって露呈し労働基本権にも影響を与えることになったと考えられる司法の反動判決があった。

　全逓東京中郵事件判決（昭和41年、1966年）や東京都教組・全司法仙台事件判決（昭和44年、1969年）では、公務員の争議行為である労働基本権に対して合憲的限定解釈論で一定の理解を示した最高裁の姿勢に「スト権奪還は射程距離に入った」と決意した公務協であった。しかし、その後の全農林警職法事件（昭和48年、1973年）の最高裁判決は、これまでの合憲的限定解釈論を全面的に覆した労働基本権、とりわけ争議権の全面一律禁止を合憲とした。ここにおいても第九条の弱みが第二八条の労働基本権の弱みを及ぼすことにいたる。だが基本的人権の歪みをともなった定常状態で1974年のスト権ストへと突入した公労協であった[173]。

　新自由主義的資本主義の発端となった第二次臨時行政調査会が1981年に発足、行政改革と結びつけた大平首相の「総合安全保障研究グループ報告書」（1981年）を継承した鈴木首相は「国の安全を確保するためには、単に防衛的な側面のみならず、経済・外交を含めた広い立場からの努力が必要である」[174]と述べていた。いずれにせよ、安保条約の進歩と歪みをもたらし続け総合安全保障構想が定着するにしたがって、経済協力費や軍事費の増額は、「経済安全保障」のために必要不可欠な応分の国防予算として位置づけられるようになったのである。

　これに先立ちレンティア国家たる石油輸出国イランでは、ホメイニを指導するイスラム革命が生じ、1978年の第2次石油危機が日本経済に打撃を受けはじめた。不況圧力の中で1978年11月に策定された「日米防衛のための指針」をもとに、日・米・韓による環太平洋合同演習（リムパック）にまず参加しはじめた。この演習への参加は、集団的自衛権行使を突破口とする自衛隊の海外派兵であることはいうまでもない。当時の外務省安全保障政策企画委員会の骨子には、「わが国は、国連の平和

172　同上書、196−197頁。

173　子島喜久[2020]24−34頁。

174　神原勝[1986]268−271頁。

維持活動に対し、従来のごとき財政面における協力にとどまらず、人的貢献の面においても積極的に検討すべきである。国連の平和維持活動への要員の派遣は、平和国家として存在したいという、わが国民の願いと決意を示す何よりの方途と思われる」とし、その後の1992年、宮沢内閣でのPKO法[175]の成立に連なってゆくのであった。

　PKO法は、1991年の湾岸戦争が勃発し、米国を中心とする多国籍軍への協力のために、国際貢献、国際秩序維持の名のもとに1992年に成立された。また以下の五原則に従うことでPKO派遣を可能とした。①紛争当事者間の停戦合意の存在、②活動領域国を含む紛争当事者によるPKOと日本の参加への同意、③中立性の遵守、④上記のいずれかでも充たされない場合には撤収、⑤要員の生命等の保護のための最小限度の武器の使用というものである[176]。これらは明らかに、憲法第九条に違反する五原則であり、事実上自衛隊は、軍隊として戦場の経験を積むことになってゆく。

　同法にくわえて、参加五原則の条件を付した自衛隊は、カンボジアへ海外派遣されたのを機にその後、続いてPKO派遣はモザンビーク、ゴラン高原、東ティモール、ネパール、スーダンなど、延べ11,000人以上を派遣してきたのであった。現在では、2012年1月以来、国連南スーダン派遣団（UNMISS）司令部に隊員を派遣し、2016年11月15日、「駆けつけ警護」や「宿営地共同防護」などの新任務が運用されていて[177]、2023年5月31日までの派遣が1年間延長された。国連安全保障理事会がPKO期間の延長に伴う対応としたものである[178]。

　総じて、高度経済成長の強みに押された憲法第九条は、日米安保条約に包摂された過程の中で弱められ、経済の後進性の克服をなしとげた。その後、1981年の第二臨調の発足を皮切りにした政財界は、経済の危機と再編のために新自由主義政策である、規制緩和、緊縮政策、公企業の民営化の3面からなる政策を背景に、国鉄労働組合の弱体化と憲法の

175　カナダの外相であったレスター・ピアソンは「PKOの父」と呼ばれている。

176　小林武[2017]119頁。

177　駆けつけ警護とは、国連職員やNGO職員などが武装勢力に襲われた場合に急行し武器を使って警護対象を守る任務であり「宿営地共同防護」とは宿営地を他国部隊と連携して守る任務のことである。木林武[2017]118頁。

178　朝日新聞、2023年5月13日（土）朝刊。

弱みを継承しながら、PKO法を成立せしめたのであった。日米安保条約すなわち日米同盟が進歩する反面、憲法の平和主義の弱みが歪みとなり、憲法体系と安保体系とは全面的にあい容れない対等の法形式をとる「二つの法体系」[179]と呼ばれた点に、平和と人権が内在する平和的生存権をも歪めることになり続けている。

　憲法学者の影山出弥は、日米安保条約と憲法について、以下のように指摘していた。「現行憲法を前提にし、日米安保条約の軍事的内容の批判的分析を前提にするかぎり、日本の安全保障は中立のステータスによらざるをえない。国家の中立の形態は多様であるが、重要な手がかりをあたえる例は、中立政策による中立のステータスの実現（ラオス）とオーストリア型中立宣言とである。後者の『中立に関する憲法規程』一条二項は第一にオーストリアはいかなる軍事同盟にも加入せず、第二に、自国領土内にいかなる外国の軍事基地の設置も許さないことを規定している。日本の場合にも、どの種の中立形態であれ、少なくとも、これらの二つの要請は必ず含まなければならない。それは中立のミニマムな要件である。この要件からみると、基本的に日米安保条約が矛盾することはもはや多言を要しない」と[180]。

　影山は、憲法第九条の規範的原理を参照基準に要請しているものが中立政策であるとし日米安全保障条約による軍事同盟や軍事基地の設置は許されないものであるとする。日本の安全保障は中立政策による中立のステータスにならざるをえないことを主張していたのである。

　憲法九条が弱められ基本的人権が歪められている中で駐留基地をめぐる諸問題は、安保条約締結以後70年以上経っても解消されていないのはなぜか。沖縄と安保条約について省察する。

❸ 沖縄と日米安保条約

　沖縄と日米安全保障条約は、切り離して解決される問題ではないと思われる。必ずしも安保条約と地位協定は、沖縄と国だけの問題ではない

179　長谷川正安［1960］46頁及び長谷川正安［1978］154頁。二つの法体系の中間にあるものとしては自衛法がある。

180　影山日出弥［1977］355頁。

からである。なぜならば沖縄には、過度に駐留米軍基地が集中している現実から安保と地位協定との二重の意味で支配されていると見受けられる。

　日米安全保障条約の締結と前後した米軍基地の推移を外観してみると、1950年代の日本には少なくとも33都道府県に300以上の米軍基地があった。面積比は本土が9割、沖縄が1割であったが、本土の基地は返還が進み1958年には、本土から米軍地上部隊の大半が退き、60年頃には基地の割合は半々となった。1970年代には首都圏の空軍を横田基地に集約する関東計画で基地はさらに縮小されたかわりに、一部の部隊が沖縄に移されたのであった。50年後には、本土の米軍基地は6割減ったが、沖縄は3割余りしか減らなかった。2022年現在、日本国内の米軍専用施設の約70％が国土面積の0.6％しかない沖縄に集中し、米軍専用施設は31にのぼっている。沖縄が本土復帰から2021年にいたる間、沖縄の米軍基地内で起きた航空機関連事故、648件のうち9割に相当する602件が「極東最大級」といわれる嘉手納基地（面積約1968ha）で発生しているのである[181]。米軍専用施設面積は、本土・7808.3haに対し沖縄・1万8483.4haとなり、まさしく米軍により沖縄を「太平洋の要石」として軍事拠点化したのであった[182]。

　日本では、日米地位協定により使用を許されている米軍専用基地は78にのぼり、その根拠拡大となっているのが地位協定第三条である。同条約は、行政協定の時から治外法権のように米軍の管理権が認められているのである。

　以上のことから「基地の中に沖縄がある」といわれる実態である。つまり、沖縄が太平洋の要石となる沖縄軍事拠点化の目的が、駐留米軍基地の機能強化と永久固定化、日米安全保障条約の実質的な日米軍事同盟の政策的に資するものであったと考えられよう。

銃剣とブルドーザーと本源的蓄積の土地囲い込み

　本土復帰以前の1953年は、「銃剣とブルドーザー」で武装した米兵が沖縄住民の土地を囲い込み追い出した。住民の家を破壊し焼き払い、暴

181　朝日新聞、2022年6月8日水曜日、朝刊。

182　朝日新聞、2022年5月15日日曜日、朝刊。

力で土地を奪い取り上げて駐留米軍基地を造り拡張していったのだ。

　1953年4月11日、真和志村（まわし村・現那覇市）銘苅の住民の土地が、突然現れた米軍のブルドーザーとトラクターによって敷きならされ、住民は立ち退きを命ぜられた。基地建設のため米軍が発布した布令第一〇九号「土地収用令」による実力行使であった。小禄村（現那覇市）具志でも同様のことが起きた。1,500人の住民が抗議をしたが、米兵の暴力を突き付けられ銃剣により撤去された。沖縄県内各地では、新規土地接収が起き1955年3月、宜野湾村（現宜野湾市）伊佐浜、伊江村（伊江島）の真謝でも銃剣とブルドーザーによる暴力的な土地の接収が行われたのである[183]。だが、銃剣とブルドーザーだけではすまなかった。

　アメリカ1個中隊の装甲車、機関砲、着剣カービン銃で武装した米兵隊は、催涙ガスをもったMP（米軍憲兵）やCIC（諜報機関）を動員してまで生活のための住む家や土地を奪った。土地を失った住民達は、生活の場を求めて引っ越し、南米ブラジルやアルゼンチンに移住する者も出た[184]。強奪的な土地の接収はますます凶暴になっていった。

　伊江島の真謝、西崎両部落に対して米軍が演習用地として接収すると通告したのは、1953年7月19日であった。宜野湾村伊佐には、1954年8月3日付けで田畑13万坪の接収と民家32戸の立ち退きを通告した。伊佐浜は沖縄でも有名な稲作地帯であった。

　この水田約11万坪と畑約2万坪を奪われれば、伊佐部落の81戸、喜友名部落約100戸、安仁屋と新城の両部落を加えた約200戸の人々が土地を失い生きる道を断たれることになる。米軍は1955年3月11日、人々の抵抗にもかかわらず武力をもって両村の住民に襲いかかり、家屋をブルドーザーで押し潰し、土地を強奪した。伊佐浜住民に対しても米軍は同年7月19日、住民を部落から追い出して土地強盗を強行したのである[185]。

　こうした、暴力的な土地の接収で「基地の中に沖縄がある」というその所以は、『資本論』第1巻第7篇第24章を参照するならば、典型的に現れるイギリスにおける「資本の前史」といわれる本源的蓄積の囲い込

183　沖縄人権協会編［2012］34頁。

184　同上書、35頁。

185　同上書、45−46頁。

みそのものであるといってよい。封建社会が解体して、資本主義的生産様式の基礎的な条件が生み出される歴史的過程を資本の本源的蓄積という。その過程では、権力を発動してまで農民から強制的に土地を収奪して、耕地を牧羊地にするために地主階級は囲い込みという方法で共同地を私有地にしたのであった。資本主義社会の基本的な階級である賃金労働者と資本家が本源的蓄積を推し進める過程で社会的に形成されてゆく。そこでこうした経済学の理論体系を書き記したマルクスの畢生の大著『資本論』（1867年）からの引用で「基地の中に沖縄がある」ことが明らかとなるであろう。

　本源的蓄積の歴史の中で歴史的に画期的なものといえば、農村の生産者すなわち農民からの土地収奪の全過程である。「囲い込みによって生じた新たな領地はたいてい牧場に変えられている。その結果、以前は1,500エーカーも耕作されていた領地で今では50エーカーも耕作されていないものがたくさんある・・・4人か5人の富裕な牧畜業者が大きな最近囲まれたばかりの領地を横領しているのを見ることは少しもめずらしいことではないが、これらの土地は以前は20人から30人の借地農業者や同じくらいに多数の比較的小さい所有者の手にあったのである。すべてこれらの人々は自分の家族と一緒に、また自分が使用して養っていた他の多くの家族とも一緒に、自分の土地から投げ出されたのである」、「住民がすでに15,000に減っていた全州を牧羊場に変えてしまうことにした。1814年から1820年まで、この15,000の住民、約3,000戸の家族は、組織的に追い立てられて根絶やしにされた。彼らの村落は残らず取りこわされて焼き払われ、彼らの耕地はすべて牧場に変えられた。イギリスの兵士がその執行を命令ぜられ、土着民と衝突することになった。一老夫婦は小屋をさることを拒んで、その火炎に包まれ焼け死んだ　・・・こうして、暴力的に土地を収奪され追い払われ浮浪人にされた農村民は、怪奇な恐ろしい法律によって、賃金労働者の制度に必要な訓練を受けるためにむち打たれ、焼印を押され、拷問されたのである」[186]。これらは「共同地囲い込み法案」〔"Bills for Inclosures of Commons"〕」[187]という共同地の暴力的横領が多くの耕地の牧場化をともなう人民収奪の法令で

186　Marx［1867］S,748、953頁。S,765、963頁。

187　同上書、S,753、946頁。

行使したのであった。

　このような本源的蓄積による土地の囲い込みが実際沖縄では、「土地収用令」によって暴力的横領が行われたのであった。米軍は、装甲車、機関砲で土地や家屋を暴力的に接収、横領して多くの水田やサトウキビ畑などの耕地を米軍基地に強制的に変えさせたのである。軍用地化して過重負担を残し、農民生産者と土地の生産手段を切り離して、沖縄の農民や労働者の保護もせず「無保護なプロレタリア」にしたのである。沖縄の米軍基地収用は、イギリスの典型的な本源的蓄積である生産者と生産手段との「歴史的分離過程」を共同地囲い込み法案により容赦なく土地を略奪した囲い込みにほかならず、沖縄の囲い込みが暴力的に行われた農民の土地収奪とが通底しているといえる。したがって、沖縄の銃剣とブルドーザーによる囲い込みとイギリスの本源的蓄積の土地の囲い込みとが通底しているということである。トマス・モアは『ユートピア』のなかで「羊が人間を食い尽くす」といったが[188]、まさに「基地が沖縄を食い尽くす」、冷笑主義的な沖縄における土地の囲い込み運動であったといえよう。

沖縄返還協定と憲法の空白

　1959年に悲劇的な大事故が発生した。6月30日午前10時40分頃、嘉手納基地所属の米軍ジェット機・F100Dが制御不能に陥り、パイロットはパラシュートで脱出したが、機体は火を吹きながら100メートルに及んで民家35棟をなぎ倒し、宮森小学校（石川市・現うるま市）に激突、炎上した。小学校には1,000人あまりの児童がいたが、校舎とその周辺は火の海となり、子供たちは火だるまとなって逃げまどった。被害は、死者18名（うち児童12名）、負傷者212名（うち児童156名）にのぼり沖縄の戦後史で最大の被害を出す大惨事となった。米軍は当初、不可抗力としていたが1999年になってようやく、機体の整備不良であったことが、琉球朝日放送が米軍から入手した資料によって判明した[189]。こうした、隠された事件事故がアメリカ施政権下のもとで多発していたのであった。紛れもなく、沖縄は憲法の空白にあった。

188　同上書、S,748,941頁。トマス・モアの『ユートピア』はマルクスの『資本論』からの引用である。

189　高木吉郎［2021］73頁。

　本土復帰前の1961年4月の沖縄は、米軍統治下で「憲法の空白」にお
かれて、人権侵害が多発していた。そんな中、憲法に保障された基本的
人権が沖縄の人々にも認められることを目的に沖縄人権協会は結成され
た。1977年には10年周年を記念して沖縄人権協会理事長・比嘉利盛は
次のように語った。「沖縄県民は、日本国民として日本国憲法が保障す
る基本的人権を享受しうる当然の権利があり、沖縄県民の人権擁護はわ
れわれの義務であります・・・沖縄における人権侵害の主要な根源が祖
国からの分断とそれに伴う異民族の軍事支配にあり・・・その終局的解
決は祖国日本に復帰する以外にはありえない」と述べるとともに、沖縄
人権協会の課題を「職業、性別を問わず、超党派で総力を結集して、沖
縄100万県民の人権を守り、平和で、豊かな民主主義の確立された社会
環境をつくるため、今後も一層の努力をしなければなりません」[190]と。

　ここで注目したいのは、沖縄の人権侵害の主因が、本土と分断され続
けているのは、アメリカ統治下の軍事支配にあるためだとし、祖国にあ
る日本国憲法の下への復帰が基本的人権克服への解決策にあるとしてい
る点である。この祖国とは、本土復帰、日本国民のことではなく、その
意味するものは、日本国憲法の適用を享受することによって、はじめて
日本国民としての人権が擁護され、それによってはじめて、アメリカか
らの支配を排除することになるということである。ここでは第一に憲法
の適用があって、基本的人権が享受されることができ、それによってこ
そ本土復帰が実現するということにある。次に、「平和で、豊かな民主
主義の確立された社会環境をつくる」とは、県民100万が総結集して、
安保条約と地位協定の破棄を目指し、平和自治体と民主主義を樹立する
ことを目的としていたといえよう。

　つまり、日本国憲法の基本的人権の諸原理を獲得して、アメリカ従属
を打破し、いかに県民の力だけで民主主義的地方自治体を樹立するかを
問うていた。いわば憲法の空白を埋めるための沖縄独立論を主張してい
たのである。

　実際、沖縄の人々の中には沖縄は「独立」すべきであるという声もあっ
たが、少数であって多数の人々は本土復帰を渇望していた[191]。

190　沖縄人権協会編［2012］79頁。

191　同上書、33頁。

だがこの1971年には、沖縄人権協会の意志に反して、安保条約と地位協定を再強化するための沖縄返還協定が調印されたのであった。1971年6月17日、「琉球諸島に関する日本国とアメリカ合衆国との間の協定」（沖縄返還協定・7つの付属文書を伴う）に調印、72年5月15日発効した[192]。この協定は「施政権返還協定」とも呼ばれ、佐藤・ニクソン共同声明では、繰り返し「施政権返還、沖縄の施政権の日本への返還」という表現になっていた[193]。

　この返還協定第二条は、日米安保条約や友好通商航海条約が沖縄に適用されることを認めている。第二条はいう。「日本国とアメリカ合衆国との間に締結された条約及びその他の協定（1960年1月19日にワシントンで署名された日本国とアメリカ合衆国との間の相互協力及び安全保障条約及びこれに関連する取極並びに1953年4月2日に東京で署名された日本国とアメリカ合衆国との間の友好通商航海条約を含むが、これらに限られない。）は、この協定の効力発生の日から琉球諸島及び大東諸島に適用されることが確認される。」と規定している。条文の「関連する取極」とは日米地位協定のことである。

　第三条二項は、「アメリカ合衆国が1の規定に従ってこの協定の効力発生の日に使用を許される施設及び区域につき、1960年1月19日に署名された日本国とアメリカ合衆国との間の相互協力及び安全保障条約第6条に基づく施設及び区域並びに日本国における合衆国軍隊の地位に関する協定第4条の規定を適用するにあたり、同条1の「それらが合衆国軍隊に提供された時の状態」とは、当該施設及び区域が合衆国軍隊によって最初に使用されることとなった時の状態をいい、また同条2の「改良」には、この協定の効力発生の日前に加えられた改良を含むことが了解される」と規定している。

　この第三条二項の規定は、安保条約と地位協定に基づいた、駐留米軍基地の施設及び区域の提供を再確認したものである。その一方で、沖縄返還協定批准をめぐり、沖縄現地や国内では反対運動が盛り上がっていた。沖縄では、沖縄復帰協が日本への復帰が遅れてもやむを得ないとの立場から基地撤去、安保廃棄を掲げて沖縄返還協定反対デモを実施した。

192　小林武［2016］113頁。

193　同上書、120頁。

それは、ニクソン大統領のドル防衛政策によって「外交、軍事、内政の面で大きな転機を求められていた」ことを察していたからである。こうした中で、駐留米軍基地の強化を目指す沖縄返還は、「内外の情勢は明らかに沖縄返還交渉のやり直しを要求」しているとして、復帰協は沖縄返還協定反対の大規模なデモを行った[194]。本土国内でもこれに呼応した総評は、協定の内容が両国軍事同盟の強化、日本軍国主義の復活を図るものとの観点から、「県民不在の沖縄返還協定に反対し、即時無条件全面返還を要求する決議」と裁決した[195]。1971年11月17日、衆議院沖縄返還協定特別委員会において沖縄返還協定は強行採決された。この日、琉球政府行政主席であった屋良朝苗は『復帰措置に関する建議書』を持参して上京していたのであった[196]。

　この建議書には、『沖縄県民の要求する最終的な復帰のあり方は県民が日本国憲法の下において日本国民としての権利を完全に享受することのできるような『無条件且つ全面的返還』でなければならないことも繰り返し述べてきました・・・返還協定の内容は、明らかに沖縄県民のこれらの理念や要求に反するものであります』という内容であった[197]。

　つまり、この建議書は、条件付きの返還協定ではなく、まず日本国憲法の基本的人権の保障を県民が享受することを目的にしたものであった。

　この沖縄返還協定反対運動の打開策として、1971年11月24日、自民、公明、民社党によって「非核兵器ならびに沖縄米軍基地縮小に関する決議案」を採択し、「政府は、沖縄米軍基地についてすみやかな縮小整理の措置をとるべきである」との文言が明記されたのに加えて、非核三原則を付帯決議して、同日衆議院で沖縄返還協定の批准が裁決し、収束を図ったのであった。

　つまり、返還協定により、沖縄県民に日本国憲法が名目的とはいえ適用されることになった。それと同時に那覇地裁が置かれ一般的な裁判管

194　野添文彬［2016］71頁。

195　『総評四〇年史』編纂委員会［1993］321-327頁。

196　琉球政府は、アメリカ政府の統治下にあったとはいえ、三権分立の体裁を整えていた。琉球政府主席を頂点とする行政機構、司法機能を担当する琉球政府裁判所、立法機構たる琉球政府立法院である。琉球政府裁判所は、沖縄には適用されていなかった日本国憲法を実質的に生かして法令審査権を主張する存在になっていた。小林武［2016］122頁。

197　同上書、113頁。

轄は日本がもつようになった[198]。しかし憲法の空白を埋めるものではなく、実質的に本土復帰後も米軍に基地の使用を認めるというものであった。

　すなわち、概して沖縄返還協定の目的は、沖縄県民に対して憲法の基本的人権を享有するものではなく、沖縄返還協定反対運動の制圧と、安保条約と地位協定の各条項における日米軍事力を拡大強化する合理的理由に使用することであった。さらには日米合同で沖縄に軍事基地を集中させ、国家が沖縄自治体の支配を強化するものでしかなかったのである。

駐留軍用地をめぐる３立法

　1971年の沖縄国会では、12月21日に参議院で沖縄返還協定が可決承認された同じ国会で、「沖縄における公用地等の暫定使用に関する法律」（公用地暫定使用法）が成立され、本土復帰後の1972年5月15日に施行された。この公用地暫定使用法は、引き続き沖縄の基地を米軍が使用できるようにするための5年間の時限立法である。

　沖縄返還協定めぐり沖縄県と国家・政府との間では、駐留軍用地を争点にした対立関係が増してゆくのであった。政府は、立法政策と裁判過程の手法で沖縄を囲い込み追い込んでいった。安保条約に基づく駐留軍用地特措法を典拠にして、公用地暫定使用法と地籍明確化法の3つの法律を成立させた。同諸立法は、駐留米軍基地を使用するための弥縫策的な土地収奪3立法を整備して沖縄県にだけ特別に適用したのであった。

　もともと、沖縄の米軍基地は民有地の多くを占めていた。政府は、沖縄の本土復帰後も、米軍への基地提供を可能にするため、個々の地主との貸借契約を結ぶ必要があった[199]。そこで政府は、賃貸借契約を個々の地主と締結することになったが、地主の同意が得られない場合に備えて、政府がその軍用地に対する使用期限を取得して米軍へ基地の提供義務を履行するというのがこの公用地暫定使用法の制定理由であった[200]。

　1977年に同法は、5月で契約期限を迎えることになった。政府として

198　後藤光男［2019］165頁。

199　同上書、166頁。

200　野添文彬［2016］81,199頁。

は、契約しない地主が数百名いる中、それらの土地を引き続き軍用地として米軍に提供するために、新たな法の整備が必要になった。政府は、基地内の地籍を確定することと併せて、政府と契約していない地主の軍用地を引き続き使用できるような措置を取るべく地籍明確化法を1977年5月18日に成立させたのであった[201]。この法律は、1945年の沖縄戦により地形が変わってしまったため、土地の地籍（位置境界）を明確にする必要があるとして、地籍が明確になるまで軍用地の強制使用を続けることを目的に制定したものである。本法は、憲法第九五条所定の地方自治特別法が実例的に沖縄県のみ適用する法律である。

　地籍明確化法の附則には、公有地法の強制使用期間5年を10年に改めるという1項を規定していた。期限切れの公有地法が、新法の地籍明確化法の附則で息を吹き返し、5年間延長されたのである。こうして、1982年まで軍用地の強制使用を政府は確実に確保した。その後は、安保条約6条に基づく「米軍用地特別措置法」を発動して今日まで強制使用が続いている[202]。1982年に地籍明確化法の期限が切れることになると、本土復帰以前にまで遡る1951年（昭和27年）に公布された駐留軍用地特措法で使用権限を適用することになった。

　1995年、米軍用地の契約切れを2年後に控え駐留軍用地特措法に基づく軍用地の強制手続きが始まっていたので、駐留軍用地特措法によって在日米軍基地の確保という軍事目的のための土地収用について定めた法律を有用的に活用したのであった。この法律の正式名称は、「日本国とアメリカ合衆国との間の相互協力及び安全保障条約に基づく施設及び区域並びに日本国における合衆国軍隊の地位に関する協定の実施に伴う土地等の使用に関する特別措置法」という。

　この法律によって米国は、日本のどの土地でも日本政府に土地の提供を求めることができることになった。特措法制定当時の沖縄は、米軍統治下であったから安保条約と地位協定の批准時に沖縄は本土復帰していなかった。したがって、日本の施政権返還直後の1972年には、憲法を獲得したのと同時に、安保条約と地位協定、及び特措法などの法律が沖縄県に即日適用されることになり、とりわけ特措法は沖縄だけに適用さ

201　同上書、81,199頁。

202　後藤光男［2019］168頁。

れる法律であった。この米軍統治下の沖縄の法的地位について、公法学者は日本国憲法の適用もなく、「二重国籍」という説を捉えるほどになっていた[203]。

　特措法の法益は、地主が契約拒否した場合には、市町村長が代理署名を行うことになっており、さらに市町村長が代理署名を拒否した場合には、都道府県知事が行政庁として代理署名を行うことのできる行政行為が認められている。この行政行為とは、行政学では、「行政庁が、法律の定めることに従い、その一方的な判断に基づき、国民の権利義務その他の法的地位を具体的に決定する行為」と定義し、命令強制的で権力的に土地の収用決済や租税の賦課を決定する行為のことである[204]。

　もともと、政府が沖縄県民の土地を米軍基地として提供するには、沖縄県収用委員会にその収用の申請手続きが必要である。申請手続きの一つとして、提供する土地、物件の目録調書（土地・物件調書）に地主が直接立ち会って署名することになっているが、地主が立会・署名を拒否した場合、市町村長が代行する。それでも拒否したら知事が代わって代理署名を行うことになる[205]。つまり、市町村長と県知事が特措法を承認しないということは、日米安保条約を認めないということを表現するものであった。

　1995年9月28日、大田沖縄県知事は、県議会で代理署名の拒否を表明した。大田知事が駐留軍用地特措法に基づく代理署名を拒否したことにより、村山内閣総理大臣は地方自治法第151条の2により、職務執行命令訴訟を福岡高裁那覇支部に起こした。3ヶ月の審理で結審し、1996年3月25日、国側勝訴の判決が下った。敗訴した知事は、上告したが、最高裁は上告を棄却し、知事敗訴の判決を下した。判決は安保条約・地位協定が合憲であることを前提として、それらに基づく駐留軍用地特措法は合憲であるとした[206]。

　駐留軍用地特措法をめぐる沖縄代理署名訴訟の最高裁判決（1996年8月28日）が下されたのであるが、この訴訟の代理署名は大田知事であっ

203　小林直樹 [1980] 174頁。

204　原田尚彦 [1990] 115頁。

205　沖縄人権協会編 [2012] 174頁。

206　後藤光男 [2019] 176頁。

て、原告勝訴したのは村山内閣総理大臣であった[207]。

　最高裁判決の判旨では、「日米安全保障条約及び日米地位協定が違憲無効であることが一見極めて明白でない以上、裁判所としては、これが合憲であることを前提として駐留軍用地特措法の憲法適合性についての審査をすべきであるし・・・所論も、日米安全保障条約及び日米地位協定の違憲を主張するものではないことを明示している・・・駐留軍用地にかかわる専門技術的な判断を要することも明らかであるから、その判断は、Xの政策的、技術的な裁量にゆだねられているものというべきである・・・駐留軍用地特措法は沖縄県のみに適用される特別法となっていない・・・同法の同県内での適用が憲法前文、九条、一三条、一四条、二九条の三項、九二条に違反するというに帰する論旨は採用することができない」と判断を下した。本判決は、特措法は憲法に違反しないとした最高裁の初判断である[208]。

　最高裁の判断は、特措法と安保条約及び地位協定を一体化して合憲としており、また、「日米安全保障条約及び日米地位協定が違憲無効であることが一見極めて明白でない以上」と砂川事件最高裁判決（1959年12月16日）の「高度の政治性を有するもの」である統治行為論をかなり踏み込んで、日米安全保障条約及び日米地位協定が合憲であることを前提に判断している。しかも、駐留軍用地特措法は、内閣の行政権の裁量範囲にあるとした点にこそ、非現実的な遁辞であり反動判決である。

　安保条約と地位協定は、日米軍事同盟という視点からあまりにもかけ離れた判断である。合憲違憲を下す以前に、最高裁が判断基準にすることは、安保条約の内容の精査と地位協定のもとでの、沖縄社会に及ぼす影響や県民の基本的人権問題、さらには個人の土地を収奪してまで軍事利用のために強制収用することの意義を最大限考慮せねばならないはずである。加えて、基地負担、刑事・民事犯罪、起訴件数など総合考慮することが専決である。こうした統治行為論を飛躍して憲法判断することは許されないことである。特措法は、沖縄にだけ適用する特別法である。憲法第九五条はいう。「一の地方公共団体のみに適用される特別法は、法律の定めるところにより、その地方公共団体の住民投票において過半

207　同上書、176–177頁。

208　水島朝穂［2019］364–365頁。

数の同意を得なければ、国会は、これを制定することができない」と。

　特別法の例としての旧軍港都市転換法（昭和25年法220号）は、横須賀、呉、佐世保、舞鶴の4市に適用された法律である。本条にいう特別法として住民投票に附された。その他、広島平和記念都市建設法（昭和24年法219号）、長崎国際文化都市建設法（昭和24年法220号）、首都建設法（昭和25年法219号）、それから別府、熱海、伊東などの温泉都市に関する建設法が、それぞれ住民投票を得て成立している[209]。こうした主要都市の特別法は、住民や県民を主体とした民主的な適法手続きによって成立していたのであった。

　駐留米軍基地が過多に沖縄の全区域に集中していることは、旧軍港都市転換法や長崎国際文化都市建設法などの前例があるように、住民投票を得て合意により成立したのではなかったことは要因のひとつである。

　特措法は一般法なき特例多き特別法に該当するものである。第九五条は、「一の地方公共団体のみに適用される特別法は、法律の定めるところにより、その地方公共団体の住民の投票においてその過半数の同意を得なければ、国会は、これを制定することができない」と規定している。本条所定の住民投票を実施しなかったが、その後における2019年2月の沖縄県民投票では、辺野古新基地建設の反対票が7割を超えていた。特措法の是非を問うための住民投票は実施しなくとも、同法が制定されず廃止になったであろうことを推測することができる。

　最高裁判決後の翌年、1997年4月に橋本内閣は特措法を閣議決定し成立させた。その結果、県知事が代理署名を行うという抵抗手段が閉ざされてしまったのである。その後、1998年11月の県知事選で稲嶺惠一が自民党の支持を受けて当選した。1999年11月、稲嶺知事は普天間基地移設の候補地として、名護市辺野古沿岸域とする旨を決定した。これを踏まえた政府は同年12月28日、辺野古への代替施設建設を閣議決定した[210]。こうして、最高裁判決の反動判決が辺野古新基地建設への合理的な指針を与えたのである。

　もともと大田知事と村山総理は、社会民主党に党籍を有していた旧知の間柄ではなかったか。そうだとしても、大田と村山の縮図から県と国

209　宮澤俊義・芦部信喜［1980］780-781頁。

210　後藤光男［2019］177-178頁。

との対立の構図へと発展した。突き詰めれば法律関係から利害関係へと結実したのであった。村山内閣は、大田知事と県民に対し国家権力を発動してまで窮地に追い込み、日米軍事同盟を温存した平和憲法違反者であり、護憲の立場からは単なる抵抗勢力でしかなかった。しかも、最高裁判決は、安保条約と地位協定が合憲であるとした。それゆえ行政裁量の範囲内であった村山内閣も同様に安保条約と地位協定が合憲であると認めたことになる。ここでも司法、立法、行政の三権一体化が実証されている。かつて村山富市は、社会党・護憲共同の代表として国会での審議に臨んだこともあった人物である。

　こうして政府は、駐留米軍基地を沖縄にだけに、集中させる立法政策であった特措法を制定させたことで、駐留米軍の足止め策にしたのであった。2022年は沖縄返還50年とはいえ、駐留軍用地をめぐる3立法の副作用が法の物神的性格を顕現させながら、現在にいたるまで基地問題が沖縄の人々の文化的経済生活を脅かし続けているだけに「核抜き本土並み」への過渡期に過ぎないものとなっている。

日米地位協定と刑事裁判権条項

　基地問題では、大使館のような治外法権に等しい特権が認められた日米安保条約第六条に基づく日米地位協定が締結された。この地位協定の正式名称は、「日本国とアメリカ合衆国との間の相互協力及び安全保障条約第六条に基づく施設及び区域並びに日本国における合衆国軍隊の地位に関する協定」という。

　地位協定を定めた安保条約第六条とは、「日本国の安全に寄与し、並びに極東における国際平和及び安全の維持に寄与するため、アメリカ合衆国は、その陸軍、空軍及び海軍が日本国において施設及び区域を使用することを許される」としている。本条における駐留基地や基地内の施設の使用に関する取り決め事項を締結したことを、一般に日米地位協定と呼んでいる。2021年現在、アメリカは100以上の国または地域との間で地位協定を締結している。

　実のところ日米地位協定に先立って、1952年4月28日に発効した旧安保条約の際に、駐留する米軍の地位を定めた行政協定が合意されていた。この行政協定の代わりに「別個の協定」をつくったのが安保条約六条後段の趣旨であった。「前記の施設及び区域の使用並びに日本国における

合衆国軍隊の地位は、1952年2月28日に東京で署名された日本国とアメリカ合衆国との間の安全保障条約三条に基づく行政協定（改正を含む）に代わる別個の協定及び合意される他の取極により規律される」というものである。ここでいう、行政協定に代わる「別個の協定」が地位協定のそれであった。というのは、前述した外務省条約局長の西村熊雄のいう国会の承認が不要な行政協定が「一読不快」を意味するものだったからであろう。

この頃の1952年6月5日の沖縄では、安保や地位協定の影響もあって、米軍基地建設業を営む日本道路建設株式会社を相手にして、奴隷的労働にあえぐ労働者250名がストライキを決行した。親会社の清水建設は、解雇撤回を表明したことにより、琉球立法院での労働法制定の原動力になったのであった[211]。安保条約と地位協定は、沖縄の人々の労働・生存条件を切り捨てたことによって路頭に迷った労働者が実力行使の態様で強行せねばならない劣悪な労働実態を名実ともに示している。

さて、この地位協定は、Status of Forces Agreement（SOFA）のことで、「軍の地位Status of Forces」という用語が生まれ、軍に与えられている「特権」あるいは義務を免除されることを意味している[212]。つまり、この「地位」とは米軍の特権と免除を意味し、地位協定では、外国駐留軍の特権に関する派遣国と受入国の合意の内容を示している。また本協定は、受入国の主権が損なわれ領域主権の原則が適用されることのない、派遣国アメリカが優位な地位を示す国際法の性格をもつものである。

例えば、地位協定一七条五項（C）は、「日本国が裁判権を行使すべき合衆国軍隊の構成員又は軍属である被疑者の拘禁は、その者の身柄が合衆国の手中にあるときは、日本国により公訴が提起されるまでの間、合衆国が引き続き行なうものとする」と規定する。これは、米軍が凶悪事件の容疑者であっても、基地内に逃げ込んでしまえば、日本の警察は原則として逮捕や拘留することができないという特権である。この規定は地位協定一七条の刑事裁判権による「法の空白である」と呼ばれている[213]。

211　小林武［2016］124頁。労働争議は新聞で報道されるなどしていた。奴隷制度、タコ部屋を彷彿させる「豚小屋から労働者を救い出せ」という世論が高まっていた。

212　松竹信幸［2021a］314頁。

213　信夫隆司［2021］47頁。

　こうした治外法権、すなわち特権を壟断した沖縄の足もとで、1995年5月、3人の米軍海兵隊員による少女暴行事件が起こった。この凄惨な事件に対して、沖縄では、10月21日に85,000人もの人々が集まり、「米軍人による少女暴行事件を糾弾し、日米地位協定の見直しを要求する沖縄県民総決起集会」が740団体が実行委員会となり宜野湾市で開かれた。大田知事は挨拶の中で、謝罪していた。「私は基地をなくし、平和な沖縄づくりを公約に掲げたが、就任した間もないころ、土地の公告、縦覧を代表した。その時は全般的な利益を考え、心情を押し殺して国に協力した。政府は誠意をもって対応してくれることを公約したが、果たされていない・・・今度は日本政府や米政府が協力する時だ」と。

　その1年後の1996年6月8日には、全国で初めて「日米地位協定の見直しと県内の米軍基地整理縮小について」の県民投票が実施された。沖縄県民の投票率は59.5％、即日開票の結果、基地の整理・縮小に賛成票が89.0％と圧倒的多数を占めた。全有権者の53％が賛成票を投じたことになる。県民投票により大田知事が県議会において、「日米地位協定の見直し及び基地の整理縮小に関する県民投票条例案」を提出、6月21日に圧倒的多数により制定され9月8日に施行された[214]。

日米合同委員会の地位

　一方、少女暴行事件を機に大田知事は、1995年9月19日にアメリカ大使館を訪ね、モンデール駐日米大使館とマイヤーズ在日米軍司令官に強く抗議した。その後、9月21日には河野外相とモンデール駐日大使との会談で、日本に駐留する米兵が罪を犯した場合について、刑事手続きに関する特別専門委員会の設置が決まり、「日米合同委員会」の合意が決まった。この合意内容は、「合衆国は、殺人又は強姦という凶悪な犯罪の特定の場合に日本国が行うことがある被疑者の起訴前の拘禁の移転についてのいかなる要請に対しても好意的な考慮を払う」というものであった。

　要するに、日米合同委員会の合意の内容とは、日本側が起訴する前であっても容疑者の身柄引き渡しを要請すれば、アメリカ側は、その要請に好意的な考慮を払い、殺人または強姦以外の特別な事件についても、

214　沖縄人権協会編［2012］156-157頁。

日本側が考慮すべきだと信ずる場合、アメリカ側はそれを十分考慮し、日本側の身柄引き渡し要請については、日米合同委員会で行われるというものであった。地位協定第二五条では「すべての事項に関する日本国政府と合衆国政府との協議機関」のことを日米合同委員会としている。この合同委員会は、国会の関与のないままに定めたり、秘密裏に運用して日米合意とすることが常態化している。「合同委員会の公式な議事録は両政府に関する正式な文書と見なされ、双方の合意がない限り公表されない」[215]ものとなっている。つまり、日米合同委員会の議事録はブラックボックスの中にある。

　この現状を把握していた翁長雄志県知事は、「憲法の上に日米地位協定がある。国会の上に日米合同委員会がある」と表現したほどであった。日米合同委員会の存在は、立法権を国会から独立させ（憲法四一条）、さらに外国と交わす合意のうち少なくとも国民の権利義務に関わる事項は国会の承認を必要とした憲法の基本構造に背馳するものである（憲法七三条三号）[216]。非合法化した日米合同委員会は、次に見るように米軍が日本の空まで管制していたことでもある。

　一般に航空の管制には、飛行場管制と航空路管制の他に、航空路を外れて飛行場に向かう場合と、逆に飛行場を飛び立って航空路に向かう場合の進入管制がある。これを駐留米軍は横田空域である米軍横田基地の進入管制をしているのである。東京、神奈川、静岡、山梨、長野、新潟にまたがる空域である。羽田空港を出発し、北陸、中国、九州方面に向かう飛行機の大半は米軍の許可がなければ空域を通過できないことになっている。もう一つは、米軍岩国基地への進入管制があり、四国の西部から山陰に日本海沿岸にまで広がる、広島、高松、松山の各空港の離発着する飛行機は、その管制を受けているのである。こうした別の軍隊の管制を受けるということは国際線でも皆無である[217]。

　私見を挟むことにする。これは、政権がよく知ることの領空侵犯の承認を駐留米軍に与えていることになる。だが、海域（排他的経済水域）や空域、領土問題にせよ、世界の海や空、大地など地続きで繋がってい

215　松竹信幸［2021b］117頁。

216　高木吉信［2021］76頁。

217　松竹信幸［2021］114頁。

るものを、巨大事故を回避することを別にすれば、わざわざ分割することは不毛な議論といわざるをえない。狭く考えれば、私的所有権をめぐる隣地境界線のようなものである。広い海や空、大地に対して各国、とりわけ米軍が境界線を引くようなものである。世界の人々が生きるうえで共有する自然を38度線のように分割して所有することには再考せねばならない。なぜならば、世界の海や空、大地を媒介にした「自由な人々の結合体」の分割を意味することになるからである。すでに前述したが、憲法前文の「人間相互の関係を支配する崇高な理想」である人間の結合体と「自由な人々の結合体」とは通底する社会的結合体である。この社会的結合体を私的所有あるいは国家所有によって分割するならば、日米合同委員会を超えて見えざる線と線で再結合するほかないであろう。

　また地位協定一七条五項（a）では軍属を規定している。「日本国の当局及び合衆国の軍当局は、日本国の領域における合衆国の軍隊の構成員若しくは軍属又はそれらの家族の逮捕及び前項の規定に従って裁判権を行使すべき当局へのそれらの者の引き渡しについて、相互に援助しなければならない」と。この軍属とは、軍が雇用する米国籍の民間人のことである。例えば、軍が運営する売店で働くアメリカ人は軍属である。そのため、軍属も軍人同様に地位協定上の身柄引き渡しについて、本条五項（a）が適用されることになる。

　しかし、地位協定の合意による改善がなされず、これまでに日本側は6件の事件で、起訴前の身柄引き渡しを要請しているが、そのうちの1件についてアメリカ側は要請に応じず、身柄引き渡しを拒否している。アメリカの好意的な考慮にすがる制度上の問題がある[218]。

　今なお、沖縄を中心に安保と地位協定による造悪的基地への感情の悪化が一途をたどることにいたっている。だが、外務省の世論調査の結果では2020年の日米安保条体制60周年にあたり、約70％が「評価できる」と答えているのである。本来ならば、日米安保条約を直ちに廃棄することを主張するものであるが、それ以前に地位協定一七条が規定する刑事裁判権条項の内容を深く知り得た上で、政府に対して安保条約廃棄の意思表示を提示する必要がある。

218　信夫隆司［2021］33−34頁。

裁判権の諸類型

　日本国内で米兵がアメリカの法律に違反して罪を犯せば、アメリカ側がその者に裁判権を行使する。同様に、その者が日本の法律に違反していれば、日本側が裁判権を行使し、日米がそれぞれ裁判権を行使できることになる。これを競合的裁判権という。犯罪によっては、日米のいずれか一方しか罰することができないものもある。その場合には、罰することができる国が裁判権を行使することを専属的裁判権と呼んでいる。例えば、日本国内で、米兵が逃亡罪、抗命罪、上官侮辱罪といった罪を犯しても、日本にはそれらを処罰する法律は存在しないから、アメリカ側が専属的裁判権を行使する。米兵が日本で内乱とか外患の罪を犯した場合には、日本が専属的裁判権を行使することになる。

　これら以外の通常の刑法犯は、日米双方での犯罪となり、裁判権が競合し日本でもアメリカでも裁判が可能となる。日本にとって裁判権とは、裁判が行われる前、日本が容疑者を起訴できるという意味である。日米双方の裁判権が競合するとき、どちらが優先的に裁判権を行使できるかという第一次裁判権を決めておく必要がある。日米地位協定も、NATO軍地位協定にならって裁判権を事前に定めたものである。

　アメリカが第一次裁判権を行使できるのは次の二つの場合である。一つは、米軍要員同士という身内の犯罪およびアメリカの財産・安全に関する罪である。この場合、日本国民に被害が及ばず、アメリカが第一次裁判権を行使する。もう一つは、公務の執行から生じる罪である。米兵が公用で車を運転中、運転を誤り日本人に怪我を負わせた場合である。派遣国が公務犯罪に対する第一次裁判権を有するのは、国家元首や外交使節と同様に、軍隊はアメリカの公的行為を執行していると解せるためである。これ以外の犯罪は、日本に第一次裁判権がある。地位協定上、日本側あるいはアメリカ側に第一次裁判権があっても行使しない、または放棄することも可能である。とはいえ、アメリカ側が第一次裁判権を行使しないケースはなく、裁判権を放棄することもない。日本を例にすれば、裁判権の不行使とは、日本が自らの意志で裁判権を行使しない場合である。また、日本が裁判権を放棄するのは、日本側に裁判権の放棄をアメリカ側が要請する場合である。日本側は、その要請に好意的考慮するが、裁量次第ということになる。

刑事裁判権の内容

　日米地位協定の裁判権条項は、1953年に改正された行政協定をそのまま継受している。日本にとっては、刑事裁判権条項が形式上NATO軍地位協定並みとなればよく、交渉過程で問題の本質は議論されなかった。NATO軍地位協定は、派遣国と受入国の妥協の産物といわれている。派遣国、その代表のアメリカは、旗国法原理に基づきNATO軍地位協定でこの締結に臨んだ。この旗国法原理とは、受入国で派遣国要員が罪を犯したときに、派遣国がその者に対して専属的裁判権を行使するという考え方で、属人主義に基づくものである[219]。この原理のルーツとなったのが、アメリカ連邦最高裁で争われた *The schooner Exchange v. McFaddon* 事件である。この事件判決での連邦裁判所長官マーシャルは、「国家はその領域内で絶対的かつ排他的な裁判権を有する。とはいえ、国家はその裁判権を黙示または明示の同意によって放棄することができる。さらに、慣習国際法の下、国家はその領域内において他の国家、外交使節などに対する裁判権を放棄したと考えられる。同様に、友好国の軍艦がアメリカの領域内に入ることを許された場合、アメリカ裁判所はその軍艦に対する裁判権を有しない」というものである[220]。

　この判決が旗国法原理の淵源である。つまり、友好国の軍艦が許可を得てアメリカの領内に入った場合、アメリカは同艦に裁判権を行使することができない。アメリカの裁判権から免除されるかどうかの判断が論点となる。ここまでが、裁判権の諸類型と地位協定一七条に規定する刑事裁判権の概要である。いずれにしても、派遣国アメリカが受入国より優位となっているのが前項の二つのケースで立証された地位協定に基づく刑事裁判権なのである。

　米軍が公務中か公務外の判断については、日米合意議事録がある。「合衆国軍隊の構成員又は軍属が起訴された場合において、その起訴された罪がもし被告人により犯されたとするならば、その罪が公務執行中の作為又は不作為から生じたものである旨を記載した証明書でその指揮官又は指揮官に代わるべき者が発効したものは、反証のない限り、刑事手続

219　信夫隆司［2021］10−12頁。

220　同上書、130頁。

きのいかなる段階においてもその事実の十分な証拠資料となる」[221]。要するに米軍の指揮官が公務中の証明書を発効したならば、米兵が起訴されたとしても刑事手続上、反証がなければ公務中となり承認されることになる。

　米軍による公務中の事件が発生したのは、1957年1月ジラード事件である。1月30日午後2時頃、群馬県の相馬が原演習場で、ウィリアム・S・ジラード3等特技兵（21歳）が放った空薬莢が、弾拾いのため同演習場に入っていた坂井なかさん（46歳）の背中に命中した。坂井なかさんは即死であった。

　この事件が起きてから9日後の2月8日、米軍の中隊長は、前橋地検検事正宛に、公務証明書を発行した。同証明書の内容は次のように記されていた。「1月30日、第八騎兵連帯第二大隊はキャンプウェア射撃場（相馬が原演習場）に於いて日課の訓練に従事していた。F中隊長は、空砲射撃を実施していた。ウィリアム・S・ジラード技術五長は、彼の小隊長から監視人の居ない機関銃の近くの地点に移動してその機関銃とその付近にあった野戦資材を監視するよう命令された。ジラードは命令通り機関銃の近くの指定された地点に移動した。警備兵としての任務を遂行中、同五長は警告の為の使用ずみの薬莢を発射したが、それが、使用ずみの薬莢を拾うために射撃場に入っていた群馬県相馬村上新田の坂井なかに当たり同女を殺した」[222]という証明である。この事件では、「米兵を日本の裁判所に引き渡すな」という大合唱がアメリカ国内で湧き起こるほどになったが、事態を憂慮した国務・国防両省はジラードの裁判権を日本側に引き渡した。この事件の結末は、1957年1月19日、前橋地裁は、ジラードの行為は公務執行中のものではないとして、傷害致死罪を適用し、懲役3年執行猶予4年の判決を下し判決は確定した[223]。

　この事件は、地位協定一七条に基づく、アメリカの専属的裁判権の権限と公務証明書を濫用して、裁判官に適した刑事訴訟法第三一八条の自由心証形成をつくり、その上で刑事免責によって殺人罪を免れようと企んだ極めて劣悪な殺人罪である。殺人罪に執行猶予が与えられたことは、

221　松竹信幸［2021a］180−181頁。

222　信夫隆司［2021］148−149頁。

223　同上書、150−151頁。

地位協定一七条の刑事裁判権条項がいかにもアメリカ壟断の特権であることが明らかとなった事件である。

NATO軍地位協定の成立過程

　さて、日米地位協定は、NATO軍地位協定に習って定められたことから、NATO軍地位協定の成立過程を探求することにするが、ブリュッセル地位協定まで下降して、それから再び上向してNATO軍地位協定の刑事裁判権条項へと考察する方法をとることにする。

　NATO軍地位協定の刑事裁判権をめぐる協議では、旗国法原理と領域主権論が真っ向から対立した様相であった。この議論の出発点となったのがブリュッセル地位協定であった。同協定は領域主権論を取り入れており、加盟国であるベルギー、フランス、ルクセンブルク、オランダ、イギリスの5ヶ国であった。これらの国は、NATO軍地位協定の原加盟国である。

　1948年3月17日に締結されたブリュッセル条約は、「社会的及び文化的協力並びに集団的自衛のための条約」が正式名である。ブリュッセル条約は全21ヶ条からなる多国間地位協定となっている。主として刑事裁判権条項は第七条に定められており、その他、条約第四条（改正後は第五条）には、集団的自衛に関する規定が置かれ、それを行使するにあたり、派遣国の軍隊が受入国に駐留することが定められている。この条約は、多国間地位協定としているため、締約国は派遣国にもなるという相互主義を前提とし、利害が両立する競合的裁判権の仕組みを取り入れている。派遣国要員と受入国要員がそれぞれ法律に違反した罪を犯した場合のほとんどの裁判権が競合することになる。こうして競合する場合には、受入国に裁判権があることを前提としながら、派遣国が容疑者の移送を要請すれば、受入国はその要請を好意的に考慮する取り決めがある。その結果、派遣国がほぼ裁判権を行使できることになる。その後、ブリュッセル条約は、北大西洋条約へと発展し、この協定の競合的裁判権の仕組みはNATO軍地位協定へと受け継がれることになった[224]。

　ここまでが、相互主義を前提とするブリュッセル条約の多国間地位協定の概要であり、NATO軍地位協定の原型となったものである。さて、

224　同上書、134−136頁。

次にNATO軍地位協定における刑事裁判権条項へと上向してゆく。

NATO軍地位協定の交渉は、1951年1月から本格化してアメリカ案が提示された。派遣国要員が以下の四つの罪を犯した場合、派遣国が専属的裁判権を有するというものである。(a) 派遣国の法では罰せられるものの、受入国の法では罰せられない犯罪、(b) 派遣国の法では罰せられるものの、受入国では犯罪でないもの、(c) 派遣国の安全に関する犯罪で、受入国では犯罪でないもの、(d) 公務執行中の作為によって生じた犯罪、または、派遣国の適格な当局による適法な命令の遂行から生じた犯罪である。

これらはすべて、派遣国の専属的裁判権の対象であり、これら以外は競合的裁判権の対象である。しかし、このアメリカ案ではまとまらず、アメリカは修正案を提出することになる。修正案では、派遣国が行使する専属的裁判権の範囲が限定され、(b) と (c) が派遣国の専属的裁判権の対象となった。また、(a) と (d) が競合的裁判権の対象へと変更されて、派遣国の軍事当局が第一次裁判権を有し、それ以外は受入国が第一次裁判権を有することになった。この修正案はまとまり、NATO軍地位協定における刑事裁判権条項の原型となったのである[225]。

つまり、アメリカ主導のもとでNATO軍地位協定の刑事裁判権が確定され、NATO加盟国の受入国の領主権の原則を損なうことなく、派遣国アメリカも裁判権を確保できる点で優位なものとなった。したがって、地位協定第一七条の淵源がこうして明らかとなったわけである。同時に、地位協定の原型は、1951年のアメリカ主導のNATO軍地位協定であることが解明されたわけである。

さて、刑事裁判権条項の原型を把握したところで、沖縄県内の起訴・不起訴件数を見てみる。沖縄の那覇地方検察庁所管における2008年から2019年までの米兵の起訴・不起訴件数がある。受理件数合計2,777件、起訴264件、不起訴合計が2,270件となっている。沖縄における米兵の犯罪件数は、全国の半数以上を占めていることになる[226]。

このうち検察官は、なぜ2,270件もの米兵の犯罪を不起訴処分したの

225　同上書、138−139頁。

226　同上書、66頁。受理件数と起訴、不起訴件数の合計が必ずしも一致しないのは未済の件があるためである。

か、不起訴区分を説明しておく。①起訴猶予は刑事訴訟法第二四八条の起訴便宜主義である。②嫌疑不十分は嫌疑がないので不起訴となる。③裁判権なしとは日本側に裁判権がない場合である。④第一次裁判権なしとはアメリカ側に第一次裁判権がある身内の犯罪等、及び公務犯罪である。⑤第一次裁判権不行使とは米兵が未成年で、日本側が第一次裁判権を行使しない場合がある。

　以上のような不起訴理由があるにせよ、沖縄における米兵の犯罪件数は、全国の半数以上が集中しているにもかかわらず、起訴件数があまりにも少なく、絶対的に不起訴が多いのはなぜか。そのことは、ほかでもなく地位協定第一七条の刑事裁判権条項による特権が駐留米軍に認められているからである。一方、民事事件の場合には、示談が成立すれば不起訴となる場合が散見されることである。

　これまで考察したように沖縄は、駐留米軍基地が集中しなおかつ米兵の犯罪件数が集中していることから、それだけ、基地負担による犠牲、犯罪による犠牲が本土とは比較にならないほど多く、平和と基本的人権の犠牲を背負いながら、日米安保条約に基づく地位協定の刑事裁判権条項によって、確信犯であっても特権によって、不起訴になっていたのであった。

　こうした地位協定の内容を考察した上で、「思いやり予算」は沖縄の人々を保護するものなのか、それとも二重支配の上に重なるトリレンマになるのか考察してみよう。

思いやり予算

　結論を先取りすれば、在日米軍駐留経費負担である「思いやり予算」が駐留米軍への恩恵となっていた。しかも思いやり予算の開始は、金丸信防衛庁長官の発言が起因となっていたのであった。

　1977年、デイヴィッド・E・マクギファート国務次官補の覚書によれば、近年日本政府は、在韓米軍撤退や在比米軍基地協定改定交渉、さらに在日米陸軍基地及び海兵隊基地の再編などのため、米国の北東アジアへの関与に対する不安を強めている。この地域に唯一残る地上兵力である、在日海兵隊の基地構造を改善し、この改善を支援するよう日本政府に要請することが提案された。具体的な提案は、沖縄の牧港補給地区について、施設維持のための財政支援を日本政府に求めるというものであった。

海兵隊が牧港補給地区を管理するということは政治的には米軍の関与が恒久的であることを示した。こうした中、1978年には、ジョージ・C・ラヴィング在日米軍司令官が丸山防衛次官に対し、政府の支援を要請した。その内容は、基地外に住む在日米軍の家賃が上昇した結果、基地内の住宅を建設する必要があり、また、基地内の施設も老朽化しているので、施設を改修しなければならないというものであった。

　これに対し、金丸信防衛庁長官は、「在日米軍は円高・ドル安で苦しんでおり日米安保体制の信頼性を高めるためにも思いやりがあっていい」と述べたのであった。この後、在沖米軍再編計画に伴い、施設費だけでなく労務費の分担を要求してきた。1978年6月に米国側は、「日本政府は労働者の賃金や福祉手当を支払う何らかの手段を見つけない限り、陸軍は9月30日までに800人もの労働者を解雇しなければならない」と日本側に伝えた。これを受けた日本政府は、基地従業員の解雇中止を在日米軍に求めるべく、労務費・給与のうち退職金の一部を新たに負担する方針を固めた。この問題を放置すれば、日米安保体制のもとでは、在日米軍戦闘部隊である第三海兵師団の駐留規模の縮小に直結する公算も大きいと考えたのであった。

　金丸は、6月29日の参議院内閣委員会で「駐留経費の問題については・・・『思いやり』の立場で地位協定の範囲でできる限りの努力を払いたい」と答弁した。これを契機に在日米軍駐留経費の支払いは「思いやり予算」といわれるようになった。7月14日には、防衛庁・防衛施設庁・外務省・内閣法制局の協議で、日米地位協定二四条の新見解がまとめられ、政府は、施設費用を引き受けることができることになり、労務費負担も国会の承認があれば可能とされた。前年度分の負担も含め約280億円を負担した。この後1987年には、在日米軍駐留経費負担特別協定が締結され、日本政府が在日米軍基地の日本人従業員の手当を負担するようになった。さらに、1991年以降、政府が在日米軍基地の光熱費を負担するようになると思いやり予算は拡大することになった[227]。

　この金丸が示した「日米地位協定二四条の新見解」たる特別協定は、実のところ地位協定第二四条一項と矛盾する。二四条一項は、「日本国に合衆国を維持することに伴うすべての経費は・・・この協定の存続期

227　野添文彬 [2016] 186-190頁。

間中日本国に負担をかけないで合衆国が負担することが合意される」と
規定した。本条に即してみれば、すべての経費はアメリカが負担するこ
とになっている。思いやり予算を獲得するための特別協定とは、惜しみ
なく駐留基地内の施設費や賃金、諸手当を支払うというものである。本
条は日本にとって白地規定が訓示規定にしかなってはいない。アメリカ
は、パラサイトのように沖縄の自然の海や大地を食いつぶし軍用地へ転
換させ、基地まで提供してまで思いやる、沖縄の人々を思いやることを
省みずアメリカの拡大特権となり、アメリカへの迎合主義がこの思いや
り予算の本質なのである。

　この特別協定は、思いやり予算成立の経緯から考えると国際法の法規
範の範疇ではないと思われる。だがしかし、この地位協定とは、そもそ
も「日本の法令上は想定されない特権を与え、義務を免除するもの」で
ある[228]。そのため地位協定の法領域を明確にしておくことと、特権と
対象規範を厳密に定義しておかなければ、特権と免除が無制限に広がる
蓋然性がある。日本政府は、沖縄県民への「思いやり」を忘れてしまっ
たそのかわりに、政府がアメリカに対する思いやり予算を増額してまで
県民感情と反基地感情を逆なでする「軍事植民地」にでもするつもりな
のか、どうか。

　この特別協定上の「思いやり予算」といわれる、在日米軍駐留経費負
担の背後には、日米安全保障条約の維持存続が日本側からの要求であっ
ただけに、米軍にプレゼンスの維持を与えたことにあった。そしてアメ
リカは、駐留米軍基地の軍隊と日本の安全保障に対する債務として、米
ソ対立が激化し冷戦時代が始まったことに加えて、思いやり予算を要求
したのであった。在日海兵隊は、日本政府が沖縄の地の駐留を重視して
協力を引き出す上で、アジア太平洋地域、欧州や中東の危機に即応し、
想定していた極東ソ連への上陸作戦を行う大きな軍事戦略が政府にとっ
て安全保障上の安定材料になっていた。

　こうしてみると、日本の安全保障条約は、思いやり予算を債務不履行
にすれば、この条約を破棄する意思表示になることも考えられる。これ
を単純に貨幣の機能で解けば、直接交換可能性を有するのは日本が貨幣
所有者だから、アメリカが安全保障商品とするところの、駐留する戦力

228　松竹信幸［2021a］22頁。

や軍隊の商品を買わなければ良いだけとなる。余計なことだが、商品を買うためには、まず売りから始まるのである。となれば、アメリカの所持する安全保障商品である戦力や軍隊の商品を日本が一切買わなければ不買運動につながる。それが日米安保条約の破棄に近づくことにもなる。死の商人は、行商のように「武器供与」として世界を駆け巡り売りに走る。

金丸の一言であった思いやり予算によって、駐留米軍海兵隊を保護し権利を保障したことになった。米軍再編による解雇を回避したのは、憲法第二七条の勤労権を駐留米軍に付与したことになった。さらに光熱費や生活必需品を支払うという意味では第二五条を保障したことになる。また基本的人権の総則たる第一三条をも保障したことになる。その一方で、日本国憲法のデュープロセスである第三一条の罪刑法定主義が、地位協定に基づく刑事裁判権条項で基地内や米軍には適用されないことや、住民税や外国人登録など国際法上の主権免除原則が適用されている。

2007年に、政府は「駐留軍等の再編の円滑な実施に関する特別措置法」を成立させていた。この法律は、在日米軍の再編の負担を受け入れた市町村に対し再編交付金を交付する制度である。この再編交付金は、沖縄辺野古への新基地をつくることを前提にして創設したものである。辺野古基地建設に反対していた名護市長の稲嶺進は、同法による再編交付金を政府から受けてはいなかった。それ以降、名護市は2008年14億円、2009年3億8,000円の再編交付金を受け取っていた。交付金の決定は、防衛大臣が指定した市町村が米軍の再編に際し円滑に理解を示したとなれば交付金が支払われる制度となっている[229]。その他、政府の財政支援では、沖縄県を通さず直接市町村に補助をする沖縄振興特定事業推進費がある。

2013年には、仲井県知事が米軍普天間飛行場の移設先となる名護市辺野古沿岸の埋立て申請を承認した。と同時に、政府は、年間約3千億円の沖縄振興予算継続を決定した。安倍首相と仲井知事が「2021年度まで毎年3千億円台を確保」すること、「普天間飛行場の5年以内の運用停止」を2013年末に約束を交わしていたのであった。そして約束の期間を過ぎた2022年には、10年ぶりに3千億円が減額され2,684億円と

229　稲嶺進［2021］34頁。

なった[230]。沖縄県民にすれば、この減額をコロナ禍の感染再拡大で貧困世帯の6割が収入を減らしたことに結び付けて辺野古基地建設を誘発しているのである。

　こうして、沖縄を囲い込む中央集権的政府は、地方自治体のあるべき地方自治の本旨に悖る、辺野古新基地移設に反対する沖縄県の自治権を弱体化させるための宣撫工作を繰り広げているのである。沖縄県政は、中央政府が沖縄を切り捨てた屈辱の日、「4月28日」以降に形成された「琉球政府」ではない[231]。だがしかし、政府に切り捨てられた棄民といってもよいのではないか。そうした「祖国をもたない」し、帰属意識すら湧き出るほど愛国心はないと考えられる。全体主義的祖国などもっぱらもたない沖縄県民であろう。

　むしろ、日本国民としての誇りなどはまったく存在せず、基地があるかぎり失望と絶望に近く、あるのは各人の生きざまを貫徹し、誇りと情熱をもって、平和憲法を享受することにある。こうした祖国と断絶し、沖縄を平和自治体の拠点と変革するために求めるものは、沖縄の本土からの自主的自立と自律の精神ではなかろうか。

　かつて最高裁は、憲法上の地方公共団体といえる判断を1963年3月27日に下した。「事実上住民が経済的文化的に密接な共同生活を営み、共同体意識をもっているという社会的基盤が存在し、沿革的にみても、また現実の行政の上においても、相当程度の自主立法権、自主行政権、自主財政権等地方自治の基本的機能を附与された地域団体であることを必要とする」[232]と判断した。地方公共団体には、基本的機能である自主性が強調されている判断である。

　憲法第八章に掲げる地方公共団体である沖縄は、この最高裁の裁判規範の範疇にあるとしても、「自主立法権、自主行政権、自主財政権等地方自治の基本的機能を附与された地域団体」を認めず、政財界から疎外され続けている。沖縄共同体は、政財界からの圧政によって分断し細分化されているのである。概して、政府それ自体が沖縄地方自治の基本的

230　朝日新聞、2022年8月21日（日）朝刊。

231　1945年4月28日のサンフランシスコ講和条約で、日本本土のGHQ占領は終結するが沖縄の占領は継続し、米軍は琉球政府を設置した。沖縄県民からすればこの4月28日は日本政府から完全に切り捨てられた屈辱の日でもあった。

232　樋口陽一［1998］358-359頁。

機能を奪い去り、最高裁判所の裁判規範を棄却し憲法違反の法則化が作用し続けている。

基地労働者の雇用の実態

　本土復帰以前、沖縄の人々が米軍基地内で働く場合は米軍の直接雇用であった。しかし、復帰後は、地位協定により、基地労働者と日本政府の間で雇用契約を交わし賃金を受け取ることになっているが、政府によって米軍に労務が提供される変則的な間接雇用方式となっている。間接雇用方式による労務提供を実施するために、日本政府は米軍との間で3つの労務提供契約（基本労務契約、船舶契約、諸機関労務協約）を締結し、政府が労務管理を分担する日米共同管理方式となっている。これにより正常な労使関係はなく、不断に労働条件の劣化切り下げが生じ、労働者に無理解ないじめやパワハラ・セクシャルハラスメントが常態化している。

　基地労働者の基本的権利が侵害されている実態である。①基地労働者が解雇され、裁判闘争の結果、日本の裁判所が解雇は無効の判断を下していても、米軍はそれを無視して解雇を強行する。また保安解雇というものがあり、労働者が米国の施設区域内軍紀の維持の攪乱を含む安全上の理由による解雇が相当であると恣意的に判断したならば直ちに解雇される。日本の労働司法に対する治外法権である。②基地労働組合の団体交渉の相手は、日本政府の沖縄防衛局長であるが、労働現場での指揮命令権を有する米軍には団体交渉を受ける義務はない。しかし、指揮命令権のない政府の対応も弱く、団体交渉も形だけで終わる場合が多い。団体交渉の結果さえ米国の拒否権が行使される。③時間外労働には三六協定が必要であるが、基地労働者の場合はその適用がない。また休日は米本国の休日となるため、生活サイクルが沖縄県民と異なる。さらに労働者を守る安全配慮も不十分である。④米軍は、業務に関しては指揮命令権をもちながら、労使交渉には拒否ないし消極的な態度をとり、解雇は日本の司法判断を拒絶する。日本の労働基準監督官の立ち入り調査も基地管理権を盾に拒絶する[233]、というものである。

　基地内労働者の間接雇用方式は、日本の労働法上の適用外であると思

233　沖縄人権協会編 [2012] 181-182頁。

われる。ましてや労働基準法は、第1条2項では労働条件の最低基準を示し、同2条2項は労働者と使用者に労働協約と就業規則、及び労働契約を遵守すべきことの義務を課しているが、労働基準法が基地内労働者に適用されていない様相である。しかし、使用者は、労務管理を分担する日米共同管理方式とはいえ、労働契約の締結は、日本政府であり賃金も政府から支払われているのであるから、労働基準法第10条所定の使用者は日本政府である。それゆえ使用者の帰責は免れることはないのであるから、以下検討しておくことにする。

　①は、労働契約法第16条の解雇権濫用法理を濫用して、民法627条1項の解雇の自由が実態となっている。

　②は、憲法は、労働者に団結権を保障するとともに、労働者の団体である労働組合に団体交渉をする権利を憲法第28条で保障している。労働組合法では、第7条2項により団体交渉応諾義務を課しているが使用者側の団交拒否に当たる行為を不当労働行為とするものである。ただし、アメリカの団体交渉を基盤とする集団的労働法は、1959年ランドラム・グリフィン法の制定以降、40年にわたり基本的改正がないが全国労働関係法8条（a）（5）が団体交渉拒否を不当労働行為とし[234]、同法が適用されているのかもしれない。

　③は、労働基準法第36条による時間外、休日労働を使用者との書面協定で締結し労働基準監督署の届出を要する。三六協定は、労働協約の効力を有することを肯定して捉えれば協約の一端として認めてよかろう。この協定は、過重労働や長時間労働、過労死防止のための効力の側面から形式的にも締結すべきである。安全配慮義務は労働契約法第5条や労働安全衛生法が該当する。代表的な判例としては1975年に業務上の事故で死亡した自衛隊員の遺族が国に対する損害賠償が争われた事件で最高裁は、安全配慮義務を「ある法律関係に基づいて特別な社会的接触の関係に入った当事者間において、当該法律関係の付随義務として当事者の一方又は双方が相手方に対して信義則上負う義務として一般的に認められるべきもの」であると判示した（昭和50年自衛隊車両整備工場事件）。

　④は、労働基準法第101条の臨検である。これに対抗するには第104

234　水町勇一郎［2005］110頁。

条の規定を行使するほかないであろう。

　これら、憲法第27条と28条の社会権である勤労権と労働基本権が認められてはいるが、しかし、基地内労働者の実態からは、治外法権という条件のもとでは権利が希釈化されており個別的労働関係法と集団的労働関係法がほぼ空洞化しており、無法地帯となっている。使用者は、労働法上の帰責事由に対して無力の日本政府であるが、指揮命令権を有する実質的使用者はアメリカ軍にある。基地内労働者を保護し社会権である、生存権をはじめとする労働基本権を適用させて、そしてさらに労働条件を引き上げるためには、旗国法原理を廃止して属地主義にもとづいた日本の労働法の適用が求められよう。

元宜野湾市長伊波洋一の辺野古新基地建設

　沖縄の元宜野湾市長伊波洋一（2022年参議院沖縄選挙区再選・オール沖縄）の辺野古新基地問題に関する講演の記録から基地問題の実態が写し出されることである。この講演のタイトルは「日米両政府の辺野古新基地建設は何のためか—アメリカの戦争戦略の大転換から考える」である。本項では2014年4月20日の講演の報告要旨を掲げ、辺野古新基地建設をめぐる裏側を明るみにするものである。

　伊波はいう。もともと沖縄県民は、基地負担の軽減を求めていた。特に要望が強かったのは宜野湾市の海兵隊普天間飛行場の返還であった。普天間飛行場の面積は、約4.8km²で宜野湾市の面積19.8km²のかなりの部分を占めている。

　辺野古への米軍普天間飛行場移設問題は、1996年のSACO合意で撤去可能な海上ヘリポート施設建設が日米両政府で合意され、辺野古沿岸域を移設予定地としたことに端を発する。1997年12月に行われた名護市市民投票で辺野古移設反対が過半数を超えて名護市民の意思が示されたにもかかわらず、当時の比嘉哲也市長が直後に首相官邸に行き、橋本首相に辺野古受け入れを報告して辞職し、今日まで続く混乱の原因を作った[235]。

　こうして事態は動き始めた。2005年10月29日、日米安全保障協議委員会は「キャンプ・シュワブの海岸線の区域とこれに隣接する大浦湾の

235　伊波洋一［2014］42-43頁。

水域を結ぶL字型に普天間代替施設を設置する」と合意した。これを踏まえ、2006年5月30日、小泉内閣は「普天間飛行場のキャンプ・シュワブへの移設」を閣議決定した。2009年鳩山内閣は、「最低でも県外」移設をスローガンに計画の見直しを検討したが、しかし、2010年5月28日、鳩山内閣は、県外移設を断念し、「日米両国政府は、普天間飛行場を早期に移設・返還するために、代替の施設をキャンプ・シュワブ辺野古崎地区及びこれに隣接する水域に設置することとし、必要な作業を進めていく」ことを閣議決定した[236]。

　沖縄県民の反対運動、辺野古埋め立ての声は収まらない。そんな中であった。安倍内閣は、2014年7月1日埋め立て予定地に隣接する米軍キャンプ・シュワブ基地内で隊舎や倉庫の解体工事を強行し、憲法解釈による集団的自衛権行使容認を閣議決定したその同じ臨時閣議で、辺野古新基地建設に向けた海底ボーリング調査のために「米軍提供水域」を拡大することを閣議で決定したのである。

　2013年12月25日、4年前の県知事選挙で「辺野古移設容認」から「県外移設」へ公約を変更して当選した仲井真弘多知事が、定例議会開催中に東京に行き振興策を要望した上で、腰痛を理由に東京で入院した。沖縄に戻らず病院を抜け出して菅官房長官らと密会を重ね、安倍首相から要望への満額回答を受けて「辺野古埋め立て」を承認する意向を示した。

　辺野古移設反対が沖縄全体の声として「オール沖縄」の建白書へと発展する中で、2012年末の総選挙で誕生した安倍政権は南西諸島への陸上自衛隊有事即応部隊の配備と辺野古新基地建設へ向けて動き出し、2013年3月には辺野古埋め立て申請を行った。年内の承認を得るために自民党石破幹事長は、2013年11月に沖縄県選出の自民党国会議員五名と自民党県連に「辺野古移設容認」を受け入れさせ、12月末に3千億円の沖縄復興予算と引き換えに仲井知事から「辺野古埋め立て承認」を得たのである[237]。

236　木村草太［2021］129-130頁。この閣議とは内閣の会議をいう。内閣は、閣議によって職権を行いこの閣議は内閣総理大臣が主宰することを規定しているのが内閣法第4条1項及び2項である。憲法上及び法律上内閣の職権とされる事項はすべて閣議事項である。各大臣はどんな案件でも内閣総理大臣に提出して、閣議を求めることができる（同法4条3項）。この閣議による意思決定の方式が閣議決定である。ところが、非公開制であることを前提にした閣議決定は政党政治、国権を私物化したものであるといえよう。

237　伊波洋一［2014］42-44頁。

ここまでが、辺野古新基地をめぐる裏側に隠された告発的な報告である。政権からの沖縄への圧力と暴政、宣撫工作である３千億円の沖縄復興予算に紐づけられ、ひるがえった仲井知事は公約を変更するなど沖縄に反旗を翻したのであった。政府と沖縄県との摩擦から対立の構図へ溝が深まるばかりである。ことに政府は地方自治の本旨を目的規定にした地方公務員法及び地方自治法に違反し、両法の行政法を不合理にも地方自治と住民自治とを政府による圧力と重圧で沖縄県の自主性を阻却し破壊しようとするものである。

　では次に辺野古新基地設置の目的と構造を解き明かそう。

　建設されている辺野古新基地は、単なる普天間の代替え施設ではない。1960年代に、アメリカが辺野古に建設しようと計画した２つの滑走路と軍港付きの巨大な基地である。大型強襲陸艦も接岸できる2,700mの岸壁とホーバークラフト輸送艦の進入路も付帯し、航空機の弾薬装填場も造られる。近くにはかつて核爆弾も貯蔵した辺野古弾薬庫もある。2009年10月15日付でルース駐日大使が米国務省やホワイトハウスに発信した極秘公電では、辺野古新基地建設は中国有事に向けての滑走路建設が目的であると、キャンベル国務次官補が防衛官僚や外務官僚に説明している。完成すればオスプレイだけでなくF35最新鋭ステルス戦闘機も離発着できるようになる。普天間基地の2,800m滑走路は宮崎県の新田原基地に移された。新田原基地の2,700mの滑走路は、米軍最大のC5A戦略輸送機が離着陸できるように何メートルもの厚いコンクリートの着陸帯に整備され、滑走路全体がC5A戦略輸送機に耐えるものに改修された。

　このように、米軍再編と普天間移設、飛行訓練移転などの名目で全国各地の自衛隊基地が米軍の利用できる基地になった。今や日本は、世界で米軍が一番多く駐留する国になっており、約56,000人が駐留する。1990年には22万人も駐留していたドイツは約４万人、韓国は２万６千人台で、イギリスとイタリアは１万人以下となり、フィリピンやパナマなど米軍は撤退している。これらの米軍基地が閉鎖されている時に、その一部が日本に移された。日本は、米軍駐留を受け入れる国で、毎年7,000億円も米軍駐留のために支出している。日本政府は日米安保条約だけでなく、日本が攻撃されない担保として在日米軍基地を駐留させておく思

考が支配的である[238]。

　米軍のグアム・マリアナ移転計画にもかかわらず辺野古新基地を作るのか。その第一の理由は、日本政府が尖閣への米海兵隊の関与を求めて彼らを引き留めようとしていること。またグアム移転をグアム住民から拒絶されたので米本土西海岸に移動すれば、沖縄の第3海兵遠征軍は第1海兵遠征軍に統合される。だから自分たちの地位を維持するためには沖縄に居座り続ける必要のあることが第二の理由。そして第三の理由は、ウィキリークスが暴露した極秘公電でキャンベル国務次官補が説明しているように、アメリカが計画している中国との戦争に必要な第三の滑走路として使用するためである。こうしたアメリカの戦争計画に日本の政治家たちが抵抗もしないのは不思議だ。沖縄戦を経験してもう二度と戦争は嫌だと決意する沖縄県民の抵抗が南西諸島で戦争を防げるよう願っている[239]。

　こうした県民の感情、すなわち反基地感情を損ねるように2016年12月20日沖縄辺野古基地建設訴訟での最高裁判決は、沖縄県と住民側を敗訴させたのであった[240]。

　伊波洋一の講演の内容からは、アメリカと日本政府の政治関係と軍事的関係、日本の領土問題、そして政府自民党の沖縄県に対する権力行使が裏側から光をあてられ明らかとなり、駐留米軍に対する辺野古新基地建設と日本の軍事基地の拡大計画が明るみとなった。全国各地の自衛隊基地が米軍が利用できる基地となり、約56,000人の駐留米軍が戦争を目的とするための辺野古新基地建設であったことが明らかとなった。憲法第九条をもつ日本が、再び戦争をしない担保として安保条約を克服し、非武装永世中立の安全保障を宣誓すること。そして駐留米軍基地を排除し、また平和憲法のもとで民主主義的な方途で辺野古新基地建設を阻止しなければならないことを真に確信するものとなった。

　また、辺野古新基地建設を進める上で別の問題が浮上した。基地を建てるには地盤改良工事が必要で、再計画が要件となった。国の調査では、

238　同上書、44−46頁。

239　同上書、46−50頁。

240　沖縄の弁護士10名は普天間、嘉手納、高江、辺野古の各基地訴訟と平和運動活動家に対する人権無視の弾圧事件の対応している。寺井一弘・伊藤真［2020］10頁。

大浦湾の軟弱地盤の深さが政府の指摘した40mを超えていて、水面下最大90m（水深30m、地盤60m）に達していることが判明した。その範囲は、護岸の建設予定地から埋め立て部分にも広がっており「マヨネーズなみ」の柔らかさだという。政府は、これに対し大浦湾側の57haの範囲に約6万本の砂杭を打ち込むと発表した。これを在日大使館が英訳しワシントンの米国務省に伝えられた。伝達に留意したのは、「たとえ地盤を改良したとしても、地盤沈下は発生する」という点である。しかも、日本作業船舶協会によれば、作業船が砂杭を打ち込む深さは最大で70mであり、国内の船で90mまで砂杭を打ち込むことは事実上不可能ということである。前例のない軟弱地盤工事や辺野古新基地建設にかかる費用はすべて日本負担である。

　玉城沖縄県知事は、2018年11月に訪米して国務省に軟弱地盤の問題を伝えた。2019年10月にも、国務省と国防総省の当局者に辺野古新基地建設の計画見直しを伝えている。日米両政府は、軟弱地盤を否定し「辺野古移設は唯一の解決策」と不承する。これに対し、米議会調査局（CRS）は2021年4月の報告書で、沖合に滑走路を建設する辺野古新基地建設は「物理的に困難」と指摘した。保守系シンクタンク・戦略国際問題研究所（CSIS）は2020年11月、軟弱地盤の存在、工期の度重なる延期や工費高騰に言及し「完成の見込みは低い」と分析、三月の報告書でも基地建設の完成を困難視している。ウォーター・モンデール元駐日大使は「どこに基地を配置するのかを決めるのは日本だと日米地位協定で定められている・・・日本政府が辺野古はダメだといえば、米側はそれを尊重せざるをえない」と述べ、国防長官であったウィリアム・ペリーも同様の見解をしめしていた[241]。

　先の伊波の報告により、辺野古新基地建設をめぐる一連の経緯が暴露されていた。沖縄県の自治権を弱体化させるための宣撫工作を強め、政府と国家機関が緊密に連携強化する国家権力は、仲井沖縄県知事を紐付き沖縄復興予算で買収し、軽々しく基地建設を承認させていた。そればかりか大浦湾は「マヨネーズなみ」の軟弱地盤の中に、政府は沖縄戦犠牲者の遺骨が眠っている本島南部から土砂投入する意向を表明したのであった。政府の驚愕するほど極まりなき愚考。遺骨が眠っている土砂を

241　平安名純代［2021］130−132頁。

埋め立てに使用することは、沖縄戦で非業の死を遂げた犠牲者が2度の非業の死を遂げることを意味する。追慕の念にかられる遺族の心情は、いまだ、戦後とはいえない沖縄の地に過重で苛酷な基地負担を固定化する構えの政府を容認することは決して出来ないだろう。

　米議会調査局（CRS）でさえ、辺野古新基地建設は「物理的に困難」、戦略国際問題研究所（CSIS）も「完成の見込みは低い」と断言していた。それにしても、政府は「辺野古移設は唯一の解決策」だと断固として譲らない。沖縄県で行われた県民投票では、辺野古新基地建設の反対票「辺野古ノー」はすでに7割を超えている。政財界の自由放任主義を阻止するには沖縄だけでは困難である。

辺野古新基地建設と二重支配

　沖縄は、安保条約と地位協定との二重の意味で支配され続け、米軍の行動の自由を保障するために、沖縄県民の基本的人権がアメリカの刑事裁判権などの壟断な特権により蹂躙されているのは前述したとおりである。憲法第一三条の総則的人権規定では「公共の福祉に反しない限り」個人として尊重される基本的人権を置いている。沖縄県民の基本的人権が安保と地位協定で公共の福祉に反している。公共の福祉は、学説上2つの意味がある。自由国家的公共の福祉は、すべての人を平等にするために人権相互の矛盾衝突を調整し共存を図ことにある。一方の社会国家的公共の福祉は、経済的弱者を優先に考え経済生活の水準を高めて不平等を是正するものである。二重支配のもとでは、この両義の原理を棄却しており、何ら県民は恩恵を与えられてはいない。日米安保条約と地位協定のもとでは、県民に対し公共の福祉を提供することはできない。すなわち、公共の福祉に反した日米安保条約と地位協定の二重支配から生み出された、基地問題や米兵の犯罪が第一三条の生命権、自由権、幸福権をも奪い去るばかりか、憲法第三章の基本的人権の諸原理を毀損しているのである。もっともここでいう公共の福祉とは、かつての裁判過程において、公共の福祉論、全体の奉仕者論といった労働基本権制約の論理で働く者の権利が制約されてきた歴史的経緯にもとづく意味内容とは異なるのはいうまでもない（例えば、全農林警職法事件判決・昭和四八年四月二十五日）。

　日米安保条約と地位協定が二重の意味で支配している反証判決があ

る。2015年10月13日翁長知事は、公有水面埋立法の承認取り消し処分を行った。これに対し国は、承認取り消し処分の違法確認訴訟を提起した。この訴訟で県知事は、憲法第九二条及び第四一条により、米軍新基地建設には、根拠となる法律が必要であるが、辺野古新基地建設は、具体的な根拠法が存在しないため、埋め立て承認は合理性を欠き取り消す処分は適法であると主張した。

これに対し、2016年9月16日、福岡高裁那覇支部判決は次のように下した。「本件施設等の建設及びこれに伴って生じる自治権の制限は、日米安全保障条約及び日米地位協定に基づくものであり、憲法四一条に反するとはいえず、さらに、本件新施設等が設置されるのはキャンプ・シュワブの米軍使用水域内に本件埋立事業によって作りだされる本件埋立地であって・・・普天間飛行場が返還されることに照らせば、本件新施設等建設が自治権侵害として憲法九二条に反するとは言えない」とした[242]。

翁長知事が指摘している憲法九二条とは、「地方公共団体の組織及び運営に関する事項は、地方自治の本旨に基づいて、法律でこれを定める」ものである。翁長知事の主張する根拠法には、なんら司法判断は触れることなく、「組織及び運営に関する事項」のいう条文を国際法である日米安全保障条約及び日米地位協定の両条約を第九二条より優位にして置き換えてまで、沖縄の自治権を置き去りにしたのである。このように沖縄は二重の意味で支配され続けていることが、司法府の判断でもな裏打ちされていたのである。

この事件を皮切りに県と政府との緊張関係は深まる一方となり、やがて政府と国家行政機関が一体となって最大限に国家権力を発動して、軍用地をめぐる対立関係の溝は深まる一方となる。

最高裁の判決が確定した後、沖縄県が承認取り消しを取り消したことを受けて、国は工事を再開し、以後着工は一部進められている。しかし、沖縄県は、工事には公水法四条一項に定める承認の要件に違反する重大な時事があることが判明したことを理由に工事の是正、中止を国に求めたが、国は無視して着工を進めた。そこで沖縄県は、2018年8月に承認を撤回した。これに対し、国は埋め立て承認撤回を受けた沖縄防衛局長

242　木村草太 [2021] 137頁。

に、撤回処分を不服として国交大臣に対して行政不服審査法第二条に定める審査請求と撤回処分の執行停止の申し立てをさせ、同大臣がこの申し立てを認める決定を下すとともに、請求を認める裁決をして、県知事の撤回処分を取り消すことに至る[243]。

この行政不服審査法とは、第一条一項が定めるように、行政庁の違法や公権力の処分に対して、「国民の権利利益の救済を図る」ことを目的としている。つまり、国家機関である沖縄防衛局長が、行政不服審査法第二条所定を適用して、「行政庁の処分に不服がある者」の解釈を公人である沖縄防衛局長が「不服がある者」、つまり私人となってまで、国交大臣に対して審査請求をしたのである。同法の適用対象者は、文理解釈上、政府要人や公人ではなく国民であることに相違ない。本件のように国家機関が国家機関に対し行政不服審査法をもちだして審査請求をすることは国民でない限り妥当とはいえない。しかも、国交大臣は審査請求を第四条に基づき受理して裁決を下しているのである。同法の目的に照らせば、審査庁は不受理か棄却又は却下が相当であろう。それゆえ、国土交通省の行政行為としては、あるまじき自由放任主義的な超法規的措置を利用して裁決を下したのである。

概して、沖縄県は、国の下級官庁ではなく、国家行政機関の下部組織でもない。むしろ中央政府は二重支配のもとで、国家権力を発動し沖縄県への支配を強化させ推し進めているのである。政府と国家機関による沖縄の囲い込みが断続的に続き閉塞状態にさらされながら、あらゆる方途を利用してまで、県民の意志に反する辺野古新基地建設が着々と進められてゆき、地方自治の本旨や自主性と自律性を排斥しているのである。支配的な国家姿態は、ナチスに見る人狼部隊（Werwolf）の様相と化し、その底意が透けて見えてくる。行政不服審査法を準用したことによる法の支配とは、国家と資本の支配となって現出したことになる。つまり支配のための法の性格がここでも明らかなこととなる。

辺野古新基地建設めぐる県と国の訴訟は、これまで13件あり判決にいたった5件すべてで県の敗訴が確定している。このうち11件は終結、確定判決は7件、3件は和解、1件は県が訴えを取り下げた。2023年9月5日現在での係争中の裁判は、2022年9月30日及び2023年8月17日に提

243　紙野健二［2021］146-147頁。

訴した2件である。

　以下では、主な5つの訴訟を取り上げておく。①2017年7月24日の工事差し止め訴訟では、県の岩礁破砕許可を得ずに工事を進めたのは違法だとして、県が差し止めを求めたが2019年12月20日高裁で県が敗訴し、同年3月29日県は上告を取り下げした。②2019年3月22日、県は承認撤回を取り消した国交相裁決の取り消しを県が求めた訴訟では、2019年4月5日、国交相裁決を受けて県が訴えを取り下げている。③2019年7月17日、県が承認撤回を取り消した国交相裁決の取り消しを求めた訴訟では、2020年3月26日、最高裁で県は敗訴している。④2019年8月7日、抗告訴訟は2022年12月8日最高裁で県は敗訴している。⑤2020年7月20日、県は防衛省沖縄防衛局の名護市辺野古沖サンゴ移植申請許可を求めた農林水産相の是正指示の取り消しを求めた裁判である。県は敗訴している[244]。

　この5件の訴訟は、県が国を相手に提起した訴訟事件である。④は行政不服審査法がらみの訴訟事案である。国は、県に対し、過度な辺野古新基地をめぐる一連の訴訟で巨大な圧力と暴政が加わっていることを明白に示している。県が裁決の取り消しを求めた抗告訴訟の上告審判決で最高裁第1小法廷は12月8日、県の上告を棄却した。裁判官5人全員一致の結論で「県には取り消し訴訟を起こす適格はない」とした。2013年当時の仲井真弘多知事による埋め立て承認をめぐる訴訟としては最後の判決となる。玉城デニー知事は判決を受けて「非常に残念で、到底納得できるものではない。地方自治体と国はあたかも上級下級の関係と言わんばかりの判断をしたもので、地方自治の観点からも問題があると言わざるを得ない」と述べた[245]。

　最高裁は、地方自治法第二条所定の法定受託事務を論拠に棄却したが、国が沖縄県に関与すべき自主性及び自立性の配慮義務を怠っていると言わざるを得ない（同法二四五条の三）。すでに廃止されている機関委任事務制度を復活させた判断である。

　また、国交相の裁決に対し、県は2022年8月12日訴訟を提起した。軟弱地盤改良のためとして国が行った埋め立て変更承認申請を県が不承認

244　沖縄タイムス、2022年12月9日（金）。

245　沖縄タイムス、2022年12月9日（金）。

とした処分について、国交相が裁決で取り消したのは『違法な国の関与』とし、裁決の取り消しを求めている。変更申請に関する訴訟は初めてである。県は提訴に先立ち裁決取り消しの勧告を求めて総務省の第三者機関である国地方係争処理委員会（係争委）に審査を申し出ていた（7月9日）。しかし、係争委は沖縄防衛局が、一般私人が立ち得ない立場（固有の資格）には当たらず審査対象でないとして、申し出を却下したのであった（7月12日）。このため県は同決定を不服として福岡高裁那覇支部に訴状を提出した。玉城県知事は、「公正・中立な審査庁による判断という行政不服審査制度の前提が欠落しており、審査庁としての地位を著しく乱用している」と指摘している[246]。福岡高裁は、係争中の裁判について、2022年12月1日結審、2023年3月16日の判決では3つの訴訟のうち2つの判決は有効だとした上で県の訴えを「訴訟の対象にならない」と却下した[247]。県と国が争った訴訟2件のうち、最高裁第1小法廷（岡正晶裁判長）は8月24日、工事の設計変更を「不承認」とした県の処分を取り消した国土交通相による裁決の妥当性が争われた訴訟について、県側の上告を受理しない決定をした。県側の敗訴とした福岡高裁那覇支部判決が確定した。

　一方、国交相が裁決後に県へ設計変更を承認するよう是正指示を出したことの違法性が争われた訴訟では県側の上告を受理し、判決期日を9月4日に指定した。ただ、是正指示を適法とした同支部判決の変更に必要な弁論を開かず、県側敗訴が維持される見通し[248]。

　県に続き、住民も提訴した。防衛省による埋め立て変更承認申請を不承認とした県の処分を取り消した国交相の裁決は違法だとして、辺野古周辺の住民20人が8月23日裁決取り消しを求める抗告訴訟を那覇地裁に提起した。訴状では①予定する工事が施工可能か明らかでなく、地盤の安定性に疑問、②軟弱地盤の最深部がある地点の力学試験がなく、調査が不十分、③地震時は調べておらず地盤安定性照査が不適切などと指摘

246　沖縄タイムス、2022年8月13日（土）。

247　朝日新聞、2023年3月17日（金）。

248　共同通信、2023年8月24日。米軍普天間飛行場（沖縄県宜野湾市）の名護市辺野古移設を巡り、軟弱地盤改良工事の設計変更を承認しなかった沖縄県に対する国土交通相の是正指示は違法だとして、県が取り消しを求めた訴訟の上告審判決で、最高裁第1小法廷（岡正晶裁判長）は4日、県側の上告を棄却した。是正指示を「適法」とした県側敗訴の福岡高裁那覇支部判決が確定した。共同通信、2023年9月4日。

し『裁量権を逸脱・乱用した』違法な裁決と訴えている。これまで抗告訴訟では原告適格がないとして退けられたが、4月の国交相の裁決取り消し抗告訴訟で一審は原告に被害を訴える権利がないとして退け、控訴中である[249]。

　こうした県と住民が国を相手取り訴訟を起こしていることは、政府が中心となって省庁間の連携を強めていることは確かなことで、それゆえ、沖縄県に対して貪欲に圧力をかけていることは明白である。沖縄県の自治権を奪い強い圧力をかけて、県と住民の意見を無視してまで辺野古新基地建設をめぐる過重負担の集中を虐げることを国策として進めている。辺野古新基地建設には安保条約と地位協定、さらには思いやり予算も同時に積み重なった過重負担となっている。

　また先の⑤の辺野古サンゴ訴訟の最高裁第三小法廷は、2021年7月6日に沖縄県の訴えを退け県の敗訴が確定している。だが、5人の裁判官のうち2人が反対意見を付けた理由に注目してみたい。埋め立て予定地での軟弱地盤の存在を掲げた次の諸点である。

　第一に宇賀裁判官は、軟弱地盤の存在の発覚で事情が変化した現在、サンゴ移植の前提は大浦湾側の地盤改良工事だと指摘。県が実現可能性を考慮し、サンゴ移植の許可を判断しなかったのは『裁量権の範囲の逸脱または濫用にあたるとはいえない』と異を唱えた。第二に宮崎裁判官は、仲井知事による埋め立て承認後に軟弱地盤が判明したことに『埋め立て自体が不確実な状況』と指摘し、埋め立て承認の『実質的な意味は失われたというべきだ』と踏み込んだ意見を提示している[250]。軟弱地盤は、埋め立て区域の約四分の三に相当する広範な規模にわたっており、工事を進めることに物理的障壁と判断した2人の意見は最も妥当であると思われる。しかも、この裁判で敗訴したとしても闘争を成し遂げたという負け方が後世に継承されることでもある。

　だが裁判での敗訴だけではなかった。米軍による事件事故は多発し続けた。1972年から2017年までの航空関連事故では、墜落・47件、不時着・518件、その他・144件、計709件を数えるほどである。米軍構成員によ

249　沖縄タイムス、2022年8月24日（水）なお、沖縄県と国などの裁判過程は2022年8月現在の件数と内容である。

250　平安名純代［2021］134頁。

る犯罪検挙数は、凶悪犯・576件、粗暴犯・1067件、窃盗犯・2,939件、知能犯・237件、風俗犯・71件、その他・1029件、計5,919件に上る件数を示している[251]。

　概して、現政権が主張する法の支配を解明する。ここでの法の支配とは、一連の国策である辺野古新基地建設をめぐり2019年に実施された県民投票では反対票が7割を超えたのであったが、しかし政権は県民主体の意志を反映しているはずの民主主義を棄損してまで、地方自治法第245条の2所定の関与の法定主義を論拠に拡大適用し、さらに同法第1条所定の地方自治の本旨と同法第245条の3第1項所定の地方自治の自主性及び自立性を公権力行使で多重に支配する意味をもつ沖縄県への代執行のことである。

　このことは国交大臣が、2023年10月5日に同法の法定受託事務を濫用したうえで発動し、ついに地方自治法第245条の8第3項並びに第7項の規定に基づき代執行訴訟を福岡高等裁判所那覇支部に提訴した。これにより日米軍事同盟の一体化に根差す支配者たる国家形態のイデオロギーそのものが化体したことになり、国と県とが全面的支配服従関係ないし旧態依然の特別権力関係となって表面化したゆえに法の支配的性格がここでも把握されたのである。

　だが、同法第245条の8第1項に規定する「著しく公益を害することが明らかであるときは」とは、行政法学的解釈によれば「社会公共の利益に対する侵害の程度が最も甚しい場合」と解せられている。よって、右規定上の解釈基準の枠組みに違反する日米安全保障条約に基づく駐留米軍基地問題を十分に勘案したうえで、国家が代執行によって辺野古新基地建設の着工を進めることは、沖縄県民に対して社会公共の利益に侵害を与える高度な蓋然性を含みうることが社会的相当であると思慮され、それが当然の帰結であることは避けられない事実である。

　その他、原子力空母や原子力潜水艦の寄港やそれに伴う空母着艦の模擬訓練である夜間離着陸訓練の騒音、辺野古への米軍事新基地移設問題などで沖縄県民、そして沖縄社会を悩ませ苦しめながらこの安保条約と地位協定の犠牲はますます増え続けている。だが、沖縄の人々は、こう

251　高木吉郎［2021］70頁。このデーターは、沖縄本土復帰1972年から2016年末迄の数値を示している。

した基地問題を黙過しているわけではない。

　基地のフェンスには「We shall overcome」の歌詞が貼り付けられている。沖縄以外の抗議集会などでも横断幕に掲げられているものである。「We shall overcome」は、アメリカのジョーン・エバーズにより歌われ、公民権運動、ベトナム反戦運動の時にもプロテストソングとして歌われたものである。辺野古新基地建設の反対に向かって進む原動力の詩であって、なおかつ、県民と本土の人々をつなぎ合わせる結節点の詩でもある。この詩が安保条約と地位協定そして日米軍事同盟を乗り越えて、幾千年にわたっても万国の人々が連帯する「We shall overcome」が、宇野弘蔵による気宇壮大なる詩、「進む時には詩があればよい、退く時には哲学がいる」ように、確固たる万国の平和のために進む道であることを確信するものである。

嘉手納基地を包囲する人間の鎖

　辺野古新基地建設問題の後景には、日米安保条約が軍事条約に基づく軍事同盟であることに反対して、1987年には、労働組合や県民ら約24,000人が結集し、立て看板や横断幕を張りめぐらせ三線を鳴らし、カチャーシーを踊り、嘉手納基地を人と人の手で結び合わせ、果敢に連帯した「人間の鎖」で基地を完全に包囲したのである。人間の鎖を思うとき、反戦平和運動の果敢な同志達の激しい怒りと熱誠に包みこまれた心中に、なぜだか人間らしい不抜の血脈を感ぜずにはいられない。少しだけ迂遠した比喩であるが、ゲーテの『色彩論』が示唆している。

　珠玉の名言、ゲーテは「眼には、外から世界が、内からは人間が映し出されている。内と外の全体性は、眼を通じて完成される」(「眼」L.A I3,436f.)[252]。この一節が琴線に触れることであろう。

　名誉の誉れの一節を言い換えれば、「世界の眼」である感覚受容器が感性的外界たる外的自然そのものを脳で感じとり、内的自然である批判的な人間の眼からは、批判的な時代に生きる歴史的意義や社会観、世界観が映し出され、こうして人間は眼を通じて感性的人間になるということが教示されているのである。

　嘉手納基地の面積約1,986haを包囲する人々の眼からは、日米安保条

252　ゲーテ［1807］255頁。

約と日米地位協定、さらには国家権力からの抑圧と弾圧に対して諦観や
屈服しない力強い意志と胆力、社会観や世界観が一段と眩い輝きで映し
出され、人間の鎖でつないだ手からは、酸鼻の極みの戦争を繰り返すこ
とのない、人類の世界平和への願いが、不抜の血脈と心臓の鼓動が響き
わるように去来する。人間の鎖は、嘉手納基地を包囲する桂冠な人々の
手で結びあわせ、この平和の手によって人類の平和の輪を広げるための
社会的組織的な平和運動である[253]。ゲーテはさらに人間の鎖を後押し
していたのであった。「私は、人間だったのだ。そしてそれは戦う人であ
ること意味する」(『西東詩集』)と詩情をわかすことである。

　崇高な理念にもとづいた平和を愛する諸国民たる全世界の国民と共
に、人類世界の恒久平和を念願し、人類の生存を堅持することを決意し
た憲法制定権者たる国民、すなわち沖縄の人々にとっては、こうした諸
問題を含む日米安保障条約の批准と内容は真意ではなかったはずであ
る。安保条約は、憲法の平和主義を歪め、沖縄の人々の基本的人権をも
歪めることになり、ますます心身に内在化した矛盾となり続けている。

　憲法の恒久平和主義を堅持する国民各人は、人間主義的平和主義と非
武装永世中立が平和憲法の双璧であることを自覚しなければならない。
その自覚の現れが、嘉手納基地を包囲する人間の鎖と通底するかのよう
に、かつて安保条約粉砕を掲げながら東京有楽町のメイン・ストリート
を働く人々や学生を含む人々の手で埋め尽くしたフランス・デモがあっ
た。フランス・デモは、勇姿と活気そして批判的精神に満ちた人間の鎖
が厚みと広がりをもつことになった[254]。

　こうした非武装永世中立平和主義を一途に主張する田畑忍は脱安保を
述べていた。「脱安保を可能にし、憲法九条を完全に実施する方法はた
だひとつ、第九条に従って永世中立国日本を実現する以外にない」とし、
これが最も容易にできる方法であると述べていた[255]。

　安保条約の諸問題は、多くの難渋する根深い難問が沖縄に集中し反基
地感情が県民感情と高められ辛辣な荊棘となり、人々の平和的な人間的

253　1987年、第1・2回包囲行動に、労働組合の活動家であった私の父親子島利夫が人間の鎖に
　　参加していて、毎年、8月6日、9日には広島、長崎の原水禁大会に参加していた。

254　1959年3月、安保改定阻止国民会議を組織し全国統一行動は1年半にわたり23回集会やデ
　　モ、国会請願を行い国会を人間と人間が手を取りあって完全包囲した。

255　田畑忍 [1982] 116頁。

生活を疎外しているのである。

　軍用地をめぐる紛争は、概して基地問題といわれ続け、旧安保条約時代から絶えなかった。こうした諸問題の主因には、安保条約が極東周辺地域をめぐる安全保障政策として不当にも正当化した国策にあった。こうした諸問題を解決するには脱安保、安保廃棄しかありえない。

　それゆえ、辺野古新基地建設着工で「いのちの海」を埋め立てる暴政を許すわけにはいかない。「基地の中に沖縄がある」を否定し、基地なき平和な沖縄へ、それは安保なき沖縄を実現することにある。そして人間の鎖を盾にして、漸進的に展開するところに、連帯する平和運動が求められるのである。沖縄は、国家を規制し統制するための日本の平和運動の拠点にする意義があり、そのために、平和運動の輪を広げ、全国に展開しそしてそれを糾合し、駐留米軍基地をアメリカに返上し排除することにある。その意味で、沖縄のみならず日本の全体の諸問題とする自覚が、全国各地で草の根の「基地引き取り運動」が持続的に展開されていることも、また重要な活動の試みといえる。

小括

　さて本項を総括的な言及によって締めくくりたい。大田知事と翁長知事の両氏の思念に共感を抱くことであろう。政府に基地の整理縮小を要求した大田知事は、「安保条約が日本にとって、重要だというのであれば、その責任と負担は全国民が引き受けるべきではないか」と述べていた[256]。米軍基地負担の不等価交換条約を熟知した上で、全国均等に負担することを訴えていた。

　また、1995年の少女暴行事件に際して、大田知事は、「あの不幸な少女事件があったから、県民の怒りが爆発し、日本政府に基地の整理・縮小を要求したのではない。県民は復帰以降、粘り強く基地の返還を求め続け、日米両政府の沖縄に対する差別的対応にも耐えてきた。そうした長い交渉の過程で蓄積してきた不満や怒りが、あの不幸な事件の前には、爆発寸前にまで鬱積していた」と述べていた[257]。

256　大田昌二 [2000] 322頁。

257　同上書、159頁。この米兵3名による少女強姦事件の法廷通訳人のベテラン女性は、あまりにもひどい事件内容であったため通訳できなかったと記している。沖縄人権協会編 [2012] 153頁。

　続く、翁長知事は、基地負担を虐げられてきた沖縄の地に辺野古の美しい海を埋め立てて新基地がつくられることに強く反対した。「私は沖縄に今ある米軍基地をゼロにしろと言っているわけではありません。日本全体で安全保障を守るという覚悟をもって、全国で平等に基地を負担するならば、沖縄は応分の基地を引き受けます。しかし、米軍基地のほとんどを70年間、沖縄一県に押し付けて、21世紀のこれからもなおその状態を永続させようとする安全保障はどうあっても受け入れられません」[258]と断言していたのであった。

　両知事の発言は、沖縄と安保条約の諸矛盾に通ずる沖縄の人々の言葉を、人間的経済生活および精神的生活過程の抑圧と圧迫を代弁したものと受け取ることができ、沖縄社会に内包する反基地感情を表現する言説であった。

　日米安全保障条約と地位協定を根源にした基地問題、そして辺野古新基地建設などの諸問題は、かなり根深いものである。この根深さゆえに、安保条約と地位協定、基地問題と辺野古新基地建設はひとつの線で繋がっていたのである。憲法前文に従えば、「これに反する一切の憲法、法令及び詔勅を排除する」とは、憲法以下のすべての成文法だけでなく、将来成立するであろう夥しい成文法が「人類普遍の原理」に反し、憲法九条違反の法則が増すに連れて、ひとつの線が太く長く切れ目のない線となり、アメリカと日本を繋ぐ「新結合」（イノベーション）、総じて日米軍事同盟の一線上の結合線である「アメリカの帝国主義的戦争」に加担することを阻止せねばならない。この結合線をどうにか断ち切らなければ、平和自治体の拠点である沖縄県が再現することはないと考える。

　沖縄は、戦中戦後を通じた沖縄戦と集団自決、摩文仁の丘の平和の礎、ひめゆり学徒隊や本土との関連性、アメリカとの歴史的過程や沖縄の自治権と政府との対立など、様々な困難と摩擦が複雑に絡み合いながら諸問題が現存している。だがしかし、県民を愚弄する愚民政策にも受忍限度があるはずだ。沖縄には、地方自治体独立の自主的自立と自律の精神をもったいわば、大戦から生き抜いてきた生命力をもった県民の反戦平和への生命活動と主体的で強固な自治権を有する。すべての県民、すなわち人々の人格的自律性を人間主義的に認めることが必要条件である。

258　翁長雄志［2015］109頁。

政財界は、これらの諸問題を解決するためには、日米経済関係、日米軍事関係、日米同盟関係を繋ぐ、ひとつの線を断ち切ることである。そしてなによりもまず、平和憲法主義に立脚し人格的自律権をもった国民と県民が人間であることを認め、人間主義、自然主義に立ち返ることが先決である。そしてそのことが、沖縄を人狼的暴政から解放する鍵なのである。それを示唆する名辞がある。

　摩文仁の丘の平和祈念資料館の展示室の最後には、「戦争をおこすのはたしかに人間です。しかしそれ以上に戦争を許さない努力のできるのも私たち人間ではないでしょうか」と記されている。

❹ 平和政策・非武装永世中立平和政策への止揚

　本項では、国際法を視座に置きながら憲法第九条の平和のための安全保障政策を考察する。

　日本国憲法の前文では、「平和のうちに生存する権利」としての平和的生存権を明定した上で、第九条は戦争の放棄、戦力の不保持、交戦権の否認により、戦争を全面的放棄している。このことは、再軍備を肯認しない一貫した非武装永世中立平和主義を採用している点に特性がある[259]。

　この特性をもつ前文と第九条に立ち返れば、平和的生存権を前文に置いた第九条は、非武装永世中立平和としての安全保障政策を前提条件に規定した戦争全面放棄の立場である。だが、日本国憲法を包括する前文の平和的生存権と第九条に法規範としての実効性があったとしても、そしてまた、非武装永世中立平和主義に準じた国際法の条約に批准しなくともなんら政府の不作為だからといって違憲とはならない。逆説的には通例、政権には、憲法に準じない国際法・条約であろうとなかろうと、むしろ国民的合意を得ずに国際間における条約締結が可能という強みがある。

　なぜならば、憲法第八一条は、条約に対して、裁判所の合憲性審査権がおよぶことを認めていない。第八一条は、「最高裁判所は、一切の法律、

259　澤野によれば、憲法第九条は、外国軍基地の設置と他国との軍事同盟を戦時のみならず、平時においても容認しないことを定めている。これは集団的自衛権が否定される所以である。澤野義一 [2002] 235頁。また第九条の解釈として、非武装永世のもと外国軍の駐留を認めないとする。

命令、規則又は処分が憲法に適合するかしないかを決定する権限を有する最終裁判所である」と規定し、国際法たる条約は適用除外とされているからである。

　また、国の最高法規に関する国際法たる憲法第九八条所定でも、特に条約だけを規定から除外し、さらにまた、条約の締結は内閣が比較的容易な手続きでなしうることが、憲法第六一条で承認されているのである。第六一条は、「条約の締結に必要な国会の承認については、前条第二項の規定を準用する」と規定し、条約の締結に必要な国会の承認について、予算の場合と同じように衆議院の優越が認められるが、両議院のいずれもさきに提出することが可能であり[260]、条約締結に対する国会承認の議決については、予算の場合と異なり容易な手続きが認められている。

　憲法に違反した条約は、公権的に判断する機関が認められていない以上、条約は違憲立法の対象外と見なされる傾向にある。

　この点について、学説を参照してみる。条約締結に参加する諸機関は、すべて憲法によって認められた国家機関であるから、憲法によって与えられた権限を超越して憲法違反の条約を有効に締結し得ると判断するのは根拠に乏しい。第九八条一項による条約が、国務に関する行為であることは明瞭である以上、憲法に反する条約の無効なことを、憲法自身も認めている。条約がそこにあげられた「規則」（英文ではregulationとあり、最高裁判所の規則の場合のruleという文字と区別されている）に該当すると解し得る以上、違憲審査の対象というべきである[261]。

　そのため、条約は国内法に優位するとはいえ[262]、法律と同じように国法形式であるから、第八一条のいう「一切の法律、命令、規則又は処分」に含まれるので、裁判所は条約が憲法に適合するかしないかの審査する権利を有するのが妥当である[263]。

　日本国憲法は、憲法の前文から憲法本文諸条項を対象にした法律学の学問的考察基準としての法原理の地位が与えられていることから、学説

260　第61条の解説は、宮澤俊義・芦部信喜［1980］468-469頁。

261　鵜飼信成［1956］212-213頁。

262　樋口陽一［1998］411頁。

263　宮澤俊義・芦部信喜［1980］672-673頁。これに対し、条約は、国際法形式だから裁判所の憲法適合性の審査権はこれを否定する見解もある。

上の条約優位説に対して、憲法が考察基準である限り国際法に優位するのは当然である。それゆえ学問的考察基準だからこそ国際法を俯瞰する憲法優位説の立場をとる意義がここにある。よって、鵜飼、宮澤の両学説の妥当性を考慮すれば、第八一条の合憲性の審査の対象とすることは当然に避けられないことになる。

　いうまでもなく憲法前文では、人間が人間らしく平和のうちに生存する権利が確定している。この平和的生存権を明定した上で第九条所定では非武装永世中立平和主義が含意されている。このことは、歴史的史実の反省から生み出されたものである。日本帝国主義は、皇民化教育の皇国史観イデオロギーや先帝と一体化した排外主義的軍国主義によって、すべての国民は天皇の赤子となって特段の精神的教育のもとで第二次世界大戦へと動員され突入したのであった。帝国主義戦争の反省を踏まえてみれば、「人間は、自分で自分の歴史をつくる」（マルクス『ルイ・ボナパルトのブリューメル十八日』）のであるから、人類の歴史的所産たる平和憲法は、戦争や紛争を阻止するために第九条一項及び二項の中に非武装永世中立平和主義が定立された歴史的意義がそなわっている。すなわち歴史から導きだされた第九条であるといえる。

　しかし、かりに、国際法・条約を通じた対外政策には、日米安全保障条約が軍事的に有効だとしよう。そうだとしても、日本は原子爆弾による世界的規模の原爆被爆国であるだけに、「絶滅戦争」をもたらす核抑止力と核の傘政策を助長する第九条の規定に違反した国際法の軍事条約は無効となり認められないことになる。だからこそ、直ちに日米安全保障条約を違憲審査の対象にして破棄し、多くの問題を抱えている米軍基地を撤去しなければならないことになる。

　その意味で、憲法学が学問的考察基準とする、社会科学としての考察と造詣を深めてみても、論理的にそうならざるを得ないし、憲法に反する条約無効説と憲法優位説の立場からでも客観的に安保条約を承認することは許されない。すなわち、恒久平和主義を根本原理とする安全保障政策は、非武装永世中立平和政策が優れて科学的であり、しかも論理的に導出されることになる。

　それゆえ、国民各人は、世界平和への道を切り拓き、平和を愛する礎である日本国憲法の理念を現象形態として現代日本社会に現出させ、そしてさらには平和の礎の桎梏となっている安全保障政策の再構築を図る

ことである。つまり、非武装永世中立平和政策を定立させることにある。そのためには、国民自らの意志によって平和国家樹立のための第一歩として非武装永世中立平和政策に変革し、軍事的相互関係にある日米軍事同盟のグローバリゼーションの支柱である日米安全保障条約を止揚させなければならないのである。その意味で非武装永世中立平和政策は、憲法の前文と第九条の平和主義に即した安全保障政策であり、世界の先駆けとなる科学的憲法主義的政策なのである。

　非武装永世中立平和政策への止揚とは、日米安全保障条約それ自体の矛盾を否定し、憲法前文と第九条が反戦と非武装を前提に交戦権を否認し、戦力を撤廃し、永世中立義務を恒常的に負ったことを主軸にした平和憲法主義のことである。一例を示せば、国際法としては、非武装永世中立平和政策による国際平和協調主義の徹底を図るために世界各国との平和条約、国家間での非武装永世中立平和条約の署名・調印、非武装永世中立平和政策を国連憲章に導入し同憲章の改変と国連安全保障理事会の改革、または非武装永世中立平和都市宣言の運動を各自治体が展開することなどがあげられよう[264]、NATO に対抗する世界平和国家を構築するためには、国際的な非武装永世中立平和条約の批准国による世界平和国家同盟国による普遍的平和を希求するのである。

　では「何をなすべきか？」、平和は生存権と第九条を主軸にどう堅持するのか？その方途とは、憲法前文の「平和を愛する諸国民の公正と信義に信頼して、われらの安全と生存を保持しようと決意した」と規定している。この前文に込められた決意表明を体現することにある。このことは、憲法制定権者たる国民の義務であることが第一二条で定められている。「この憲法が国民に保障する自由及び権利は、国民の不断の努力によつて、これを保持しなければならない。」が当為規範だからである。しかも、請願権規定である第一六条では、「平穏に請願する権利」が認められている。第一二条所定の不断の努力を積み重ねて自由と平和に生きる権利を保持することが国民の当為であり、第一六条の請願権の行使を不断に国政に反映しつつ参政権をもって、非武装永世中立平和政策に向けた平和国家樹立のために平和主義を維持し国民が請願権をもって国

264　1980年代には、非核都市宣言運動が約1640の市区町村の自治体で展開されてきたのであった。核兵器廃絶と非核三原則の遵守、護憲・平和への希求を願う宣言である。

家を統治すべきである[265]。これが、文民統制の上に立つ国民の統治の原点であると思われる。

したがって、憲法前文の「日本国民は、国家の名誉にかけ、全力をあげてこの崇高な理想と目的を達成することを誓ふ。」のだから、この目的を実現するためにわれわれは、国民統治に資することが、人類平和の思念に心血を注ぎ人類の永続平和を創り上げることに連なることになる。さらに非武装永世中立憲法を世界の憲法の先駆として安全保障政策を広め推進し、21世紀の世界的潮流とすることが護憲として生きる国民の当為であると確信するものである[266]。したがって、改憲を目指す勢力は、平和憲法すなわち護憲の立場からすれば抵抗勢力となりうる。

次の項へ進む前に、ヘーゲルの『法の哲学』序文に記された法と思想について一読してもらいたい。「人間の理性は法のすがたで人間に出会うにちがいない。だから人間は法が理性的であることに目を向けなければならない」。ヘーゲルは続けていう。「思想が本質にまで高まった以上、われわれは法もまた思想としてとらえようとこころみなくてはならない」と。この理性とは『精神現象学』（1807年）では、絶体の他在のうちに純粋に自己を認識する絶対知のことである。

安全保障関連法は、理性的な法となって国民と出会えることができるのか、同法が政権・立法者のもろもろの思想が深部にまで入り込んだものとなっていないか、政権の本質が立法者の意志が同法に反映しているはずである。まずは如実的に考察することにしよう。

❺ 憲法の体制内化と安全保障関連法

安全保障関連法の立法過程は、「自衛の措置」や「武力の行使」を集団的自衛権の行使容認としたことを安倍内閣の意志で閣議決定（2014年7月1日）した[267]。安倍政権は、憲法の精髄を地で掃ったのであった。

---

265 国民の統治へのフォーマルな参加形態として請願権がある。佐藤幸治[1992]554頁。

266 なお、法治主義より人治主義をとるのが中国がある。

267 平成26年7月1日に国家安全保障会議決定・閣議決定した「国の存立を全うし、国民を守るための切れ目のない安全保障法の整備について」である。内容の一部は「自衛の措置は・・・必要最小限度の『武力行使』は許される。これが、憲法第九条の下で例外的に許容される『武力の行使』」である。ただし憲法九条には例外は絶対に認められず他の規定にも例外規定はない。

反憲法的為政者であった。まさしく、議会審議もせずに内閣による集団
的自衛権の行使を容認めることは、「解釈によるクーデター」[268]である。
比類なき暴政過多な内閣による行政権の発動であって、知的謙虚さの水
準が表面化して現れ出し国権の最高機関や司法権まで支配する様相であ
る[269]。言い換えれば、「日本軍国主義の合法化」であり、「合法クーデ
ター」そのものであり[270]、憲法第六五条の理念を潜脱したものである
といわざるをえない。

　このほか、自衛権発動の新3要件が閣議決定された。この新3要件と
は、①我が国に対する武力攻撃が発生した場合のみならず、我が国と密
接な関係にある他国への武力攻撃が発生し、これにより我が国の存立が
脅かされ、国民の生命、自由及び幸福追求の権利が根底から覆される明
白な危険があること、②これを排除し、我が国の存立を全うし、国民を
守るために他に適当な手段がないこと、③必要最小限度の実力を行使す
ることとされた。このうち①が集団的自衛権の限定容認にあたる[271]。

　この新3要件について、内閣官房、内閣法制局は憲法との論理的整合
性があるという。つまり、「このように、新三要件は、憲法九条のもと
で許される『武力の行使』について、国際法上集団的自衛権の行使とし
て認められる他国を防衛するための行使それ自体ではなく、あくまでも
我が国の存立を全うし、国民を守るため、すなわち我が国を防衛するた
めのやむを得ない必要最小限度の自衛の措置に限られることを明らかに
しており、憲法の解釈として規範性を有する十分に明確なものであ
る・・・以上のとおり、新3要件は、従前の憲法解釈と論理的整合性等
が十分に保たれている」（平成27年6月9日、内閣官房・内閣法制局「新
要件の従前の憲法解釈との論理的整合性等について」）。

　発出された行政文書では、憲法第九条所定で「武力の行使」は許され
るとしているところや、個別的自衛権、集団的自衛権について政府・政
権にだけに通用する解釈であるというところに、そもそも有事相応の憲

268　例えば、小林武[2017]103頁。

269　安全保障関連法を成立するために、2015年4月27日、日米安全保障協議委員会閣僚会合に
　　おいて「日米防衛協力のための新ガイドライン」が締結された。寺井一弘・伊藤真[2020]47頁。

270　大内兵衛[1963]12頁。

271　千々和泰明[2019]10頁。

法観と憲法思想が入り混んでいる。新3要件と第九条とを意図するままに強引に引き寄せて相即不離に解釈しただけであり、第九条の文理解釈とはならないのはいうまでもない。これら、安全保障関連法や新自衛権発動の3要件は、文民が「文民でないもの」の非文民大臣だからこそ憲法の変更解釈には歯止めがかからないのである。

安倍政権は、2014年7月1日に集団的自衛権行使容認等を内容とする安保法制整備法の方針を閣議決定した以降、日米新ガイドライン改定作業（2014年4月27日決定）とも調整しつつ、「平和安全法制整備法」と新法の「国際平和支援法」を2015年5月14日に閣議決定した。

この「平和安全法制整備法」とは、改正自衛隊法、改正国連PKO協力法、改正周辺事態法、改正船舶検査活動法、改正武力攻撃事態法、改正米軍行動円滑化法、改正特定公共施設利用法、改正海上輸送規制法、改正捕虜取扱法、改正国家安全保障会議設置法の10の改正法および「国際平和支援法」を含めた11の法律の総称である（2015年9月19日成立）[272]。なお本項では（以下、「安全保障関連法」）と略記する。

この安全保障関連法の論点は、自衛隊を憲法の枠組から外し、政府の判断でグローバル化した自衛隊を海外において武力行使の道を開き集団的自衛権をもとにした敵国攻撃能力を射程におき、軍事行動を展開しようとするものである。そこで、憲法九条の非武装平和主義の法規範に違反する安全保障関連法を5つの側面から取り上げておくことにする。

第一に、武力攻撃事態法改正や自衛隊法改正などの「存立危機事態」対処法制は、集団的自衛権行使を認めたものであり、その点において憲法九条に違反する。併せて、外国軍用品等海上輸送規制法も存立危機事態への対処を内容としており、外国軍用品等の輸送阻止のための停泊検査、回航措置等の強制権限は、危害を与える武器の使用の許可を含め、きわめて強力な戦時臨検を認めたものである。このような権限が「我が国と密接な関係にある他国」のために、わが国周辺の公海に限らずその他国の領海や、公海全体に広がって行使できることになり、合憲とすることはできないだろう[273]。

武力攻撃事態法改正・改称は、「武力攻撃事態等及び存立危機事態に

272　澤野義一 [2015] 147頁。

273　小林武 [2017] 94頁。

おける我が国の平和と独立並びに国及び国民の安全の確保に関する法律」に改正された。同法の立法趣旨は、存立危機事態等においても、米軍等の外国軍のために行動が円滑にできるようにすること、港湾等の特定公共施設を利用させること、海上自衛隊による停船検査等を可能にすることの他、国際人道法に基づく捕虜等の扱いを行うことを規定したものである[274]。

　第二に、周辺事態法が「重要影響事態法」に衣替えをした。内容は、自衛隊が「後方支援活動」「捜索支援活動」等の支援活動を行う地域の、地理的枠組みを取り払い「現に戦闘行為が行われている現場」以外の場所ならどこでもできるようにした（二条三項）。しかも、そこで実施される支援活動は、補給、輸送、修理・整備、医療、通信、空港業務、基地業務等広範に及び、弾薬の提供や発進準備中の航空機に対する給油・整備まで含むとされる。これらはまさに、戦闘行為中の他国軍隊に対する密接な兵站活動であり、「他国の武力行使との一体化」そのものである。攻撃を受けた自衛隊の部隊は、相手国に反撃せざるをえず、ここに武力の応酬による交戦状態が発生する危険性・蓋然性はきわめて高い。このようにして、重要影響事態法は、自衛隊の海外における武力の行使に道を開くものとして憲法九条違反とされてしかるべきである。

　第三に、国際平和支援法が、新規に制定された。自衛隊の派遣閣議決定と国会承認だけで実施できるようにするためにこの法律が成立したのである。つまり、本法は、派遣恒久法と呼ばれており、自衛隊の枠組を恒久化したものであるが、派遣の要件や自衛隊の活動内容が従来の特措法（テロ対策特別措置法やイラク復興支援特別措置法）と大きく異なっている。すなわち、国連安保理が武力行使を明示的に容認していない場合でも、自衛隊を派遣することができるようにした。また、自衛隊の活動地域は、重要影響事態法における「後方地域支援活動」と同様に「非戦闘地域」の縛りを取り払い「戦闘現場以外」に範囲を大幅に拡大したものである。このことは、自衛隊の海外派遣の要件を緩和しその活動範囲を拡大させた本法は、客観的に違憲と判断せざるをえない。

　第四に、国連平和維持活動（PKO協力法）の改正についても、国際平和維持活動および国際連携平和安全活動の両者を通じた業務内容に

274　澤野義一［2015］149頁。

は、安全確保業務と駆け付け警護を追加している。前者は、住民被災民の危害の防止等特定の地域の保安の維持と警護等であり、7月1日の閣議決定では「住民保護などの治安の維持」と表記された。また、後者は、PKO等の活動関係者の不測の侵害・危難等に対する緊急の要請に対応する生命・身体業務である。これらの任務遂行上で、武装勢力等の妨害を排除し、目的を達成するための武器の使用を必要としそれを認めている（二六条）。しかし、このような任務遂行のための武器使用は、武装勢力等との武器使用の応酬、さらには戦闘状態に発展しかねず、従来の政府の憲法解釈からも「武力の行使」を禁止し「交戦権」を否認した憲法九条に違反するといわなければならない。

第五に、自衛隊法を改正して、自衛隊員が米軍等他国軍隊の武器等を防護するための武器使用を可能とした（九五条の二の新設）が憲法適合に関して重大問題となる。これまでも、自衛隊員には、自衛隊が保有する武器等を防護するための武器使用は認められていたが（九五条）、これを米軍等の武器等の防護にまで推し及ぼしたのである。米軍等の武器等とは、武器、弾薬にとどまらず、船舶、航空機に及び空母まで含まれる。自衛隊員による武器使用がなされた場合、相手国からみれば自衛隊による武器使用となる。それは、自衛隊とその国の軍隊との武力衝突の発端となりかねない。自衛隊法九五条の二が憲法に適合しているとは評価できない。この安全保障関連法に対して、憲法学者の圧倒的多数が違憲と判断している[275]。

安全保障関連法は、「明白かつ現在の危険」と新3要件を満たしているため、違憲審査基準をはるかに超えた違憲立法であることは多言を要しない。さらに同法には「等」の接尾語がかなり頻繁に用いられているのは、官僚用語で拡大解釈を意味することであり、同時に法益が拡大することに相違いない。そのため、恣意的な有権解釈が可能となり、憲法九条の平和主義を潜脱する作用をなす。

例えば、安倍政権下で成立した、特定秘密保護法、安全保障関連法、共謀罪法に続く、2021年3月26日に閣議決定した「重要施設周辺及び国境離島等における土地等の利用状況の調査及び利用の規則等に関する法律案」では「等」が3つも作為的に挿入されている。つまり拡大解釈を

275　小林武［2017］94-96頁。

予定するこれらの有権解釈立法の4法が成立したことになり、戦争法シリーズが完結したのである。この法律は、自衛隊や米軍などの防衛施設や国民生活に重大な影響を与える施設（原発、発電所、鉄道、空港、重要インフラ）の周囲1キロと、国境にある離島を個別に「注視区域」に指定し、所有者の個人情報や利用実態を住民基本台帳や不動産登記簿などを基に政府が調査するというものであり、政府が注視区域や特別注視区域に指定した施設周辺約1キロや国境離島の住民は個人情報を調べられ、政府による判断で移転が強制されるという内容である[276]。

　さて、これまで安全保障関連法を5つの面から学説をもとに違法性を検討してきた。この安全保障関連法の全容として、憲法の平和主義に抵触違反し、平和主義に反する違憲立法であることにほかならない。とりわけ、存立危機事態対処法制は、有権解釈で集団的自衛権の行使を認め、重要影響事態法は、他国軍隊に対する密接な兵站活動となり、また派遣恒久法は、海外派遣の要件を緩和しその活動範囲を全球化的に拡大させた。PKO協力法と改正自衛隊法は、武器の使用を認めた。これにより自衛隊が国境を越えてまで集団的自衛権を行使して、巨大な殺傷能力のある武器を使用し、また米軍等他国軍隊の武器等を防護するための武器使用を可能とする変更解釈は、交戦権の行使となり憲法九条の規定に対しては明らかに違憲となりえる。憲法第八一条の裁判所による違憲立法審査権におよびまた憲法適法性の観点からも違憲であるのは確かである。

　このうち第一の武力攻撃事態法改正・改称に関する学説は、武力攻撃事態等の場合には地方自治体や国民の協力が求められるから、存立危機と武力攻撃が重なる場合には同法改正で明確にされてはいないが、地方自治体や国民の戦争協力が求められるとする[277]。

　ただし、恒久平和主義を規定した憲法の前文と憲法九条とは、武力攻撃事態の一切の戦争を放棄していて交戦権を全面的に認めていないから、地方自治体や国民を武力攻撃事態に巻き込むことなどは規定してはいない。だからこそ、すでにこうした構想のもとで武力攻撃事態法を立法化することは許されないことである。もし仮に、憲法の常道から抜け出して、政権に従って武力攻撃事態法の想定する武力攻撃事態となれば、

276　半田滋[2021] 16頁。

277　澤野義一[2015] 147頁。

靖国神社の春秋の臨時大祭の黙祷に見られる天皇との一体化を示した、かつての国家総動員体制に組み込まれたことを想起させることでもある[278]。憲法違反の法則化による安全保障関連法が、歴史社会の流れを揺りもどしているとしたならばそれは単に仮象（Schein）の法現象でしかない。人類の歴史社会は、唯物史観の定式によれば経済的下部構造の発展に従って変化発展してきたのであって、それに対応する政治的上部構造もまた変化発展したといえる[279]。それゆえ、政治的上部構造の要素である法律や政治が歴史の流れに逆行するような現象があったとしても、「後の時代は前の時代の規制」を受けながら歴史は進展するものである。「いつか来た道」に後退して考え直すことはあったとしても、前戻ることは決してありえない。

　とはいえ、改正法10本と新法の立法目的は、憲法を棄却した法の激変要件緩和措置によって、自衛隊を自由でグローバルに海外活動を実施させ、日米軍事同盟のグローバリゼーションと共に強化拡大させることにある。安全保障関連法の実相は常軌を逸脱した「いつか来た道」に揺り戻される迷い道かもしれない。政権には、かつて1947年に文部省が発行、実業教科書として使用していた『あたらしい憲法のはなし』の戦争放棄の一節と図示を読み返すことを「いつか来た道」の課題とする。

　そこで、「いつか来た道」の道程を振り返って集団的自衛権の行使容認にいたる説明や趣旨、背景などを引いておくことにする。（第189回国会参議院平和安全法制特別委員会会議議事録第20号、2015年9月14日・外交防衛委員会調査室が編集したものである）

　集団的自衛権の行使容認について安倍首相は、「我が国を取り巻く安全保障環境が客観的に大きく変化し、一層厳しさを増している現実を踏まえて、従来の憲法解釈と法理的整合性と法的安定性を維持し、昭和47年の政府見解における憲法九条の解釈の基本的な論理を何ら変更することなく、国民の生命と平和な暮らしを守り抜くために合理的に当て

278　黙祷の始まりは、10万人の犠牲者が出たといわれる関東大震災の1年後、1924年9月1日である。もともと、1919年11月11日、第一次世界大戦の死者の追悼記念日にイギリスにおいて「2分間の沈黙」が始まりとされている。これを天皇崇拝につながる国家神道に組み込んだのである。

279　唯物史観がイデオロギー的仮説であったとしても「導きの糸」として『資本論』の経済学に指針を与えたことは確かなことである。

はめた結果として導きだされたものである」と説明した[280]。

　この説明に付言する。まず安全保障環境の変化と憲法九条の関連性がどこにあるか不明確である。全世界の安全保障環境がそう変化をきたしているわけでもないが、ただ、仮想敵国中国脅威論で国民に不安感を抱かせ動揺を駆り立て、メディアを媒介に防衛意識を扇動して、憲法第九条を不安定にしておきながら安全保障関連法の法的安定性を維持するものである。国民の生命と身体、及び平和を守るならば、個別的自衛権と集団的自衛権は否認すべきと解せられるのが良識の範囲内である。続いて政府がいう集団的自衛権の概念を用いる趣旨を傾聴しておこう。

　政府は、「憲法九条の下で我が国と国民を守るためやむを得ない必要最小限度の自衛の措置が許されるのは憲法の解釈によるものである。従来の解釈では我が国に対する武力攻撃が発生した場合に限って武力の行使がゆるされるとしていたことから、それを国際法上の概念を用いて個別的自衛権の行使のみが許されると表現してきた。憲法の解釈として、いきなり国際法上の概念を借りてきて個別的自衛権の行使だから許されるという論理であったわけではない」と説明した。その上で、「新たな解釈においては、新3要件の下で極めて限定された範囲において、他国に対する武力攻撃の発生を契機とする我が国自衛の措置としての武力の行使を認めているが、これを国際法上の概念で整理すれば、限定されたものであるとはいえ集団的自衛権の行使といわざるを得ない」との見解をしめした。政府の限定された集団的自衛権とは、新3要件により限定された集団的自衛権のことである[281]。

　これら政府見解を平易にする。憲法九条の下でやむを得ない自衛の措置が許されるのは、国際法上の概念では個別的自衛権までが従来の憲法解釈であった。新たな解釈は、他国に対する武力攻撃の発生を契機に自衛の措置として武力の行使を認めているが、これを国際法上の概念で整理すれば、新3要件で限定されうる集団的自衛権のことである。さらにわが国が弾道行ミサイルなどによって攻撃された場合、ミサイル基地など相手国への攻撃を行う能力を自衛隊に持たせることが敵基地攻撃能力と呼ばれるのであるという。すこぶる解釈枠組みは、国民を欺くものと

280　沓脱和人［2015］31頁。

281　同上書、32頁。

いうよりまったく判然としない、拡大解釈ではなく、むしろ「解釈」ではなく、憲法思想と政権の祖国防衛イデオロギーが入り込んだ、たんなる政権の「意見」となっている。憲法九条は、自衛の措置、個別的自衛権、集団的自衛権や武力の行使や新たな解釈など何ら認めていないことは明白である。政権のいう「やむを得ない」とは何をもって「やむを得ない」のか。軍事的安全保障としての戦争による平和を予定しているのである。国際関係上、「やむを得ない」事情や事柄をつくらないし、してはならないし、させてはならないから、安定した国際関係と信頼関係を醸成するために、憲法前文に国際協調主義を置いているわけである。おそらく、政権内部の脳裡には、戦力を拡大して交戦国との戦争を野放しに行う集団的自衛権に求める軍事的な交戦状態ないし戦争状態を「やむを得ない」ことにしている不穏な意見にすぎないものである。

　政府見解は、グロティウス正戦論が妥当だとする、戦意高揚なナショナリズムにパトリオティズム、憲法思想、防衛思想、軍国主義などの文化的な思想上の諸問題があると推察することができよう。憲法第一九条を尊重するがゆえに、思想及び良心の自由を他者に押し付けてはならない。思想形成の素性とは、精神的素養や歴史的な社会教育過程をもとにした、社会生活環境による文化段階の発展程度よって規定されるものである。文化段階が違えば当然に、家庭の環境から教育の環境、社会環境での違いが生じ、それにより、自己対象化することや、属人的な個性や知性と創造性、刺激への条件反射、脳の機能の作用が思考力、判断力、言語力などが働きうるのである。つまり、脳機能局在論でいえば前頭極に大きな違いが出てくる。つまり、概して、思想と解釈や認識は、憲法上の問題というより、総じて単純にアイデンティティーの問題に還元できる。しかも、国内の憲法問題に一義的に内包するものではなく、国際的な政治外交関係に波及する。概して安全保障関連法はすべての世界各国に悪影響を及ぼすことでもある。

第九条のデッドラインと安全保障関連法

　では次に集団的自衛権を行使容認に至る憲法解釈の変更の背景を考察しよう。

　政府は、従来、武力の行使が許されるのは我が国に対する武力攻撃が発生した場合のみと考えていた。だが、今日、我が国を取り巻く安全保

障環境の変化の状況を考慮すると、他国に対する武力攻撃が発生し、その状況のもとで武力を用いた対処をしなければ、国民に我が国が武力攻撃を受けた場合と同じ深刻、重大な被害が及ぶことが明らかであるという事態も起こり得ると説明した。

　この集団的自衛権の行使容認に踏み切った目的は、憲法の改正を主眼とする自衛隊の海外派遣への規制を外し、武力行使をする場所につき、わが国周辺の公海・公空まで地理的条約を消し去り、対等な日米軍事同盟を再構成することにあり、もって多国籍軍の後方支援のみならず中国包囲を狙う他、国家防衛戦略、国連安保理やNATOを交えた国際的な集団的安全保障政策にあるといえよう。

　こうした安全保障関連法に対しこの法律を違憲とする集団訴訟が後を絶たないでいる。2020年10月15日現在の安保法制違憲訴訟は、国家賠償請求訴訟と差止請求訴訟のうち22の地方裁判所で25件の訴訟が提起され、原告7,699名、代理人弁護士1,685名にのぼっている。原告が主張している被侵害権利・法的利益は、平和的生存権、人格権、憲法改正・決定権の3つである。平和的生存権の訴訟内容は後述するが、このうち2020年10月1日現在では、7つの一審判決が出て、原告らの請求を認めず安全保障関連法を違憲とする判断を回避した。

　このうち沖縄判決では、「原告らの主張は安保法が憲法規範と同価値の法規範として憲法規範を変容させていることを前提に置いていると解されるが、安保法は憲法そのものでなければ制定法の外観を有することから直ちに有効な憲法適合規範といえるものではなく、いずれにしてもその制定により憲法規範を変容させる法的効力を持つものでないから原告らの主張は上記のそもそもの前提を欠いている」[282]として権利侵害を認めず退けた。この判決では、司法府の責務である憲法保障機能が大きく損なわれていることに釈明の余地はない。というのは、裁判官は立法府のつくる法律を字義どおり適用し、先例に厳格に従うことが期待されている。最高裁の判決文の作成には、高度に「訓練された無能力」の司法官僚調査官の影響力がもつといわれているからである[283]。

　確かにそのことは、自衛隊を合憲とした司法府を強化する最高裁事務

282　寺井一弘・伊藤真［2020］9, 58、68頁。

283　新藤宗幸［2009］106頁。

総局内部に問題があるのは否めないことであろう[284]。

　まさしく、国家の統治機構の三権分立は、名目的となり、官邸主導による内閣人事局の創設で司法府も内部化されてしまい、統治機構はいまや実質的に三権一体化をなし、平和主義を転轍して、憲法の体制内化を進めているのである。

　国家権力によって憲法を体制内化して、原理的諸規定を形骸化させていることが次の事項で明らかとなる。武器などの装備品を外国に輸出し提供することは「武器輸出三原則」で原則禁止されていた。ところが、原則を破棄して2014年に安倍政権は「防衛装備移転三原則」を条件付きで装備品を海外に輸出できるように原則解禁した。これは国家安全保障戦略に適応させたもので、それまで国際条約や国連安保理決議に反する場合や紛争当事国には輸出禁止としていた。安倍政権は、見え消しの「但書」の例外をもうけて紛争当事国を「武力攻撃が発生し、国際の平和及び安全を維持しまた回復するため、国連安全保障理事会がとっている措置の対象国」と定義し直して原則解禁したのであった[285]。

　装備品については、自衛隊法第百十六条の三で規定されており、「(中略)装備品等(装備品、船舶、航空機、又は需品をいい、武器(弾薬を含む。)を除く。以下この条において同じ。)(後略)」とされ、文字どおり武器は除外されている。ただし、原則とは、非核三原則などにもいえることだが、常に例外を想定していると解することができる。国際紛争に対する政権の原則は、例外の例外が政権のためのジンテーゼである新原則となり、最大の効用を求める新原則が不合理に生み出されるわけである。こうして戦力である防衛装備品を解禁してまで権力によって、憲法を体制内化しているのである。それにしても、戦争とは、紛争解決手段としての決死を覚悟した死闘と決闘であり、勝った方が正しいと志向する、「国際法の父」と呼ばれる正戦論者・グロティウス戦争観がある。フーゴー・グロティウスの著作『戦争と平和の法』(1625年)の中では、

284　長沼ナイキ訴訟の福島重雄裁判長は、青年法律協会の法書であった。裁判では、自衛隊の存在に疑義を示し申立人の仮処分を認めた。ところが、札幌裁判所長の平賀健太は、福島裁判官に事前に書簡を送り申立を認めないこと、「訴えの利益」のないことをもって却下することを求めた。福島はこの書簡に従わず、報道機関書簡が問題となったが、平賀は札幌地裁判官会議で注意処分ですみ、一方の福島は札幌高裁から内部文書の漏洩として注意処分になった。この背後には最高裁事務総局の人事問題がある。新藤宗幸 [2009] 120-121頁。

285　新原則については、朝日新聞2022年4月21日(木)朝刊。

正当な戦争として自己防衛、財産回復、懲罰制裁の3つが戦争を正当化する根拠だとする。

　日本国憲法が規定する平和主義のために文民条項（第六六条二項）を採用したのが文民統制であった。しかし、文民条項の遵守尊重を無視した政権の非文民集団らは、第九条のデッドラインを超えてまでこのように憲法を体制内化し、戦争を正当化するグロティウス戦争観を持ち続け、軍事費の無政府的な増強と防衛装備移転三原則を平然と解禁してしまう、憲法違反の法則化作用を有する非文民である。いわゆる「ハーヴェイロードの前提」に立って心裡留保すら知らない、賢人とはいえない兵站集団なのである。だからこそ、文民統制が機能せず自明の反平和主義的な反人間的主義的行為、すなわち「軍事憲法化」した敵基地攻撃能力保有の武装主義を平和憲法の中に生じさせ、憲法を改正する勢力の勢いが増しつつある状況のもとで「国家緊急事態条項の新設」と「自衛隊の国軍」を改憲項目に掲げて実現する様相を強めているのである。

　総じて、安倍政権の安全保障関連を踏み台にした岸田政権は、一帯一路を突き進む仮想敵国中国・中国脅威論のドグマに陥る一方で、平和憲法の体制内化を推し進めている。防衛力を強化拡大するために外交・防衛政策の基本方針である国家安全保障戦略・国家防衛戦略・防衛力整備計画の安保3文書を改定明記して「敵基地攻撃能力」の保有を宣言した。これにより、軍事的抑止力を抜本的に拡大し、陸海空の自衛隊を一元的に指揮する統合司令本部を創設した。政府は、さらに敵国を狙える米国の巡航ミサイル・トマホークなどを保有する構えである。

　われわれ国民は、安全保障関連法を成立させた行政府や立法府が、前文の平和的生存権や憲法第九条を潜脱しなおかつ形骸化させているだけに、「誰が番人の番をするのか（Quis custodiet ipsos custodes?）」を問い直し、決して立法府や司法府、及び行政府によらず、憲法制定権者たる国民自身が憲法の番人でなくてはならないことを自覚し[286]、国民統治の原則に立って憲法改正を阻止せねばならない。ただ、これだけ憲法の変遷と相まって変更解釈をしてきたのだから、改憲は本質的に必要かどうか、それとも変更解釈は改憲を視野に入れた準備段階であるのかど

286　憲法の番人とはあだ名に過ぎないから国民が憲法の番人になるべきであるとする。宮沢俊義・芦部信喜［1980］694頁。

うか。おそらく、グロティウス戦争観の軍事憲法化を目指しているのであろう。

　さて、今一度前文に戻って安全保障関連法を考えてみる。前文の「これに反する一切の憲法、法令及び詔勅を排除する」とは、従来の日本にあった憲法以下のすべての成文法だけでなく、将来成立するであろうあらゆる成文法が「人類普遍の原理」に反するかぎり認めないものであった。「憲法、法令及び詔勅」とは、いっさいの成分法を意味し憲法に反する法令が効力を有しないということは、国民の統治の原則である「国民の、国民による、国民のための政治」という「人類普遍の原理」に反する法令はいっさい認めないことを言明していた。

　すでに、憲法前文の法規範性では、安全保障関連法は前文によっても違憲となり人類普遍の原理に反する法律のために法の効力が及ばないことになる。だからこそ、安全保障関連法を廃止せねばならないことになる。

　本項冒頭ふさわしい警句をヘーゲルの『法の哲学』序文から引用しておいた。「人間の理性は法のすがたで人間に出会うにちがいない。だから人間は法が理性的であることに目を向けなければならない」、「思想が本質にまで高まった以上、われわれは法もまた思想としてとらえようとこころみなくてはならない」。高尚な『法の哲学』に疎遠であった、政財界が主導のもとに整備した安全保障関連法は、理性の法ではなく反理性的な法の化身に出会ってしまったことであろう。この出会いは、対象認識と自己認識がひとつになった理性の段階、すなわち絶対知に到達したことになる。すなわち、それは現実的変革の条件である「ミネルヴァのふくろう」である。安全保障関連法は、過去と現在の政財界の思想のすがたであることに確証を得えたことである。

❻ 核兵器禁止条約批准と原子力発電の廃止

　政府は、核兵器の保有と所有につき公式見解を示していた。1965年12月3日、内閣法制局長官高辻正巳は、参議院の社会党議員の質問に答えて、「核兵器が憲法によって保有を禁ぜられているものの範疇に属することは明らかであります。しかし、科学技術が進んで自衛の目的に合し、その範囲を出ないような核兵器を製造できるようになれば、そのよ

うな兵器を日本が所有しても必ずしも違憲になるとは思いません」と述べていた[287]。

　政府見解では、核兵器の保有は憲法で禁止しているが、自衛のためならば核兵器を開発して製造できるなら所有することが許されるという。憲法第九条に違反してまで明白に核兵器の製造し保有することを胸襟を開いた見解である。核兵器と共に歩み、核と共に死す覚悟であるらしいが、平和を希求する国民を巻き添えにしてまで核戦争でも始める公算の高い発言である。

　核兵器の問題が、核開発、原子力開発と共に人類の平和のうちに生存する権利にとって、ますます危機的状況を迎えつつある。核問題の原点に立ち返るならば、この問題の解決策は、核兵器の全面禁止と原子力発電の廃棄以外しかありえない。これまで、さまざまな部分的核軍縮への規制的条約が試みられてきたところである。例えば、1968年に調印され1970年に発効した核不拡散条約がある。正式名は、「核兵器の不拡散に関する条約」（以下、「NPT」と略記する）である。この条約のもと世界各国が核軍縮へと進展しているかのように見なせる。

　NPT条約は、1945年にアメリカが最初に核兵器を開発したのに続いて、ソ連が1949年、イギリスが1952年、フランスが1960年、中国が1964年に核実験に成功し、世界的に核不拡散の懸念が高まっていた。核不拡散が広がりを見せている渦中に、アメリカ主導によりジュネーブのENDC（18ヶ国軍縮会議）で交渉が行われ、国連総会において、本条約が決議、採択されたのであった[288]。

　ただし実際のNPTは、核兵器国と非核兵器国を区分、すなわち概して所有と非所有ないし保有国と非保有国との不平等が免れてはいないのが現状である。核保有国は、米・ロ・英・仏・中・の5ヶ国に限られてはいるものの、他国に核兵器を譲渡することが禁止されているために、核保有国は核軍縮交渉の義務が課せられている。一方の非保有国には、原子力の平和利用の権利が認められているが、核兵器の製造・取得が禁止されていると共に、国際原子力機関（IAEA）による査察受け入れの義務が生じている。非保有国からは、核兵器国による核軍縮のペースが

287　Kowalski［1969］324–325頁。

288　猪口孝編［2000］174頁。

遅いことなどの不満と、核保有国に特権的地位を与えたことによる、NPTの実質的な不平等が問題となっている。

この条約に国連加盟国のすべてに近い191の国と地域が加盟しているのは、核軍縮への取り組みの成果であろう。しかしながら、核保有国の核兵器容認と非保有国の原子力の平和利用を容認した条約という性格を持つにすぎない。いずれにせよ、NPTは、単に核兵器を容認するものであるから、被爆国日本にしてみれば現実的な意義内容のある条約ではないといえる。ただし少なくとも、核軍縮へ向けて進めてゆく加盟国の姿勢には賛意を称するほかないであろう。とはいえ、NPT条約に影響を与えたとされる世界最初の非核兵器地帯条約がある。それはラテンアメリカ・カリブ地域非核兵器地帯を規定する条約である。この条約は、メキシコのトラテロルコ遺跡の名に由来し「トラテロルコ条約」と通称され、1967年に外務省が署名し発効された。また、翌年の4月にバルバドスが批准書を提出したことによって11カ国について条約が発効。これによりラテンアメリカ核兵器禁止機構（OPANAL）が活動を開始した。トラテロルコは、平和的核爆発を核兵器の開発につながらないための厳しい条件を付しながらも平和目的の核爆発を容認している。この議論が、直後の1968年に成立するNPT条約も容認することになったわけである[289]。

日本は、NPTに1970年に署名・1976年に批准しているが、原子力の平和利用の推進と核拡散防止は両立するとの条件を踏まえたうえで、アメリカ政府との交渉によってNPTに加盟したのであった。

NPTは、1995年に無期限の延長が確認されている。こうした中で現政権は、表面的にメディアを通し「核兵器なき世界の理想」を諸国民に公表するが、構想と実行が伴っていない。何よりもまず、政権がなすべきことは、核兵器と原発を一体化して廃絶することに信義を尽くし、そのことを世界に先駆けて宣言することを約し、「核兵器と原子力なき日本」の構想を実行することが被爆国日本の初歩的なことである。理想はまた同時に机上の空論、空想にすぎないのである。

このほか国際条約関連では、日本は時を移さず核兵器禁止条約に署名・批准すべきであると考える。核兵器は、人類を絶滅の危機に陥れる世界

289　梅林宏道［2011］45−52頁。

的な脅威となって拡散している目下である。実際、第二次世界大戦では、広島にウラン原爆、長崎にはプルトニウム原爆を投下した。1954年には、マーシャル諸島ビキニ環礁付近でマグロ漁船第五福竜丸の乗組員23人が大量の「死の灰」を浴び、業火に焼かれ原爆被爆している[290]。

　被爆国日本は、歴史的にも広島・長崎の原爆による戦争の実相がはっきりと模写されているにもかかわらず、世界的に締結された核兵器禁止条約に関心を示さずいまだ未批准である。この条約は、2017年7月7日国連会議において、核兵器の使用や保有等の国際法的違法性を踏まえた核兵器禁止条約として成立に至った。国連加盟の約3分の2相当の122ヶ国の賛成で採択され、2021年1月に発効した。条約の調印は、80ヶ国であり、第1回締約国会議を2022年6月21日から23日までの3日間オーストリアのウィーンで開催され、オブザーバーを含む83の国と地域が参加した。この会議の政治宣言では核廃絶に向けた「基礎となる一歩」として50項目の行動計画を採択した。

　政治宣言の骨子には、まず「いかなる状況下でも核兵器が再び使用されないことを保証する唯一の方法は核兵器のない世界を実現するために直ちに行動を起こすことだ」として、「9ヶ国が依然として約13,000発の核兵器を持ち、多くが数分以内に発射できる状態にあることに大きな懸念を抱く。核の傘の下にある国も、核兵器への依存を減らす真剣な措置をとっていない。核兵器に反対する世界的な規範を構築し、実施を進める」というものである。9ヶ国の核弾頭の内訳を見てみると、米国5,425、ロシア5,975、フランス290、イギリス225、北朝鮮40、中国350、インド160、パキスタン165、イスラエル90の保有数となっている[291]。

　この条約交渉には、核保有国である米・英・仏・ロ・中の他、日本をはじめとする韓国、ドイツ、イタリアなどアメリカの核の傘に依存している国は参加していない。日本政府は、畏敬の念をもって核禁止条約に批准することが、平和憲法に即した責務であり、被爆国である国民の悲

290　第五福竜丸は、1954年3月14日静岡県焼津市に帰港したが、アメリカの太平洋上ビキニ島付近において水爆実験で放射能をあび乗組員23名全員が被爆し同船の機関長久保愛岩さんが半年後に死亡している。焼津市議会は3月27日原子力を禁止する決議をした。小島恒久・田中真一郎［1975］309－310頁。

291　朝日新聞、2022年7月19日（火）朝刊。

願でもあり、そのことが心の裡に根をおろし、日本から世界へと核廃絶に向かう出発点である。なぜならば憲法前文では「政府の行為によって再び戦争の惨禍が起こることのないやうにすることを決意」したのだから。もっとも、この条約に日本が批准したならば、日米安全保障条約である軍事同盟がアメリカから破棄され、核の傘政策や核抑止論も一方的に破棄されることになろう。

　ここで日本の平和憲法が核兵器保有を禁止する学説を参照してみよう。第一に、憲法第九条を中心とする平和憲法は、原爆投下を踏まえて制定されたことから核時代を見すえた立憲的平和主義憲法であること。第二に、憲法九条が一切の戦争と武力行使だけでなく、武力による威嚇も禁止し、戦力不保持も規定していること。第三に、核被爆されない権利（核兵器に関する No Nukes Rights ノー・ニュークス権）は、恐怖と欠乏から免れて生きる平和的生存権、生命・自由・幸福追求権（第一三条）、生存権（第二五条）並びに将来の国民にとっても侵害されない権利（第九七条）、環境権等によって保護されること。第四に、核兵器使用等を違法とする国際法で確認されている一般原則については、政府は誠実に遵守する義務があること（第九八条）。これは、「非核憲法」といわれており、憲法第九条は、核兵器だけでなく、核兵器に転用できる潜在的核抑止力としての戦力たる原発保有も禁止していると解せられるからである[292]、という瞠目に値する学説である。

　例えば、コワルスキーが日本の国民は「核ノイローゼ」と言っていた。核ノイローゼにさせるほど、冷戦構造時代の米ソは様々な核弾頭の大陸間弾道ミサイル（ICBM）や潜水艦発射弾道ミサイルのSLBMと運搬手段を開発し、核軍拡競争を展開した。核兵器の使用は、人類に生きる人々の心身を恐怖に陥れ人間と自然とを破壊し、絶滅的に回復することのできない大罪を犯すことになる。

　カール・セガンのいう「核の冬」（1983年）は、核戦争による人類の絶滅と地球の全面的破壊を意味するものであるかぎり、核抑止力を否定し、非武装永世中立憲法を堅持し、核兵器禁止条約に署名・批准することが何よりも核戦争の抑止力となる。またそのことが、常軌を逸する軍産学官の複合体と軍拡路線から脱却するための一契機となるであろう。

292　澤野儀一［2020］37−40頁。

原子力発電の廃止

核兵器開発から派生して産業化された原子力発電は、核兵器と通底しながら、現政権は脱原発の社会運動を尻目にして、二酸化炭素をつくりだす石炭火力発電の脱炭素化をめぐり、地球規模の温暖化対策であるウィーン条約によるモントリオール議定書や京都議定書を引き出しながらオゾン層の破壊を避けるための国策として原発再稼働を認めて活発化している。すでに原発プラントの輸出や原発再稼働、原発運転期間の60年延長と原発リプレースが推進されてきている。この「原発回帰」といわれる原発政策の今日的意義を本項では問うものである。

1942年には、原子爆弾などの開発を目的とした研究が着々と進められていた。アメリカのシカゴ大学の機密的機関「冶金研究所」（暗号名）が始まり、その後ニューヨークのマンハッタンに研究拠点を移して国家レベルの原子力開発を進めたマンハッタン計画として知られていることである。1953年以降、アメリカが平和のための原子力構想を進めたことによって、原子力の平和利用に世界的な関心が集まった。核分裂にもとづくエネルギーの平和利用は原子力発電に代表することになる。

これを受け1955年、ノーベル賞受賞の科学者11名のうち科学者としての社会的責任を自覚したパートランド・ラッセルは、核兵器廃絶・科学技術の平和利用のためのラッセル＝アインシュタイン宣言をした一人である。ラッセルは、戦争の絶滅を訴え、「人類の前にただ一つだけ残された可能性は、話し合いによる平和か、一切の死による平和かである」と述べ、その後もパグウォッシュ会議をはじめに国連総会や科学者京都会議で戦争の廃絶と軍備撤廃の達成を要望したのであった。ラッセルとは反対に、レオナルド・ビートン報告によれば、年次国防予算に3億ドルを追加すればどんな国でも核兵器保有国になれると誇張した[293]。

アメリカの水爆実験で第五福龍丸が被爆した2年後の1956年1月には、原子力委員会を発足させた。初代委員長は読売新聞社主の正力松太郎が着任し、原子力委員にはノーベル物理学賞受賞者の湯川秀樹、経済学者の有沢広己などが起用された[294]。この委員会には、現在と将来の原発の在り方に対して、強力な任務と権限が原子力基本法第五条で認め

293　Kowalski［1969］323頁。

294　鎌倉孝夫［2015］75頁。

られていた。同条は「原子力委員会は、原子力の研究で定められており、開発及び利用に関する事項（安全の確保のための規制の実施に関する事項を除く。）について企画し、審議し、及び決定する」。また、原子力委員会設置法二四条では、「委員会はその所掌事務について内閣総理大臣を通じて関係行政機関の長に勧告することができる」ことを認めている。

　本項で詳論することは出来ないが原子力発電の方式を簡潔に説明する。原発の設置位置についてはタービンを回した蒸気の冷却に海水を用いるため原発が海岸線に沿って建設されている。原子炉の中でウラン燃料を核分裂させ、その際に発生する熱エネルギーを水蒸気に変え、この蒸気によってタービンを回転させ発電機で電気を起こすものである。その弊害は、とくに多量の温排水による海の生態系の汚染をはじめ、放射性物質に汚染された廃棄物の処理に伴う汚染、放射線の曝露や核燃料再処理過程から生じるプルトニウムが核兵器に転用される問題などがある。つまり、原子力発電と核兵器は切り離せないということだ。世界最大の地震国日本では、地震が発生する地盤のうえに原発を建設し、原発再稼働を推進しているし、地震を避ける場所に建設することが事実上不可能なことである。

　こうした原発を推進する政府財界には、不測の事故が取返しのつかない甚大災害となり、重大危険を含んでいるために危険予知、予見可能が問われることになる。国際的な原発の動向を見ると、EUは原発を温暖化対策に役立つエネルギー供給源と位置付け、欧州議会でも2022年7月に承認されている。このほか、フランス、イギリス、スウェーデンが原発を推進している。ただし、ドイツは、東京電力福島第一原子力発電所の過酷事故を受けて脱原発が2023年4月15日に実現している。

　さて、そこで日本の原発・原子力利用の沿革をここで述べておくことにする。

　日本は、米・トルコの間に原子力平和利用に関する協力協定が結ばれ、その協定内容が明らかにされたことから、閣議において「濃縮ウランの受け入れ交渉を開始し、適当な条件があればこれを受け入れたいということが了承された」。これにより最大20％の濃度を持つU235を6kgまで受け入れる協定「日米原子力研究協定」が1955年11月14日に調印された。これらの協定が日本における原発・原子力利用の開始となった。同年12月には、原子力基本法、原子力委員会設置法、総理府内の原子力局

設置法の原子力三法が成立した。アメリカからの技術指導で実用化されたのを機にこれを原子力資本は、利潤獲得の場とし、原子力エネルギー市場を拡大促進するために1955年、経団連に原子力平和利用懇談会を設置した。1956年には、経団連と電気事業連合会が中心となって、社団法人日本原子力産業会議が設立された。原産の設立を機に原子力委員会は、1957年に原子炉早期導入の方針を決め、1961年の「原子力開発利用長期計画」（第二次）ではアメリカからの核燃料・軽水炉輸入を決定、早急に実行した。

　これに続き、旧財閥系を中心とする独立グループは相次いで原発開発に参入した。1955年に三菱原子力委員会、1956年には、旧日産系（日立・昭和電工等）の東京原子力産業懇談会、住友原子力委員会、東芝など三井グループの日本原子力事業会社、旧古川系（富士）の第一原子力産業グループが発足する。これらの独占グループは、三菱と米WH社、東芝とGE社という連携を通し欧米技術導入を競い合った。1957年に原子力委員会は商業炉原発の早期導入を決定し、日本原子力発電が設立された。1956年11月、日本の商業利用原子炉導入第1号機は、イギリスのコールダーホール型原子炉であり、この原子炉は1956年11月に契約、1960年に着工を始めた。1966年7月25日に運転開始したのは東海発電所・日本原子力発電株式会社であった。[295]。

　実のところ、かつて日本原子力研究所にあるコールダーホール型原子炉は、32個の原子爆弾を作るのに十分なプルトニウムを生産する能力をもっていた。発電用として高能率の原子炉を使うためのものであるから、プルトニウムの生産能力は科学技術の発展とともに増大した。専門家の間では、日本が1975年までに20 t級の原子爆弾600から700個位を製造できる量のプルトニウムを生成できることは間違いないと予想されていたほどであった[296]。核兵器の原料となるプルトニウムは、原子力発電の燃料であるウランが燃焼した際に生成されるのがこのプルトニウムであり約45 tの保有量を核兵器に転用する科学技術はすでに備えていた。つまりここにおいても、原子力発電と核兵器を切り離すことができず、核燃料再処理過程から生ずるプルトニウムが核兵器に転用される

295　同上書、75-86頁。

296　Kowalski［1969］323頁。

問題があるということだ。

　こうした一連の原子力行政は官民一体となって推進されていった。その手順は、まずはじめに立法政策である原子力三法を成立させ法の整備を基盤とすること。次に立法政策に準じて、政財界による原発関連団体の設立をする。第二に、旧財閥グループが中心となり原子力産業グループの発足をさせる。第三には、その背景として、原発を確実な電力供給源として確保していく官と民が結合した原子力資本のための原発政策であった。日本の原子力発電は、政財界が中心になり、国家政策の目的として推進したのであった。この原発政策推進の過程では原子力態勢と核態勢とが一体化して進められていたのである。その結果、原子力技術をアメリカから導入した日本は原子力先進国にいたっている。日本は、いまでは世界第3位の原発保有国となり、アメリカの104基、フランスの59基に次ぐ、54基もの発電用原子炉を有し、2009年には電力共有29％を原発に依存している。

　原子力政策の主軸である立法政策をここで考察する。先の原子力三法のうち「原子力の憲法」といわれる原子力基本法が原発先進国の根拠法となっていた。本法の基本方針を規定した第二条一項では、「原子力利用は、平和の目的に限り、安全の確保を旨として、民主的な運営の下に、自主的にこれを行うものとし、その成果を公開し、進んで国際協力に資するものとする」。この法文中の「自主」「民主」「公開」の原子力研究と開発に関する原則が「原子力三原則」といわれている。この三原則をはじめとする原子力基本法により、原子力の平和利用の美名もとに、原発を国家政策としてあいついで増設したのであった。

　もともと、この三原則は、日本学術会議第17回総会（昭和29年4月29日）で決定されたものである。「原子力の研究と利用に関し公開、民主、自主の原則を要求する声明」であり、科学者達の原子力管理に必要な基本的条件を的確に捉えたうえで、原子力利用の三原則の声明を下したのであった。それを継承したのが、原子力基本法第二条に導入され実定法となり成立させたのであった[297]。

　2012年（平成24年）には、原子力規制委員会設置法が成立した他、

297　例えば小林直樹[1978]23頁。小林の論稿では「原子力に関する平和声明」となっているが改めて、正式な声明文のタイトルに書きなおしたものである。

原子力基本法、核原料物質及び原子炉の規制に関する法律（炉規法）が
ともに改正された。新設した原子力規制委員会設置法は、原子力規制組
織法という法の性格を有し、規制委員会は政府に対して答申するなど権
限はかなり大きいものとなっている。

　炉規法は主として原子力の安全確保について定めている。これら三つ
の立法政策は、原子力行政の骨格とされ、三立法に共通する条文には、
「我が国の安全保障に資することを目的とする」と明記されている。こ
の条文は、ほかでもなく、日本の原子力行政を推進するための原発政策
を位置づけたものであると思われる。こうした立法政策としての法の整
備を固めて着実に原発が増設されてゆく。ならば原発政策をさらに下降
して以下検討する。

　遡ること、1988年に締結した日米原子力協定（昭和63年7月2日条約
5号）がある。この協定は、昭和43年に署名した米国との「原子力の非
軍事的利用に関する協力のための日本国政府とアメリカ合衆国政府との
間の協定」（昭和43年2国間条約及び条約1780号）を終了させた後に、
日米間の原子力協力のために新しい枠組として作成されたものである。
本協定の性格は、アメリカと日本の原子力研究と開発及び利用という原
子力政策のために締結した日米原子力同盟の側面がうかがえる。

　本協定第八条一項は、「この協定の下での協力は、平和的目的に限っ
て行う」とし同条二項では、「生産された核物質は、いなかる核爆発装
置のためにも、いかなる核爆発装置の研究開発のためにも、また、いか
なる軍事目的のためにも使用してはならない」としている。第一六条一
項では「30年間の効力を有するものとし」、同条二項は「最初の30年の
期間の終わりに又はその後いつでもこの協定を終了することができる」
と規定している。これにより、平和的目的に限り、日米は30年後の
2018年までアメリカから濃縮ウラン燃料を購入することが義務づけら
れたのであり、ウランの再処理、貯蔵、廃棄など様々な諸点が原子力協
定の問題となっている。

　本協定第十一条では、原子力の平和的利用と核不拡散の防止目的を誠
実に履行することが規定された。これを受け、「原子力の平和的利用に
関する協力のための日本国政府とアメリカ合衆国政府との間の協定に関
する合意議事及び同協定十一条に基づく両国政府間の間の実施取極」（昭
和63年11月18日付最終改正〔外務省告示第572号〕）が発出された。こ

の実施取極、五では「協定の規定は、商業上若しくは産業上の利益を追求するために」とされ、七では「協定八条の平和的目的には、核兵器の技術と平和的目的のための核爆発装置のための技術とを区別することが不可能である限り、いかなる核爆発装置のための使用も、また、いかなる核爆発装置の研究又は開発のための使用も含まないことが確認される」としている。

　この第十一条所定に基づく原子力の平和的目的とは、要するに、実施取極五の「協定の規定は、商業上若しくは産業上の利益を追求するために」と示すとおり、原子力資本の活動を推進すべくグローバル企業とその背後にある金融資本が市場原理主義による利潤追求を目的にした協定のことである。それゆえ、原子力の平和的目的とは単に核兵器の技術の平和目的である。ここでは原子力平和利用と核兵器の平和利用が等値されている。つまり原子力行政の平和目的とは、核兵器による平和を意味することにすぎず、平和を希求する国民を欺く瞞着でしかなかったことになる。

　しかも、原子力の平和的利用を目的に掲げていながら、核兵器をめぐる技術と核爆発装置の区別が不可能な取極であることに矛盾が生じる。実施取極七の「核兵器の技術と平和的目的のための核爆発装置のための技術とを区別することが不可能」だということである。結局のところ、核兵器と核爆発装置は、技術の上で平和的目的の区別は不可能だということである。つまり、原子力の平和的利用と核兵器の平和的目的とは、憲法第九条の平和主義に向かうことになっていなかったことになる。これは、原子力が核兵器に転用することを承知の上での両当事国の取極であったと推認できる。核の傘政策とはいえ、日本の軍需産業による生産力の向上と核兵器の研究開発において、戦後におけるアメリカが軍事大国日本を警戒していた側面も見逃すことはできない。だからこそ、前述した駐留米軍基地を沖縄に集中させ再軍備日本を警戒していたことが否めないことであったと思われる。

　また、外務省告示第572号の付属書3には、本協定第一条に関係するその他の施設の一覧がある。一覧では、「軽水炉及びガス冷却炉」の内訳が表記されている。内訳は、所有及び操業者・東京電力株式会社、施設名・福島第一原子力発電所・所在地・福島が計6である。施設名・福島第二原子力発電所・所在地・福島が計4となり合計10である。その他、

関西電力株式会社・美浜発電所・福井が計2、高浜発電所・福井が計4、大飯発電所・福井が計2の合計8となっている。この他、福井には、日本原子力発電株式会社の敦賀発電所がある。

このかぎりでは、東京電力株式会社が所有又は管理責任を負う軽水炉及びガス冷却炉が福島県に集中している。次いで福井県となっている。なお、付属書四では、プルトニウム燃料加工施設として、動力炉・核燃料開発事業団が所有管理する、プルトニウム燃料施設（PFPF）45ｔMOX/年・茨城県にある。

ところで、1992年には、地方自治体で組織する職員労働組合の自治労埼玉は、「原発を無くすことこそが、唯一の防災対策である」として、「我が国の原発はすべて海岸べりに建てられていることからセットでくる大津波も大きなファクターである」と注意を促していた[298]。原子力防災すなわち脱原発を当面の労働組合運動の方針に掲げていた。自治体労働組合が、原発に対する地震と大津波をすでに予知していたのであった。

こうして、市場原理主義による原子力資本が渇望する利潤と高蓄積を求めて、原子力の平和的目的とする原発過多に傾斜してゆくのであった。自然エネルギーを無視して、産業病理的に原発依存したことへの病的変異が大災害をもたらすことになった。

2011年3月11日午後2時46分、マグニチュード9.0の巨大地震が三陸沖太平洋プレート付近で長大な連鎖的地殻破壊を震源として発生した。この巨大地震は、高さ10ｍから20ｍに達する巨大津波を東北、関東の500㎞に及ぶ太平洋沿海地帯に誘発し、ところにより5㎞ほど内陸部まで、家屋、街並みも洗い流す惨状をもたらした。この震災による罹災者は、死者・行方不明者が22,626人に及び、また建物被害では全壊が11万926戸、半壊が13万4379戸、一部破損は50万2478戸にのぼっている。政府は、その年の8月11日現在の避難者数を82,643人と集計している。東京電力福島第一原子力発電所から20㎞圏内の放射能汚染避難地域からは、80,000人前後（30㎞圏内の屋内避難地域とあわせると150,000人）の住民の避難が求められ、農作物や原乳、魚介類の出荷が差し止められた。夏の電力不足の懸念を理由に、関西電力大飯原子力発電所3号機（福

298　中山鉄則［1992］1、81頁。

井県おおい町）から再稼働に踏み切った[299]。

　これほど大多数の罹災と落命者・行方不明者を出しながら、原発再稼働に手をかけるというのは、人権意識や人道的にもまったく次元を異にするものである。

　ここにこの過酷事故の2022年の現況報告がある。福島県避難地域復興課の調査結果によれば、2011年3月に原発事故が発生し、県内12市町村に避難指示が出された。その後、避難指示解除準備区域、居住制限区域、帰還困難区域に再編され順次、避難指示の解除が行われてきた。

　2020年3月4、5両日で東京電力福島第一原発事故に伴う帰還困難区域のうち、双葉、大熊両町の特定復興再生拠点区域（復興拠点）内にある一部地域の避難指示を解除された。帰還困難区域の一部解除は初めてとなった。2020年3月10日には富岡町の一部地域の避難指示も解除された。双葉町は避難指示解除準備区域も合わせて解除され、原発事故後設定された避難指示解除準備区域はなくなった。2019年4月大熊町の居住制限、避難指示解除準備両区域の避難指示が解かれて居住制限区域がなくなっており、原発事故に伴う避難区域は帰還困難区域のみとなった。

　帰還困難区域を抱える7市町村のうち南相馬市を除く6町村に設定された復興拠点を巡っては、葛尾村が2021年11月30日、大熊町が2021年12月3日から準備宿泊を開始した。この原発事故の2022年2月現在の県内外の避難者数は30,365人と前年の2月から2,338人減少した。施設別で見ると2月8日現在で公営や仮設、民間賃貸などの住宅への避難者が12,965人、親族や知人宅などに身を寄せている人が13,570人、病院などは157人だった。県内の仮設住宅の入居者数は2月末現在、郡山市で3戸4人となった。県はアパートなどの借り上げ住宅や仮設住宅について、大熊、双葉両町からの避難者への無償提供を2023年3月末まで延長している。

　原発事故の健康影響を調べる「県民健康調査」のうち甲状腺検査は、原発事故当時に18歳以下だった福島県内の全ての子ども約380,000人を対象に、2011（平成23）年度に始まった。2014年度から2巡目、2016年度から3巡目、2018年度から4巡目、2020年度から5巡目と2年に1度の検査が行われている。25歳以上になった対象者は5年に1度の検査

299　伊藤誠［2013］97-99頁。

になる。

　県民健康調査検討委員会の下部組織に当たる甲状腺検査評価部会は2019年6月、2巡目の結果について、「現時点で甲状腺がんと放射性被ばくの関連は認められない」とする中間報告をまとめ、検討委も報告を了承した。評価部会は対象者の検査間隔や検査時の年齢などの要素も含めて、放射線被ばくと甲状腺がん発症の関連性について分析を進めるという、現況である。

　2023年3月11日で東日本大震災は12年を迎えた。巨大地震、大津波、原発過酷事故の複合災害で関連死を含む死者・行方不明者は2万2122人に上った。

　こうした甚大きわまる原発過酷事故により、津波の予見可能性の任務の懈怠と津波対策予防を講じることなく、核燃料プールの冷却装置が、炉心のメルトダウンを生じさせたことで、住民の生命を奪い、身体が奪われ、生命活動を奪いそして、終のすみかまで奪っていった、原子力発電である。罹災者の無念は計り知れないものがある。いまだ、帰還困難区域を抱え仮設住宅に暮らしを求めている。家族形態は細分化されこれまでの生活様式に変化をきたし、社会的生活環境が破壊された現況を示している。「県民健康調査」のうち甲状腺検査は甲状腺がんと放射性被ばくの関連性が何故か見受けられない。原発事故と相当因果関係にある甲状腺がんを発症した証拠調べを実施していない現況報告であろう。例えば、労災保険法上の業務災害補償責任を審査する場合は、労働者の業務上の疾病や障害などの相当因果関係を有するか否かという業務起因性が判断基準となる。これを類推適用すれば、原発事故と住民の疾病に相当因果関係によるところの原発事故との起因性が問題となるはずである。つまり、現況報告の「巡目」の回数は問題ではないことになる。放射線被ばくによる甲状腺がんを発症する潜伏期間には心理的不安と心理的負荷が幾重にも積み重なった定性的に相関連する大規模な長期被災となる。

　東京電力福島第一原子力発電所の過酷事故を引き起おこした大災害によって、原子力基本法と日米原子力協定に規定されていた原子力の平和的目的という法益は、平和的生存権による平和的生活から離脱することにおいて基本的に人権を奪う欺瞞にほかならなかったことになる。つまり、原発は、公共の福祉に反し多くの住民の基本的人権を貪り罹災者にして

凄惨な不幸をもたらしたのであった。

　とはいえ、原子力政策の根源となった日米原子力協定は、自動延長とされることになった。非核保有国である日本は事実上核保有国と同等の製造と貯蔵の生産技術を誇っている。原子力の転用問題を含めたこの協定の意味することは、原発の再稼働やリプレース、原発運転の延長60年など、原発を推進するものであった。早急に原発稼働・再稼働を停止し安全に原発を廃棄することが、国家行政機関や政財界の責務である。だがしかし、原発政策が人間生活を破壊した真実は許されない史実となる。

　東京電力福島第一原子力発電所の過酷事故では、可視化、不可視化された放射線曝露で被災し発病した多くの人々は、疾患からあらゆる身体の病変と発症する病苦との苦痛、健康的な日常生活を損ない、住居や職業を喪失し働く欲望さえ奪われた。災害関連死や災害関連で人間の身体に被害を与え後遺症による残存障害となっている。このことは、憲法の平和的生存権、平穏生活権や人格権を含む一三条、二五条、生命権（命数宣告のDNARを含む）、第三章の基本的人権各諸条項の侵害は決して免れることではない。

　こうした無辜な人々の多くの被災に対し、2022年6月2日、島根県丸山達也知事が「再エネや省エネのみの電力供給では、住民生活に大きな負担が懸念される。現状では原発が一定の役割を担う必要がある。再稼働しない場合の地域経済への影響は大きい」と述べ、中国電力・島根原子力発電所2号機の再稼働に同意する表明を下した。それだけではない。2022年7月15日に政府は、電力需給逼迫であることを理由にして、原子力規制委員会の審査に合格をした、福井県の関西電力大阪3、4号機、同美浜3号機、同高浜3、4号機、四国電力伊方3号機、九州電力玄海3号機、同川内1、2号機の合計9基の再稼働を認める意向を示した。東京電力福島第一原子力発電所の過酷事故が甚大災害であったにもかかわらず、巨大災害を風化させるように原発再稼働を着々と進めてゆく地方自治体や現政権である。

　これは、当然のことのように東電と避難者の訴訟事案となった。東京電力福島第一原子力発電所の過酷事故による、原発避難者らの集団訴訟は全国で約30件、原告は10,000人を超えている。これまでの1審、2審判決は中間指針に基づく慰謝料を超える支払いを東電に命じる判決が相次ぎ、うち7件の東電敗訴が最高裁で確定している。内容はそれぞれ異

なるが、ふるさと喪失などに伴う精神的損害を各原告に認定したのである。なお、2022年4月現在、脱原発訴訟は34件であり、地裁・支部で25件、高裁・支部で9件となっている[300]。

東電と国を相手にした生業訴訟では、仙台高裁が2020年9月、慰謝料を他の地域にも拡大し対象地域を福島県外に広げる判断をした。その後最高裁は、2022年3月、生業訴訟など7件の集団訴訟について、東電の上告を退け、原告への支払額の増額が決定した。しかし原子力損害賠償紛争審査会での中間指針では、精神的な損害額（慰謝料）は1人10万円で2013年の第4次追補以降、原発への支払額の基準の見直しはなされていない[301]。

株主代表訴訟では、2022年7月14日に東京地裁の判決が下された。東京電力福島第一原子力発電所の過酷事故をめぐり、旧経営陣5人に対する東電の株主である原告48人の主張は、「津波対策を怠り、会社に巨額の損害を与えた」として22兆円を賠償するよう求めた訴訟である。裁判長は、巨大津波を予見できたのに対策を先送りして事故を招いたと認定し、取締役としての注意義務を怠ったとして元会長ら4人に連帯して13兆3210億円を支払うよう命じた。判決の要旨は、「原発で、周辺環境に大量の放射能性物質を拡散させる過酷事故が起きると、原発の従業員や周辺住民らの生命や身体に重大な影響を及ぼす。また、国土の広範な地域や国民全体に対しても、生命や身体、財産上の甚大な被害を及ぼし・・・我が国そのものの崩壊にもつながりかねない」という判断を下した。原告は、脱原発の株主運動に参加するため東電株主になったり、あるいは1986年のチェルノブイリ原発事故を機に脱原発運動に加わり、東電の株主になった人達である[302]。

ところで、訴訟での裁判は別にして、このような悲劇的な事故あるいは人災による災害は繰り返してはならないのが当然である。国民が平和に生存する権利を実現するには、原発を廃止することがなによりも先決であって見識のある解決策ではあるまいか。なぜなら、原発過酷事故では、生命や生存を基礎とする（第一三条、二五条）『個人の生命、身体、

300　朝日新聞、2022年6月2日（木）朝刊。

301　朝日新聞、2022年4月26日（火）朝刊、2022年5月12日（木）朝刊。

302　朝日新聞、2022年7月14日（木）朝刊。

精神及び生活に関する利益』の総体としての「人格権」を侵害することになる。こうした学説も実際に形成されているほどである[303]。

　また、新しい人権としては、東京電力福島第一原発訴訟・原発メーカー訴訟の過程で、原告団から平和的生存権並びに憲法第一三条及び第二五条を求めて、「原発による被害を受けない権利ないし原発を拒否する権利の総体を、原発に関する『ノー・ニュークス権』」(No Nukes Rights)[304]が原告団から提唱されており、裁判闘争から生ずる権利が生成発展していることでもある。

　こうした原発を克服するために「核潜在力」をもつ施設や物質、原発が憲法九条二項が禁じる戦力に該当するかどうか検討する必要がある。

　原発に関する憲法問題を本格的に考察した、その端緒である憲法学者は小林直樹であるといわれている。小林は、まず平和主義である憲法九条の規定から非核三原則を見出し、平和憲法を空洞化させないために原発は、一定の歯止めがない限り許されないとする。その上で、憲法第二五条と第一三条に立脚する環境権の問題であるとする。ただし、エネルギー問題の解決にあたった場合には、原子力政策を進めることに反対しないと結論づけている[305]。

　樋口陽一がいう戦力とは、軍備または軍隊、外敵との戦闘を主要な目的として設けられた、人的および物的手段の組織体である。この戦力を最広義に解釈すれば、英語の「war potential」を推測されることでもある。ただ、「航空機にせよ原子力にせよ、電子技術にせよ、戦争遂行に役立ちうるからという理由でそれらがすべて禁止されているという解釈は、技術水準の向上が人類社会に貢献する可能性をあまりに制約しすぎて、失当といわなければならない」と述べる[306]。これが通説となっている。

　一方、広義の解釈は鵜飼信成のいう、「その他の戦力（other war potential)」は、文字どおり潜在的な力を指すのであるから、陸海空軍のように武力として組織されるもの以外に、潜在的な力の一切が含まれる。

303　澤野儀一［2020］53頁。ノー・ニュークス権の主張は原発メーカー訴訟において原発問題の関連で原告団から積極的に提唱されたのである。

304　同上書、38-46頁。

305　小林直樹［1978］15-26頁。

306　樋口陽一［1998］444頁。

したがって、飛行場、港湾、交通施設、軍需工場その他の戦争目的に動員される一切のものが禁止される。「そのものの存在の形態とこれに内在する目的が明らかに戦争」すなわち対外的武力行使目的であるものはもとより、必ずしも戦争目的とはいい得なくとも、潜在戦力となるものも含むのである[307]。

鵜飼は、通説とは違い戦力を広義に解釈して、「そのものの存在の形態とこれに内在する目的が明らかに戦争」のことを潜在的戦力と解釈していると思われるので、原子力も含みうると解してよいと考えられるが、明確に書き記していない。

この点、澤野儀一は、鵜飼説を参考に援用して、原発は核兵器に転用できる潜在的能力、すなわち「核潜在力」であるから、憲法第九条に禁じる違憲の「戦力」と解することができるとする[308]。つまり、潜在戦力の延長上としての戦力である原発は、核潜在力と規定するところに、もっとも妥当な学説であるといえる。

鵜飼説や澤野説を論拠にすれば、原子力は、核兵器に転用することのできる潜在戦力である核潜在力をもつことになりえるし、憲法第九条の戦力不保持に違反する。しかも法規範性をもつ、憲法前文の「政治的道徳の法則」からすれば、「恐怖と欠乏から免かれ、平和のうちに生存する権利」にも違反する。さらには、原発は、もろもろの権利を奪う。現在及び将来の国民の権利を保障する憲法十一条・九七条の「自然享有権」、社会権である生存権、学習権、働く人々の原権たる勤労権、団結権、団体交渉権、争議権をも奪い、そのことは、良心の自由や職業選択の自由、居住権、平等権などの基本的人権、つまり自由権にまで抵触することとなり憲法の原理的諸規定に違反することになる。民事訴訟の不法行為による損害賠償（民法709条）ではなく、憲法問題として提起するものである。

憲法の違憲説をよそに、政府・国と東電は原子力発電の再稼働を進め原子力活動を活性化させているであった。東電は、原子力損害賠償・廃炉等支援機構から累計10兆5千億円の資金の提供を受けている。政府・国はこの原賠機構に13兆5千億円を交付したのであった。東電は、原

307　鵜飼信成 [1956] 67-68頁。

308　澤野儀一 [2015] 30頁。

子力損害賠償法第16条の規定より、「（中略）原子力事業者が損害を賠償するために必要な援助を行なうものとする」に従って、国会の議決により政府からの必要な援助を受けている。それにより実質的に国有企業化され政府の管理下で東電は保護しており、その政府らは、いずれにせよ電力の供給源として原発再稼働を目指すのである。とりわけ東京電力福島第一原子力発電所の過酷事故以前は、全55基中54基が稼働していた。これを推進していたのが、経済産業省に属する原子力安全・保安院であった。過酷事故を受け、経済産業省からの独立と原子力行政の規制を目的にして、2012年9月19日、国家行政組織法第3条に基づく委員会として、環境省の外局組織に原子力規制委員会を発足させた。

　原子力規制委員会の新規制基準は、過酷事故以後、同委員会に審査の申請があった原発は27基、規制基準に適合すると認められたのは17基、そのうち再稼働したのは12基である。すべて西日本にある加圧水型炉の審査が先行している（福井県高浜原発1号機、9月15日再稼働の2号機を含む）。福島県内の10基を含めて計21基が廃炉を決め、審査中が10基である。同委員会の新規制基準とは、過酷事故後に規制委員が作成したもので、地震や津波、火山噴火などに備えるべき自然災害の想定が引き上げられたほか、原子炉を冷却できなくなる重大事故への対策が初めて義務づけられたものである。また、政府は、原発を最大限に活用するために2024年1月から原発支援策として「長期脱炭素電源オークション制度」を始める。制度の支援に必要な資金は電気を使用する消費者が負担するものとなる[309]。関西電力は、現在、大飯原発3、4号機、高浜原発3号機の3基を福井県内で稼働させている。政府が2022年の冬季まで原発を稼働させると表明した9基のうち5基が関西電力である。原発の再稼働は、どんなに原発の被害が甚大であったとしても不許可にせず廃炉にすることはない。

　原子力規制委員会は、政府に吸収されずに、独立性と透明性を保ち続けなければならないはずである。これに反し、原子力規制委員会は、「核原料物質、核燃料物質及び原子炉の規制に関する法律」（原子炉等規制法・炉規法）の第四三条の三の三二第一項が規定する発電用原子炉の運転期間四十年の改正を承認した。これにより、原発の運転期間の六十年超の

309　朝日新聞、2023年7月23日、27日、29日朝刊。

運転を容認したことになり、政府・国家の追認機関となりさがり、国家行政組織法第3条機関としての機能が終焉し、原子力規制委員会の独立性を喪失したことになった。これを受けた政権は、2023年2月28日に「脱炭素社会の実現に向けた電気供給体制の確立を図るための電気事業法等の一部を改正する法律案」を閣議決定した。原則四十年、最長六十年の運転期間の規定を炉規法から削除して、経済産業省所管の電気事業法に移し、原子力発電工作物である発電用原子炉の運転期間を規定する第二十七条の二十九の二を新設した。つまり原子力規制委員会と経産省の共管法ということになる。

　原発が元凶の甚大災害で被害を受けたとしても当事者でもなく罹災者でもない政財界は、原子力政策なくして資本主義市場経済を延命することはできないし、新しい資本主義を実現させるために電力資本・原子力資本の保護に献身的でなければならず、原発依存の原発安全保障政策を推進するほかないのである。

　だがしかし、非武装平和憲法を堅持する護憲の立場からは、原子力の平和利用や原子力から核兵器への転用問題、そして防衛装備庁による安全保障技術推進制度の創設による大学での軍事研究の経路再拡大、デュアルユースとして学術研究に導入し[310]、軍産複合体を再生することは、決して認めることはできない[311]。そのため原子力発電を廃止して、オルタナティブな自然環境を保護するために、イギリスを発祥の地とするナショナル・トラスト運動、グリーンリカバリー戦略に適した再生可能なエネルギー、再生可能なソーラー、風力、小規模水力などソフトエネルギー開発などへ転換すべき決意をすべての国民に表明するものである。

　結語になるが、原子力三法の立法政策を介した法現象は、平和的生存権そして基本的人権を明白かつ重大に侵害していた。この現象から生成した人権のひとつにノー・ニュークス権（No Nukes Rights）が生成発

310　この点日本学術会議は、戦時中に科学者が国家の軍事研究に動員された反省にもとづいて設立された経緯がある。

311　軍人出身の大統領であったアイゼンハワーは、軍部と産業界の結果できあがった軍産複合体を危険な権力体として注意を促していたことはよく知られていることである。

展過程にある[312]。それに先立ち、平和的生存権が「生成中の権利」[313]あるいは「生成途上の権利」[314]であるとする学説が登場し、また平和的生存権と抵抗権（憲法一二条、九七条）を一体化した学説も研究されていることである[315]。

　それにより、憲法学の原理的研究とあわせた中間理論たる立法政策を介した法現象としての現状分析が把握されたのと同時に、現代日本社会に対し相対化ないし対立したことによって、原理的諸規定のうちに、新しい権利が動態的に生成発展していることが科学的に解明されたことになる。

小括

　これまで、日米安全保障条約、安全保障関連法、核兵器禁止条約、原子力問題の4つの側面から憲法の平和主義の原理をもとに考察をしてきた。いずれも、憲法第九条を転轍するものであった。憲法を頂点とする立憲主義とは、国家権力の行使を憲法で統制あるいは規制をして、憲法が優位に立って個人の権利保障と三権分立を実現するものである[316]。しかし、政財界は、4つの諸点の時期区分を重複させながら憲法第九条の平和主義の原理を潜脱し、憲法改正を主眼として抵抗勢力となって経済秩序を維持するために立憲主義を転轍していたのである。国家秩序の保持と経済秩序を維持するために、国家の権限を発動して、これら4つの諸点を立法政策を手段にして、防衛・軍事拡張政策を現実なものとし、日本国憲法を体制内化していった。それゆえ、基本原理と共に立憲主義・憲法主義をも体制内化したのであった。これは、人間主義的平和主義を

312　ノー・ニュークス権は、原発メーカーに対する損害賠償を請求した2014年福井地裁（樋口裁判長）の生命権、生活権を重視した判示から原告らが提唱した。また学説からは、憲法九条は核兵器を認めず、平和的生存権、生命・自由・幸福追求権（第一三条）、生存権（第二五条）、基本的人権の由来（第九七条）などを含めて、核被爆させられない権利をいう。澤野義一［2020］38、53頁。

313　湾岸戦争での自衛隊法第一〇〇条を適用した自衛隊掃海部隊派遣に対する市民訴訟で「戦争に加担しない権利」「加害者とならない権利」「殺さない権利」が平和的生存権をめぐる訴訟生成中の権利であるとする。浦田賢治［2001］565頁。

314　小林武［2006］73頁。平和的生存権は裁判運動の中で発展するものと捉えている。

315　小林武［2021］268頁。

316　この点、ドイツではRechtsstaat（法治国家）という用語も健在であるが、立憲主義の復権は、Verfassungssfaat（立憲国家）を伴っている。樋口陽一［2004］202頁。

弾圧するものであり、留まることのない核拡散、軍拡路線を平然と遂行する国家的防衛戦略であった。それにくわえて、憲法学界が問い続けてきた自衛隊をめぐる「合憲・違憲」説の矛盾さえ憲法の体制内化の困難に陥らざるをえなくなった[317]。

　これら諸点は、憲法の諸原理を潜脱するばかりではなく、ジュネーブ条約第一追加議定書の国際人道法にも抵触することが明らかとなった。しかし、かえって反核平和運動や東京電力福島第一原子力発電所の過酷事故の裁判過程を通じて、諸問題が純粋化して真理性が明白となった。憲法の諸原理をもって現代日本社会に実在するこれらの問題を相対化したことによって、その真理性から生み出された様々な新しい人権が弁証法的に生成してきた。それは、戦争に加担しない権利、加害者とならない権利、殺さない権利やノー・ニュークス権などの諸権利である。また、草の根的運動としての人権運動、平和運動、反核運動、脱原発運動そして労働運動とが連帯してゆく道を拓き、新しい人権への道程を拓くことになったのである。

　すでにこれまで検討してきたが、主権は国民にあり、国民各人が憲法制定権者としての権利主体であることを確認してきた。そして、4つの諸点を一掃し克服すべき、憲法第九七条の基本的人権の本質は、「人類の多年にわたる自由獲得の努力の成果であって、これらの権利は、過去幾多の試練に堪え、現在及び将来の国民に対し、侵すことのできない永久な権利として信託されたものである」と確定している。その限りおいて、「過去幾多の試練に堪え、現在及び将来の国民に対し、侵すことのできない永久な権利」を包含する「平和のうちに生存する権利」をもって憲法制定権者が憲法の原理的諸規定を生成発展させることが強く求められているのである。

　これらの諸点を克服するには、3つの発展段階で到達せねばならない。第一段階は、文民統制から国民による国家の統制へ、すなわち国民各人が主体となって、資本主義的武装国家から、人間主義的平和主義を保持する、社会民主主義的平和国家樹立へと変革することにある。第二段階は、働く人々と民衆が社会の主人公となる社会主義的労働者国家の形成をめざすと共に、誘発する愛国主義的全体主義に対抗するために、憲法

317　自衛隊の「合憲・違憲」説は、小林直樹［1982］152−153頁。

の諸原理と憲法九条の精神である非武装永世中立政策に従った、デモンストレーションや労働基本権を抵抗手段にすえて、人間の鎖で平和の輪をより広く押し広げ、憲法の三大原理を爛熟させるのである。第三段階は、平和国家と労働者国家が併存する過去と未来社会が出会う社会形態のもとで、「各人はその能力におうじて、各人にはその必要におうじて」が最高の発展形態となる。その源泉となる典拠のひとつが次章で考察する平和的生存権であると思われる。

7章

平和的生存権と新しい人権

❶ 平和的生存権序説

　直接的に人間の死生観にかかわる日本国憲法前文で規定している平和的生存権は、「新しい人権」であると学界では注目をあびている。この平和的生存権をより具体化した第九条、及び基本的人権の基底的権利である第一三条とは、有機的関係性を有する総体的人権であると考えられる。そこで本項では平和的生存権の由来とその意義、さらに次項以下では諸学説に焦点を当てて考察を深めてみることにする。

　まず本章の問題提起である。マルクスによれば、「権利は、社会の経済構造およびそれによって制約される文化の発展よりも高度であることは決してできない」（マルクス『ゴータ綱領批判』S,21、21頁）と明言していた。この格調高き奥行のあるこの一節に対し、マルクス自身の学問研究上の気宇壮大な命題「すべては疑いうる」に従って、新しい人権や総体的人権が21世紀資本主義の文化構造に制約されずに超えることができるのか試みてみよう。

　世界的平和へと向かう背景のひとつに、1941年大西洋憲章が定められていた。大西洋憲章第六項では、「ナチスの暴政の最後的攻撃の後に、両国はすべての国民が、各々自らの領土内で安全な生活を営むための、またこの地上のあらゆる人間が、恐怖と欠乏からの自由のうちにその生命を全うするための保障を与える平和が確立することを希望する」とした[318]。

　この憲章第六項の「希望」にあえて「権利」という名を与えたところに日本国憲法前文の固有の意味がある。21世紀的権利を日本国憲法が先取りしたものとして位置づけることができる[319]。

　さらに世界平和の源流をたどれば、1941年1月6日、ルーズベルト大統領の「4つの自由」宣言（議会あての年頭教書）にまでさかのぼることができる。すなわち、「第一に世界のいたるところにおける言論の自由であり、第二にすべての人の信教の自由であり、第三は世界全体にわ

318　山内敏弘 [2003] 98頁。

319　樋口陽一 [1998] 453頁。

たる欠乏からの自由であり、あらゆる国家がその住民に健康で平和な生活を保障できるように、経済的結びつきを深めることである。第四は世界のいたるところにおける恐怖からの自由であって、これは世界的規模で徹底的な軍備縮小を行い、いかなる国も武力行使による侵略ができないようにすることである」と宣言した[320]。こうした世界における大西洋憲章とルーズベルト大統領の宣言は、諸国民に平和に生きる希望を権利として与えたことだといえよう。

　こうした世界平和の文化が高まりつつあるうちに、日本の憲法の平和的生存権の原型が、概して世界的平和への潮流を背景にして生成されてきたのである。それはまた、永年にわたる憲法学の研究成果によって、長沼訴訟第一審判決（札幌地裁1973年9月7日・福島重雄裁判長）に学説が援用されたことで、平和的生存権がさらなる学術的意義があるものと高く評価され確証を得たことでもあった。

　長沼訴訟第一審の判決では、学説の平和的生存権を積極的に基本的人権であると認めたのであった。「〔前文二項は〕、平和的生存権が、全世界の国民に共通する基本的人権そのものであることを宣言するものであり・・・社会において国民1人1人が平和のうちに生存し、かつ、その幸福を追求することができる権利をもつことは、さらに、憲法第三章の各条項によって、個別的な基本的人権の形で具体化され、規定されている」と下した。この長沼裁判の平和的生存権の理解がこうして生成されたのは、裁判規範性に関する学説上の探求が背景をなしているといえよう。

　ところが、世界的平和への潮流を変転させるようとする控訴審では、「裁判規範として、なんら現実的、個別的内容をもつものとして具体化されているものではない」[321]として一審判決を覆したのであった。学説における平和的生存権の多数説は、あくまで理念的なものであり、憲法本則における各人権条項の解釈基準にとどまるとして、裁判規範性の承認にはいまなお消極的である。それは「主体・内容・性質などの点でなお不明確」な点があるという[322]。それならば平和的生存権が理念的

320　新川三郎［1971］170−171頁。

321　鈴木敦［2019］361頁。

322　芦部信喜［2019］38頁。

解釈基準にとどまる性格であるのかを諸学説に源流を求めてみる。

❷ 星野安三郎説

　平和的生存権の由来をめぐり探求してゆけば、星野安三郎の説にゆきつくことになる。

　憲法前文第二項第三段の「われらは、全世界の国民が、ひとしく恐怖と欠乏から免かれ、平和のうちに生存する権利を有することを確認する」ことを、平和的生存権とはじめて提唱したのは、憲法学者の星野安三郎である。星野安三郎の論稿「平和的生存権序論」は『日本国憲法史考』（1962年）に綴じられている。星野は、平和的生存権を保障する規範全体という意味で、「平和国家の憲法」と捉える。その上で、日本国憲法の歴史的特性や、憲法の制定過程および戦後憲法政治の全過程を通じ統一的に把握する方法を提示するのである。以下、論稿を明示的に要約する。

　日本国憲法は、平和的生存権を軸として存在するものであり、憲法典に即していえば、前文二段に表現される「恐怖と欠乏から免かれ、平和のうちに生存する権利」である。そしてこの平和に生きる権利は、具体的には、第二章第九条の戦争の放棄・軍備禁止によって保障されるべきである。なぜならば、戦争放棄と軍備禁止規定によって、国民は、戦争目的や軍事目的のため、思想・良心・言論・表現・人身の自由や財産権を制限侵害されることがなくなったからである。すなわち、兵役の義務、国防に協力する義務から解放され、自由で豊かで平和な社会を建設するためにだけ使うことを保障されたからである。しかも、前文にいう「平和のうちに生存する権利」は表現としても、世界の憲法史上、はじめてあらわれたものであり第九条と関連して、戦争目的・軍事目的のために自由や人権を制限・侵害されない権利が認められたのである。

　この平和に生きる権利は、天皇大権や統師権を天皇の専権にした絶対主義的な明治憲法とそれに伴う軍事立法の廃止により保障されたものである。戦前戦中を通じて、皇民化政策で徴兵検査や戦争と軍隊に必要な体力検査を受けたり、家族や友人を戦場に送るために役場に届出をしたり、土地建物を接収されたり、言論・出版・報道の自由を制限されたりすることから解放された。そして、はじめて、日本国憲法の前文で「恐

怖と欠乏から免かれ、平和のうちに生存する権利」が保障されたのである。ここにいう恐怖とは戦争と圧制からの恐怖のことである。不安や恐怖から解放されて平和な生活を確保するためには、自国が関係する、また、あってはならない国際紛争にも戦争や武力によって解決することを放棄しなければならず、そのためには一切の軍備を禁止しなければならない。そのことから憲法九条の意味は明らかで平和維持の一つに、非武装中立、二つには、平和を愛するすべての国民との協力による平和共存である。

　したがって、戦争を放棄し軍備を禁止した第九条は、戦争と軍隊を欲する「死の商人」の存在を不可能にする反面、平和を欲する国民の健康で文化的な豊かな生活権を保障するための規定というべきである[323]。以上が憲法史上、世界に冠たる平和的生存権の由来とその意義であるが、この文脈からは星野の平和憲法思想と読めるところもなくはない。

　また、星野は次のように明言する。憲法を権利章典と捉えることからすれば、日本国憲法は平和的生存権を保障する規範全体という意味で、平和憲法ということができる。それは自由で豊かで平和に生きる権利のことである[324]。

　星野によれば、世界の憲法史上、はじめて現出したのが日本国憲法の基軸である平和的生存権であるとし、第九条の戦争放棄、軍備禁止により具体化されて、平和に生きる権利が認められてこそ基本的人権が歯止めとなり決して侵害することは許されないとする。そして、第九条の意味を非武装中立と平和共存であるとする。国際紛争をも放棄するその根本原理は、第九条と第二五条があり、このうち第九条の規定がまた平和のうちに生存するのための権利を保障した生活権であるとする。星野の説は、憲法規範全体を含みうる平和な社会建設のための平和憲法と提唱するところに、まさに示唆に富む定石をつくりあげた平和的生存権論である。

　つまり第二次世界大戦後の世界の憲法が、恒久平和を規定するように認知された中にあって、日本国憲法前文では、平和に生きる権利が規定されたこと、すなわち世界の憲法史上はじめて平和的生存権を見いだし

323　星野安三郎［1962a］319頁。

324　星野安三郎［1962b］21頁。

析出して、世界に先駆けて軍備全廃を自覚し規範全体を含みうる平和な社会建設の見解を明示したことは、第九条と平和的生存権が人類世界の平和への通用力を有するに違いない。そのことは、理念や解釈基準ではなく、平和的生存権が外延的にも内包的にも生成発展している憲法学的な学術的意義があるといえる。

❸ 平和的生存権諸説

深瀬忠一の主著『戦争放棄と平和的生存権』(1987年) において、平和的生存権論を創出するにあたり、座視することなく現実を直視していることから出発している。深瀬は、憲法前文の平和的生存権を支柱として壮大に位置づける。「人間の普遍的理性と尊厳の名において、平和的生存権を確認し、その破壊がその客観的正義に反することを宣言することでありましょう」[325] と、憲法前文の支柱に平和的生存権を確認していた。そして2つの現実を把握するのであった。第一に、第九条の戦争と軍備の放棄は核時代の戦争とその手段の法的否認が、世界の圧倒的多数の国が自衛権等の名による戦争を放棄せず軍備を整備強化しつつ、日本を囲んでいる現実である。第二に、日本国民が享受している「平和的生存権」を世界の圧倒的多数の国の人民が享受しておらず侵害圧迫を蒙っている現実である。平和的生存権の桎梏となる現実を乗り越えるために、日本国民の平和的生存権の保障とは戦争を廃止し、軍備を廃棄する普遍的平和主義の樹立と実効化を目指した世界秩序こそが、「正義と秩序を基調とする国際平和」だとする[326]。

これら世界の現状を精確に捉えていた深瀬は、世界の多数の国の人々に等しく奉仕するのが平和国家的「公共の福祉」であるとして、「新しい人権」の保障の結合である平和的生存権を論拠に展開してゆく。この深瀬による「平和的生存権」の人権規定は、日本の人々および全世界の人々が現代とくに核戦争の惨禍を免れねばならぬことを確認した上で、基本的人権の規範的側面から見抜き出し論じるのである。

「人類普遍の自然権としての本質をもつ平和的生存権は、前文におい

325　深瀬忠一 [1967] 176頁。

326　深瀬忠一 [1987] 322頁。

て明示的に確認宣言されているのみならず、わが国憲法においてその尊重保護を目的として、具体的保障手段においても徹底し、第九条において戦争を放棄し・・・戦争や軍備によって侵害・抑制されることのない平和に徹した基本的人権が保障されており（その総体を日本国憲法下の「平和的生存権」という）、かつ平和的統治機構が規定されているのであって、そのような平和憲法体制の「構造的基礎」となっているのが「平和的生存権」である」[327]。

　第九条所定の法規範に内在して保障する基本的人権は、平和的統治機構をも規定されており、深瀬がいうところの平和憲法体制の「構造的基礎」をなし、それが総体としての人類普遍の自然権たる平和的生存権であるとする。つまり、第九条は、平和を意味する基本的人権がすでに保障された究極の憲法体制の基礎的人権であるという。さらに深瀬は、新しい人権を構想していた。

　平和的生存権の規定の仕方は、一般的かつ抽象的であるが憲法第一三条の「生命、自由及び幸福追求に対する国民の権利」が、ひとしく一般的かつ抽象的でありながら、法的規範であり「包括的基本権」ないし「新しい人権」を具体的・創造的に規定してゆく母体的権利とされている[328]。

　憲法第一三条は、憲法学では、包括的人権、すなわち幸福追求権の規定であるとするのが通例である。それを深瀬は、第一三条を母体的権利であるとした。母体的権利規定である「生命、自由及び幸福追求に対する国民の権利」から、新しい人権を創造的に生み出そうとする萌芽が見えている。深瀬説の聡明さと創造的な思慮に満ちた論理的展開からして、平和憲法の構造的基礎となる平和的生存権と基本的人権とはシームレスであると看取できる。このシームレスな人権概念は、高度に総体的でしかも体系的に構成されている。すなわち深瀬は、第九条は、前文の平和主義とくに平和的生存権の確認と不可分一体であり、第三章の基本的人権の保障とくに第一三条の個人の尊重と人権保障の総則的規定である母体的権利、さらに統治機構各条項と有機的に関連し合い、統一的な平和憲法体制を構成していることを、総合的・体系的に解釈しなければなら

327　同上書、193頁。

328　同上書、199頁。

ない[329]、とする。そして九条を実定憲法上客観的な「制度的保障」と
する意味での人権保障条項であり、主観的・個別具体的な第一三条の総
則的人権条項と第三章の平和に徹した人権保障条項との両側面の体系的
構造において、平和的生存権が完結的に憲法上保障されていることにな
る[330]。

　深瀬説は、平和憲法体制の構造的基礎となる平和的生存権を基底に据
えて、第九条の深部にまで内在化した実定憲法の制度的保障とする基本
的人権に加えて、総則規定の第一三条の新しい人権を創造的に規定する
母体的権利及び第三章の人権保障各条項の両面からなる権利とが相互補
完的な権利とするところに特性がある。平和と基本的人権が密接不可分
にして、平和憲法の創造的発展をはるかに超えようとする点と、憲法体
系の総合理解との点を繋ぎあわせた線から導き出しだされた、いわば完
結的な憲法上保障された平和的生存権論である。

　そして、人類普遍の自然権の本質をもつ第九条と平和国家を世界的に
創りあげる総体的な基本的人権の諸規定が複合的に保障される平和的生
存権の定義が打ち出される。

　「戦争と軍備および戦争準備によって破壊されたり侵害ないし抑制さ
れることなく、恐怖と欠乏を免れて平和のうちに生存し、またそのよう
に平和な国と世界を創り出してゆくことのできる核時代の自然権的本質
をもつ基本的人権であり、憲法前文、とくに第九条および第一三条、ま
た第三章諸条項が複合して保障している憲法上の基本的人権の総体であ
る」[331]と規定する。しかも、平和的生存権は「憲法がその保障を遂行
しようとしている人権であり、それを自覚的にとり出して発展させるこ
とは、憲法が要請しているところである」[332]と説いている。

　深瀬は、第九条のみならず、平和的生存権にも人権保障が内在し発展
するという。いかにも公正公平な視座からの研ぎ澄まされた論理解釈で
ある。そしてまた、核兵器廃絶と平和主義のみならず世界の平和国家と
平和世界の構想が高らかに表現され、現代の核兵器時代を研究対象にし

329　同上書、225頁。

330　同上書、226-227頁。

331　同上書、227頁。

332　同上書、240頁。

てそれを相対化した平和的生存権を動態的に発展させて新しい人権を生み出し、創造的に発展させる権利としていた。つまり、第一三条の新しい人権が創造的に発展する過程を通じ、この権利が漸進的に展開する母体的権利に到達するとしたのである。

　これまで見たように、新しい人権は、弁証法的な現象形態でありながら自然権的本質をなす原理的な基本的人権であり、すでに平和的生存権と第九条の概念に内包されている第一三条が母体的権利となっている。概して憲法学の原理は、動学的要素を含みうる新しい人権が学説によっても論究されているところを示している。

　次に山内敏弘の諸説である。山内の論稿「平和的生存権の裁判規範性」（1975年）では、国家が平和と人権を保障すべきであると強調する。

　憲法前文に明示的に規定されている平和的生存権が第一三条の「生命、自由及び幸福追求に対する国民の権利」に反しない限り国民に保障されると捉えることは十分に可能であり、「公共の福祉」の内容としては、戦争放棄・戦力不保持を規定した第九条を逸脱侵犯する国家行為は含まれない以上、平和的生存権は、そのような国家行為に対しても保障されることになってくるのである。憲法前文の平和的生存権が第九条によってその概念内容をさらに拡げていると理解しうる。国家はいかなる理由にせよ戦争を防止し、平和を保持することが第一の責務である。他方、国民は、国家に対して他のいかなる人権保障にも先立って、平和のうちに生存すること自体を要求することが必要となる[333]、という。

　山内の平和的生存権は、第九条によってその概念内容を広げると解釈した上で、第一三条を媒介規定にすえることによって、国民の権利である平和的生存権が公共の福祉に内在化する国家行為として保障させる。そして、第九条によって戦争を放棄させ、平和を保持することが国家の責務であるとする。

　深瀬説と山内説を若干対比してみれば、深瀬は、第九条所定の基本的人権は体系的平和憲法体制の構造的基礎とし、さらにアプリオリに九条には制度的保障が組み込まれており、第一三条の新しい人権が創造的に発展する過程で動く母体的権利であると認識する点にある。一方の山内説は、平和的生存権は第九条によって概念を拡張させ戦争の防止と平和

333　山内敏弘［1975］36-38頁。

を保持するのが国家であるとし、また、国家は国民の要求する平和的生存権を引き受ける点にある。つまり、平和的生存権を国家行為として保障する点に重心を置いていることにある。

もう一つ山内敏弘の平和的生存権と生命権説が気宇壮大に通説を覆してくれる。

戦争が人権侵害の最たるものであるという認識、あるいは平和と人権は密接不可分に結びついているという認識が、多くの人々の間で共有されるようになった。そして、そのような認識の中から、平和のうちに生存する権利の主張、違法な戦争を拒否することを正当とする兵役拒否権の主張が生まれてきた。平和的生存権の内容を狭義と広義に分けて考えれば意味内容が明確になると考える[334]。

すなわち、狭義の平和的生存権とは、平和のうちに文字通り生存する権利あるいは生命を奪われない権利を意味し、これに対し広義の平和的生存権は戦争の脅威と軍隊の強制から免かれて平和のうちに諸々の人権を享受しうる権利を意味する。この両義における平和的生存権は、いずれも決して在来の人権ではカバーし得ない固有の意味をもっている。そのように理解することによって「新しい人権」の一つとして世界の人権発展史上において積極的な意義をもつことが可能である[335]。

山内説は、平和と人権は結合されてこそ兵役拒否権が生まれ、なおかつ平和的生存権を新しい人権の固有の一つである平和的生存権が世界の人権発展史上において積極的な意義をもつという。

その意味で、平和的生存権に内包する憲法の平和と人権とが結合されたことによって、新しい人権である兵役拒否権が人権発展史上にあることを論究していた。では次に山内説のいう自主保障を主軸とする生命権に光を照らして解き明かすことにする。

第一三条は「すべて国民は、個人として尊重される。生命、自由及び幸福追求に対する国民の権利については、公共の福祉に反しない限り、立法その他の国政の上で、最大の尊重を必要とする」と、人権規定の総則的な意味をもつ。このうち、「生命権」、「自由権」、「幸福追求権」をそれぞれ独立、相対的に区別した人権と捉える。その背景には、二度の

334　山内敏弘 [2003] 100頁。

335　山内敏弘 [1996] 60−62頁。

大戦で膨大な数の人命が奪われた経験から、生命を人権として保障する
国際社会で共有された事情がある[336]。

　そして「生命権」は、自由権に還元できない権利内容をもち、国家か
ら手厚い保護を受けられる権利である。生命権を大別して侵害排除権と
保護請求権に分ける。そして侵害排除権とは、国家によって自己の生命
を剥奪されず、国家により戦争や軍隊のために自己の生命を奪われない
権利とする。日本国憲法の生命権は、九条の平和と人権さらに前文で保
障した平和的生存権が、そのような権利の意味内容をもつのである。保
護請求権は、国家に対する作為請求権であり、憲法第二五条が保障する
生存権の中核部分を構成する。よって、平和的生存権は、この権利の重
心に生命権が存在していると捉えることができる。平和的生存権は、在
来の人権とは異なる独自の存在意義をもつ。憲法の下でこの意味での生
命権は絶対的に保障されている権利である[337]。

　山内のいう生命権は、平和的生存権の固有の意味から導かれた第九条
の平和と人権の核心に迫る権利である。そして国家の責任において絶対
的に保障され、侵害されることが許されない意味内容をもちうる侵害排
除権と生存権の中核部分を構成する保護請求権とがある。この説の特性
は、国家が保障すべき平和的生存権は新しい人権ということにある。国
家により自己の生命が奪われることのない侵害排除権と憲法第一三条を
総則的に意味づけをした上で、条文の「生命権」、「自由権」、「幸福追求
権」を文理上の理由と権利内容の独自性、生命権の国際的動向に照らし
ながら区分する。このうち生命権が自由権に還元することができない権
利であることを重視する。その上で、平和的生存権の重心に生命権の存
在意義を求め、そして作為請求権としての第二五条が保障する生存権の
中核部分とするところに生命権が存在する。極めて優れた生命倫理観を
もった学説である。

　私見を述べよう。平和的生存権が在来の人権とは異なる独自な生命権
を重心とする権利であったとしても、生存権と平和的生存権の中心に位

336　生命権の国際的動向とは、欧州人権条約（1950年）、米州人権条約第四条、EU基本権憲章
第二条やギリシャ憲法（1975年）第五条二項、ポルトガル憲法（1976年）第二四条一項、ロシ
ア憲法（1993年）二〇条。さらにスイス憲法（1999年）第一〇条が「すべての人間は、生命へ
の権利を有する、死刑は禁止される」と規定していることも参照するべきである。山内敏弘
[2003] 617頁。

337　山内敏弘[2003] 8-9頁。

置するのが生命権である以上、第二五条の生存権と平和的生存権との憲法上の有機的関連性が明確に説かれていない点がある。

　深瀬説と山内説では、深瀬説は九条を基軸にした憲法第一三条と第三章を合わせて、総体的に平和的生存権を捉え平和国家の構想を組み立てたことに対し、一方の山内説は、第九条が平和的生存権の概念を拡張する作用をなし、第一三条を人権規定の総則的な意味をもつとした上で、3区分した人権のうち生命権を比較的優位に取り出して把握し、その生命権は、国家が保障すべきである平和的生存権と生存権の中核部分と位置づけている点に両説の異同を見ることができる。だが、いずれにせよ、両説の平和的生存権は、第九条の平和主義と人権が共に、実定法上の新しい人権が外延的にも内包的にも生成発展し展開する権利のための意義内容がもっとも論証された学問的探求の泉があるといえる。

　このほか、久保田栄正の平和的生存権は、第一三条の幸福追求権を媒介とした裁判規範性をもつとする見解であって、そのことは憲法第一三条を「憲法前文に述べている憲法の三大原理の結節である『平和のうちに生存する権利』の具体化である」[338]とする。この平和的生存権の具体的内容を生活権と捉えるのである[339]。

小括

　これらの諸学説は、憲法の前文と諸規定を眼光紙背に徹して創出された平和的生存権説であった。世界的平和の源流を確固として継承してきた「すべては疑いうる」ことの命題と憲法概念をはるかに超えて、新しい人権が科学的に生成発展してきていることが論証されていた。それだけに主として生命権に焦点を当てて以下の3つの概念を再構成したものを論じてみたい。

　第一に消防法の目的である。消防法の目的規定には、「この法律は、火災を予防し、警戒し及び鎮圧し、国民の生命、身体及び財産を火災から保護する（後略）」とある。この規定上の「国民の生命、身体」とは、

338　久保田栄正 [1976] 28頁。

339　久保田栄正 [1967] 207頁。恵庭事件において主張された生活権である。その他、和田は、平和的生存権の思想は、「全世界の国民」が有する人権として提出されることによって「国民」国家の枠組みを止揚した立憲主義の展望をもたらす。世界の人民が連帯してこの平和的生存権の思想を確立される必要があると主張する。和田進 [2001] 32-37頁。

人間の生命の中には、生きた身体が備わっていることから、単に生命が大切であることをを言い直し強調しているものだと理解していたし、さらに憲法第二五条の生存権を継承している同法の目的規定だと私なりに解釈していた。また各文献の逐条解説でも本法の目的規定を第二五条の生存権のみを解説していた。これまで私自身の生存権と勤労権、すなわち生命活動を発現することによって、消防法の目的規定を机上と消防活動を通じて実践的に履行してきたつもりであった。

　ところが、学問的僥倖に恵まれ、科学的認識による創造的な新しい人権である生命権に照らし消防法の奥行きのある目的を再定義することにした。消防法の目的とは、「国民の生命」を保障する憲法第二五条の生存権を基底的人権規定として設定し[340]、その上で第一三条の総則規定である生命権を主軸に自由権及び幸福追求権が重層化した立体的人権であると規定し、この立体的人権を合目的に体現させ発展させることにあると定義する。それゆえ、わが消防法の解釈とは、新たに憲法第二五条の生存権とあわせた第一三条の生命権が立体的人権となって目的規定の中に深部にまで含意されていて、このうち国民の生命権が幾重にも重層化していて、人間が人間らしく生存するために実効的に活用する権利であると解することにした。

　そのため、消防の組織に身をよせて働く者は、肉体的及び精神的労働を合目的に発現しつつ、国民の生命の維持存続と心身の快復のために、生存権を基盤すえた人格的自由と平和と健康に生きるための生命権を最も尊重して、各種災害を対象化するうえで、消防法の目的規定にある立体的人権を螺旋的発展に資することが、実践的消防の責務とするものである[341]。

　第二に、大脳生理学と憲法九条の置き換えである。大脳生理学では、人間の生命体が恒常性・ホメオスタシスという自律神経系とホルモン系の連動により維持されている。恒常性とは、人間を取り巻く環境が変化

340　日本国憲法第二五条一項の生存権規定、「すべて国民は、健康で文化的な最低限度の生活を営む権利を有する」、この「健康で文化的な最低限度の生活」とは、「人間の尊厳にふさわしい生活」（世界人権宣言第二三条三項）を意味し、ワイマール憲法の「人間に値する生存」（einmenschenwürdiges Dasein）と同じ意味である。もともと、第二五条の生存権が規定されるにあたっては、メンガーの『全労働収益権史論』を訳した森戸辰夫（当時社会党議員）が重要な役割を果たしたとされる学説もある。例えば沼田稲次郎を参考にされたい。

341　各種災害には、り災した対人サービス労働も当然に含まれている。

したときに、体内環境がそれに影響されて変化せずに安定した平穏を保つ機能のことである。例えば、交感神経の作用により心拍数や血圧が上昇した場合に、そのままでは心臓の機能が破壊したり、血圧上昇により脳の疾患で生命が危機的な状態になる。そこで副交感神経の作用で平常に戻すシステムが構築されているため、心拍数や血圧が平均値となり安定した身体的生理的機能が保たれるのである。自律神経系の機能としては、内臓の働きや血圧や血糖、脈拍、体温があり、これら恒常性をつかさどるのが脳の中心に位置する視床下部である。つまり、外的自然たる感性的外界の変化に対応するのが、人間の脳にそなわる視床下部ということである。

この大脳生理学の恒常性を憲法学の枠組みにあてはめてみる。恒常性とは、恒久平和のことだとする。そして視床下部が憲法第九条に相当するとしよう。平穏で安定した生理的機能をつかさどるのが脳の中心に位置する視床下部であった。憲法学では、恒久平和を安定に保つのが憲法第九条である。脳の視床下部が破壊されると、恒常性が作用せず平穏で安定していた生命体は危機に陥る。憲法の恒久平和を維持する憲法第九条が改正されると平和や生命権が危機に陥り人間の健康に被害が及ぶ蓋然性が高まり、恒常性を保つ生命体が危機的状態になる。つまり、恒常性を維持する視床下部は、憲法九条の平和原理を媒介にして健康で平穏な生理的機能が働き正常な思考様式が保たれ意識的な意志に従って行われる随意運動も維持されるのである。

したがって、人間は、自然との物質代謝を自身の行為により規制し統御し、生命活動を反復し続け社会的関係を取り結び、労働力を再生産することによって、正常な生理的機能である恒常性もまた同様に維持されるのである。こうした類的存在の恒常性を維持する視床下部の体内循環を安定して保つには、恒久平和を規定した憲法第九条の平和原理を守ることが必要条件になる。生きている人間の生理的機能は、視床下部が正常に機能するがゆえに無意識のうちに恒常性を保つものであるが、しかし、憲法九条の恒久平和は無意識になればなるほど、平和が保たれず不安定になり、第九条が変更解釈され政財界が目指している憲法改正がされると生命権の保障がますます希釈され、同時にこれまで人間の健康体を保っていた視床下部の恒常性が機能不全になり、生命体の存続が危機的状態に陥ることになるということである。フランスの生理学者クロー

ド・ベルナールは、恒常性について示唆的な表現をしていた。「内部循環の恒常性は、自由なる生の条件である」と。

　第三に死生観に関するDNARである。生命権は、死刑制度や尊厳死など多岐にわたるのであるが、医療機関によるDNAR（蘇生措置拒否）についても生命権の重要な要素である。蘇生の措置拒否に関わる患者本人の意識が清明であるならば、アドヒアランスやDNARの同意書にサインすることができるし、また同意書以前に患者自身の意志でDNARを望むならば許せる。しかし、無謀にも患者に対して余命宣告・命数宣告することは、生命権を毀損することになる。宣告を受けた患者に対して、DNARの同意書を条件に自宅療養を許可したり、患者の生命をあたかもプラン化したり、あるいは患者に余命宣告・命数宣告をした医師が急に異動して不在になることなどは、医療機関本意の生命倫理を欠き直接的生命権に携わる医療のあるべき姿を疑わざるをえない。患者にしてみれば、随意運動が停止したとしても藁をもつかむ思いで切実に何があっても生きたい、生きていたいと切望するものである。

　こうした患者の生命欲望に反する医師は、生命権を懈怠するがごとく健康で平和のうちに生存する権利と生命権を一般化することになり、生命をプログラム化して生きている患者本位の基本的人権、生命権を毀損したものとなる。生を欲望する生命権は、患者の年齢・性別・病態にかかわりなく永久に侵害されてはならない。だからこそ、医療機関で働く医師は、DNARで呻吟する患者の人心を掌握するほどに感情労働が必要に求められるところであり[342]、突き詰めれば死生観の問題に還元されることでもある。

　それゆえ人間の生命がどんな時空の中にあろうとも、生命の発現とは、生への苦しみを耐えつくす実証の連続である。息が途絶えるまで生き抜いてゆくのが個々の人間の生への欲望であり、生命の発現である。だからこそ、たとえ半死半生をきたす難病や病苦で治療法との苦闘でさえも、疾患を乗り越えて自身の生命を永遠に渇望し、恵ある生を溺愛するものである。すなわち、第一三条と第二五条の生命権とあわせた生存権を担

342　医師である阿部によれば、感情労働とは、自分の感情を管理する労力をさすものであり、接客労働、看護、医療労働などモノではなく対人サービスを生産することをいう。感情労働の鍵はホックシールドの表層演技と深層演技によるものである。阿部浩之［2021］28頁。対人労働は別にして、表層演技と深層演技とは、一種のプラシーボ効果があると考えられよう。

235

うことをヒポクラテスに誓った医師は、人間の尊厳ゆえの個人の幸福と人権の尊重を至当とし、凛々しく働く者が看取りに重心を置くのではなく、患者本位の生命を死守すべきことを倫理的に観念しなければならない呵責がある。そのことが、健康にして平和に生きる「平和のうちに生存する権利」の概念である。

　以上が、生命権概念の導入による、社会科学の統一を目的にした行政法学、憲法学及び社会学による構図を試みたものである。これまですでに見たとおり著名な学説を検討考察してきた。それは、絶えまない憲法学の研究成果と業績、実践的憲法の研究、そして制定権者による裁判過程を通じた裁判規範性とそしてまた両大戦間期の世界的通史や経験則から導出された新しい人権が提唱され定説となっていた。日本国憲法の前文第二項第三段の平和的生存権と各諸条項の真理を追究した結晶の賜物である。平和と人権の内容とその意義から新しい人権が創出されたことは、世界的に定着してきている「人間のための安全保障」論の有力な平和的生存権論である。

　そのため、冒頭の問題提起として掲げておいた、マルクスによる「権利は、社会の経済構造およびそれによって制約される文化の発展よりも高度であることは決してできない」ことに応じることにする。

　すなわち、資本主義社会とその国家形態に対応した権利とは、ある一定の政治経済的諸条件を考慮すれば、21世紀の民主主義のもとでの教育文化や文化的素養の程度と学術研究の高度化、現代の社会を取り巻く社会運動と労働運動、裁判闘争などの諸結果から規定された、創造的で発展した権利が現象形態となって実在している。こうした過程を経て憲法の諸原理が展開し新しい人権となって生成発展することを確証することができるならば、権利は社会の経済構造の枠を超えうる形態となる。これにより、権利は法律関係あるいは生産関係として覆い隠されていたが、階級関係、資本関係となって暴露されたことになる。つまり、権利は、階級関係、資本関係、あるいは生産関係によって立つ資本主義の対立関係から生じるかぎり、その諸関係によって制約する文化の枠を超えて高度に発展するか、あるいはまた社会変革の一契機の役割を果たす絶対的でなおかつ相対的権利にまで展開するということである。

　こうした諸条件に規定された権利を超克するのは、資本主義の諸矛盾から生ずる対立や闘争を通じて国民各人の平和意識や権利意識、および

労働者意識、階級対立の意識的存在が、それぞれの意識的存在から生み出された各人による意思統一で新たな権利を絶対的にも相対的にも創造的に発展し、それをもって社会構造を打破する階級関係のための権利が定立されるのである。

つまり、国民各人は、権利主体となって新しい権利獲得のために、憲法の体制内化を打破するに揺るぎない胆力を行使して、資本主義の支配者が確定したもろもろの法による支配のための権利を批判的に転換し、労働・生存条件の獲得と生きることへの信念と熱望をもって、そしてそれへの具体的な研究や裁判闘争、労働運動を通して積極的に新しい人権を生成・発展・爛熟した権利へと育てあげそれを定立させる不抜の意志が求められている[343]。

❹ 平和的生存権と判例

平和的生存権をめぐる裁判では、1973年に福島裁判長の長沼ナイキ事件判決がはじめて平和的生存権に肯定的な判断を下した。次いで、1981年の百里基地事件控訴審では、基本的人権を規定する基礎的な条件と判断して理解を示した。そして、1991年には、湾岸戦争の多国籍軍への戦費負担行為の違憲を問う市民平和訴訟が提起され、1996年の東京地裁において、具体的な人権侵害に対する裁判上の救済があるとして一定の進歩があった。

本項では、上記の判例を踏まえた上で、イラク自衛隊派遣違憲訴訟の判例を掲げて裁判過程から生ずる平和的生存権の意義と内容を深めようとするものである。

この事件の概要は、2003年アメリカを中心とする有志連合は、イラクへの武力侵攻を開始した。アメリカは、日本にも圧力をかけて地上部隊派遣を求め、小泉首相はイラク特別措置法を制定し、航空自衛隊、陸上自衛隊をイラクに派遣した。この自衛隊海外派遣が憲法九条に違反するとして、札幌を皮切りに、名古屋と大阪、仙台などで訴訟が提訴され

343　新しい人権について、2017年（平成29年5月）衆議院憲法審査会事務局「新しい人権等に関する資料」（衆憲資第94号）で認められ議論されている。しかし、憲法改正を前提にした審査会のために参考に留めておく。https://www.shugiin.go.jp/internet/itdb_kenpou.nsf/html/kenpou/shukenshi094.pdf/$File/shukenshi094.pdf

た。

　名古屋地方裁判所のイラク派兵違憲訴訟では、2007年3月23日、平和的生存権の具体的権利性を部分的に認めた判決が次のように言い渡された。「平和的生存権は、すべての基本的人権の基礎にあってその享有を可能ならしめる基底的権利であり憲法九条は、かかる国民の平和的生存権を国の側から規定しこれを保障しようとするものであり、また、憲法第三章の基本的人権の各規定の解釈においても平和的生存権の保障の趣旨が最大限に活かされるよう解釈すべき」と下した。

　翌年の2008年4月17日の名古屋高等裁判所判決は、原告の請求を退けたが、航空自衛隊のイラクでの活動が憲法九条に違反し違憲なものであるとした上で、「平和的生存権は、現代においては憲法の保障する基本的人権が憲法の基盤なしには存立し得ないことからして、全ての人権の基礎にあってその共有を可能ならしめる基底的権利であるということができ、単に憲法の基本的精神や理念を表明したに留まるものではない・・・平和的生存権は、局目面に応じて自由権的、社会権的又は参政権的態様をもって表れる複合的な権利ということができ、裁判所に対してその保護・救済を求め法的救済措置の発動を請求し得るという意味における具体的権利性が肯定される場合があるということができる」とした。

　翌年の2009年2月24日、岡山地方裁判所では、自衛隊イラク派遣の違憲性には触れてはいないが平和的生存権の権利性にさらに踏み込んだ判断を下した。「憲法前文第二項で『平和的生存権が『権利』であることが明言されていることからすれば、その文言どおりに平和的生存権は憲法上の『権利』であると解するのが法解釈上の常道であり、また、それが平和主義に徹し基本的人権の保障と擁護を旨とする憲法に即し憲法に忠実な解釈である』と述べ裁判規範性を肯定した[344]。また、平和的生存権と憲法一三条の幸福追求権の規定との径庭はないとし、徴兵拒絶権、良心的兵役拒絶権などをも保障した画期的な判決を言い渡すのである。

　「平和的生存権については、法規範性、裁判規範性を有する国民の基本的人権として承認すべきであり、本件における原告らの主張にかんがみれば、平和的生存権は、すべての基本的人権の基底的権利であり、憲

344　寺井一弘・伊藤真［2020］105−108頁。

法九条はその制度規定、憲法第三章の各条項はその個別人権規定とみることができ、規範的、機能的には、徴兵拒絶権、良心的兵役拒絶権、軍需労働拒絶権等の自由権的基本権として存在し、また、これが具体的に侵害された場合等については、不法行為における被侵害利益としての適格性があり、損害賠償請求ができることも認められるというべきである」との結論を導いたのである[345]。

　これら三つの裁判判決に共通するのは、平和的生存権が憲法の規定する基本的人権の基底的権利であるということである。それぞれの裁判判決では、前文の平和的生存権は基底的権利とするのが常道とされ、憲法の複合的な権利あるいは第三章の基本的人権の諸規定に定める具体的権利であると説き、平和的生存権に徹するごとき、第一三条が認めた幸福追求権との径庭はないという文脈から、裁判規定性を明確にした意義はかなり大きい。とりわけ、岡山地裁判決・近下秀明裁判長は、百里基地事件判決を乗り越えて平和的生存権の裁判規範性、具体的権利性を正面から認めた判決として高く評価されているところである。

　イラク自衛隊派遣違憲訴訟の裁判判決からいえることは、平和的生存権が裁判規範性から進んで社会規範となって普遍的に定着することが何よりも権利として体現する意味があるといえる。

　こうした、平和的生存権をめぐる裁判過程の他に、裁判を通した学説もまた等閑視することができない。

　1990年、米国主導の湾岸戦争で多国籍軍を支援するため、日本は戦費90億ドルの「湾岸協力会議に設けられた湾岸協力基金」を支出し、自衛隊法一〇〇条の五を準用して掃海部隊を派遣した。東京市民平和訴訟での原告は、日本政府の戦費支出および掃海部隊派遣が憲法違反であると、被告・国を相手に戦費支出と掃海部隊派遣の差し止めと、国賠法に基づく損害賠償などを請求した訴訟である。

　この訴訟を分析したのが浦田賢治である。浦田いわく憲法訴訟としては、公権力に対して国家賠償法第一条を根拠に原告の平和的生存権回復の主張が認められた。より具体的には①市民的不服従の自由がある。この中には、兵役の拒否（憲法一八条や一九条）や軍事徴用の拒否（第二九条）、そして②抵抗権の行使が憲法上の権利として認められた。例

345　判例社［2009］124頁。

えば、軍事秘密の守秘義務違反行為（内部告発行為）について適法性阻却（第十一条、一二条）が認められるようになった。これに連なるものとして、「平和原則を侵害する公権力による特定の人々の精神的損害の補償」を平和的生存権の具体的利益に加えるという説である[346]。

　浦田の説を補説するならば、日本国憲法第一七条で定められているのが国家賠償法であって、ここでいう公権力とは、一般的には行政権力という意味に解せられるが、行政権のみならず、立法権、司法権に属する権力もこれにあたるものと解釈されている[347]。

　本章では、平和的生存権の夥しい学説と裁判過程を検討考察してきた。この平和的生存権という新しい人権は、現代日本の社会構造を分析したうえで科学的認識にもとづく学術研究の業績であるし、また基本的人権の権利主体である国民が裁判過程あるいは裁判闘争、及び平和運動などを通じて平和に生きる権利を創り出す法現象となっていた。ただ新しい人権は、法の現象形態ではなく本質に肉迫して生ずる鋭い原理的権利となって生起してゆくものなのである。

346　浦田賢治 [2001] 572-573頁。

347　原田尚彦 [1990] 249頁。

8章

平和学

8章 | 平和学

　憲法学では、これまで平和の概念があいまいであるとされてきたのはいまさらいうまでもない。本章では、平和学に平和概念を求め、憲法の第九条といかに、どののように通底するのかを考察をする。

❶ 平和学の学際的動向

　オスロ国際平和研究所を設立した、「平和学の父」とも言われているヨハン・ガルトゥングはその論稿 "Violences,Peace and Peace Reserch," Journal of Peace Reserch , Vol.6, No.3,1969年において、構造的暴力という概念によって、国家間の戦争防止を中心とする研究を批判的に検討し、貧困、飢餓、栄養不良、社会的不正義などの「構造的暴力」を抑制する、「積極的平和」研究の必要性を提示して、平和概念を戦争不在状態としての「消極的平和」とした。この消極的平和概念によって、戦争も暴力の一部として捉えることにより、平和学の理論的枠組みが深化されるにいたった。またガルトゥングは、日本が憲法第九条の戦争の放棄を堅持することを国連総会の場で宣言すれば条文と安全保障政策との矛盾がなくなり、戦力をなくせる手段となり憲法第九条とパリ不戦条約の実現につながることを提案したのであった。

　ところで日本における平和研究は、これまで平和憲法に依拠してきた経緯がある。日本平和学会会長であった関寛治が、広島、長崎の原爆体験や直接にその体験を規範的にくみいれたのは、「憲法九条が平和研究の価値の原点」としていることからも明らかである。

　平和研究に従事する研究者の専門分野としては、政治学、経済学、国際関係論、法律学などの幅広い学問領域にわたっている。そのため平和学によせる学際的な社会科学の応用が求められているところである。日本学術会議は、第九期（1972年から75年）の第二部（法律学、政治学）に平和問題研究連絡委員会を設置し、さらに各大学における平和学の履修を求め、学部や学科と大学院、研究所、その他の機関が設立されるなど公的、私的機関を問わず専門的研究機関の創設が着実に進んでいる昨今である。

　1973年9月の日本平和学会の創立を契機に日本の平和研究は大きく飛

躍を遂げることになった。その設立の趣旨では、科学的で客観的に戦争と平和に関する研究を発展させるにあたり歴史的あるいは哲学的な方法と同時に、行動科学的かつ計量的な学術的方法を活用することが公表されたのであった。

❷ 平和学について

平和学とは

　平和学とは、一言でいえば紛争の原因を解明し平和構想の諸条件を創造的にデザインして、平和運動と平和教育へ立ち戻りつつ平和を追求する学問領域である。そこで、平和とは、不戦状態でありなおかつ非暴力であると概念規定される。この概念の延長上にある平和学は「人間性実現の科学 Science of Human Fulfillment)」であるとされている。このことをより簡潔にすれば、「戦争の諸原因と平和の諸条件に関する研究」と提唱する[348]。

　もともと平和学の歴史は、比較的新しく第二次世界大戦後の1950年から平和学が形成され、50年代に欧米で、1960年代に北欧において理論的に体系されていった。日本ではそれより遅れる形で発展したが、広島と長崎の原爆や憲法九条などを背景に着実に進展したのであった[349]。平和学の系譜としては、国際関係学や国際政治などにも関連しおおよそ社会科学としての領域にいわば実践的な「社会科学としての平和学」が成立したのである[350]。

　もっとも平和学は、学際性に富み多様な分野から研究者が関わり、平和の実現にとって実効性が求められているところである。この実効性の側面では、研究者は市民感覚をもって対象にあたり統治される側の立場になり、被害者としての市民の目線に基づく市民社会性は他の学問に類例を見ることがない平和学の特性である。その一方で、平和学には、系譜という学説史がなく歴史的学問の論争史が見られないのが社会科学の領域としての学問的課題としていまなお残されていると思われる。

348　岡本三夫 [1999] 39頁。

349　饗場和彦 [2017] 104−105頁。

350　藤田明史 [2014] 11頁。

ガルトゥングの平和概念

コンフリクト平和論の視点から、ガルトゥングの論稿、*Peace by peaceful Means:Peace and Conflict,Development and Civilizational,*International Peace Research Institute,Oslo,SAGE,p9.（1996）では、「平和とは、コンフリクトの非暴力的、創造的な転換（transformation）である」ことや、「平和とは、共感（empathy）・非暴力（nonviolence）・創造性（creativity）によって紛争を扱う能力である」と説く。そして、「『平和』の定義を、われわれの優先度がどこにあるかによって、個人的暴力の不在または構造的暴力の不在という方向に変更することができるのだ」とする。さらに直接的暴力、構造的暴力、文化的暴力の三角形に対比した、文化的平和、構造的平和、直接的平和が共に相互に補強しあう好循環の平和の三角形の行動様式が形成されるとする。

だが、非暴力（nonviolence）の接頭語に「非」をつけねば平和を論じられないでいる。なぜなら、ガルトゥングは専守防衛論者であって、憲法第九条のいう平和主義との異同が見てとれるからである。ガルトゥングの専守防衛とは3つの要素が存在する。①国防防衛—日本の場合は海岸線防衛ということ。②領土内防衛—自然環境や都市を使って、十分な装備を有する市民軍（日本の場合は自衛隊）によって行う防衛。③非軍事的防衛—不幸にして外国から攻撃され侵略され、占領された場合に、非暴力抵抗運動によって防衛するのである[351]。このうち①と②のいずれも「戦争による平和」であり、暴力の三角形の範疇にある。専守防衛とは戦力を容認したものだから憲法九条違反となる。③は、「私は良心的兵役拒否者」であるということと矛盾しないが、専守防衛、自衛隊容認となれば「9条は反戦憲法であっても平和憲法ではない」[352]という。なぜだか専守防衛がつきまといガルトゥングの撞着が見て取れる。では、平和学と憲法学の接点は皆無なのかどうか。ワークショップの記録で検討してみよう。

日本でのワークショップ「ミリタリーをどうするか—憲法九条と自衛隊の非軍事化」をテーマに2011年9月、立命館大学国際平和ミュージアムで開催された記録がある。

351　Galtung,J［2017］46頁。

352　同上書、224頁。

　ガルトゥングは、まず憲法九条は反戦の条項であっても平和の条項ではないとし、平和すなわち反戦ではないとする。そして九条の解釈を防衛的防衛すなわち専守防衛だとし、国境防衛、国土防衛、非軍事的防衛の諸点をあげ、自衛隊を解釈した上で憲法違反であるということを明言する。そして自衛隊の第一の任務は専守防衛であるべきと主張する。専守防衛の一番よい方法は、非軍事的なものである。しかしそれは軍事と非軍事との複合的なものではありえるという。

　ガルトゥングは、ここでも「非」の文言をもちいるが「否」ないし「反」ではないのだろうか。いうにおよばず、憲法第九条所定の反戦平和は成立せず、専守防衛だというところに平和の三角形と憲法九条とは通底するところがないようだ。しかも自衛隊を憲法違反であると認めながら、再び専守防衛が任務であり、「非」軍事とする。すなわち、ガルトゥングの平和とは、憲法九条のすべての戦争放棄と交戦権を否認した戦力不保持を断言せずに、自衛権の行使容認を認めようとするものである。

　こうした論法の類例は比較的多い。自衛隊違憲訴訟の裁判官が判示するように自衛隊は、極めて違憲状態であると認めた上で、結局のところ、自衛隊は国家秩序維持のために必要不可欠で公共の福祉に反しないかぎり原告の請求を退けて合憲とするもので、至高の英知ソフィスト的レトリックの様相を詳述した記録であった。平和学と憲法の通底が今日的課題となったことから、学問的に共有することを追求せねばならないのである。

　ガルトゥングの平和学と学問的に憲法の平和主義がいかなる共有が認められるのか「すべては疑いうる」（マルクス）ことから学問研究が始まるものだから、『ガルトゥング平和学の基礎』（2019年、藤田明史編訳）から共通認識を模索してみよう[353]。

ガルトゥングの平和学の基礎

　さて、ガルトゥングは、平和と暴力を二項対立で論述しているわけではないが、大別して平和研究と暴力研究の二つに分けることがで

353　翻訳者である藤田明史は、本書を上梓するためにガルトゥングの論文のテクスト6本を訳出している。①2015年②1969年③1975年④1990年⑤1978年⑥1975年である。そのため原著年号表記は［1969-2015］とする。藤田明史は、憲法について「憲法九条改正は、それ自体が一つの暴力であって、いかなる意味においても容認し得るものではない」と断言している。

き[354]、どちらにしても「暴力」がキーワードなっている。暴力を一途に重視して研究する方法論は、「平和研究は、ちょうど健康学が病理学を必須とするのと同様に、暴力の分類を必須とする」からである[355]。それから平和という理念を浮かび上がらせるために消極的に「不在」とし、これに対して、積極的ないし肯定的に「存在」という用語で表現する。そこで平和とは戦争の不在ではなく暴力の不在のことであるとする。これが簡単な「定式」であるとして、「暴力の不在」および「社会的正義」と提唱する。個人的暴力の不在および構造的暴力の不在から、平和を2面的に捉えることによって、消極的平和（negative peace）および積極的平和（positive peace）が導かれる。さらに平和研究は、開発理論と関連して、消極的平和は紛争研究に、積極的平和は開発研究に濃密に関わるのである[356]。

　構造的暴力と直接的暴力のフォローアップとして、3つ目の文化的暴力が加えられ（1990年）暴力の3角形が形成される。それにともない平和の3角形が幾何学的に提示される。このうち、暴力は暴力の3角形のどの角からも発生しえ、他の角に伝搬可能であるが、他方の平和の3角形の3つの角が同時に働きかけることによって平和がえられるものであるという。

　ガルトゥングはこのように、戦争ではなく暴力の不在の中から平和を取り出してゆくのである。平和は、非と在それは無から有へと進んで宥和してゆくのか。それどころか平和の不在は暴力といえるのかどうか、非平和ならば暴力であるとするより、「反戦ならば平和である」と明言したほうがより憲法第九条が求める共通認識に接近した論理構造になるであろう。

3つの暴力と平和の関連性

　ガルトゥングが規定する暴力とは「一般的に、生命に対する侵害である―ただし、回避可能な」ものとして暴力を三つに分類する。人が直接

354　暴力研究は平和研究に欠かせないから暴力の分類を基調とする。Galtung,J [1969-2015] 51頁。これは、社会主義を研究するには、まず資本主義市場経済の運動法則を解明しなければならないのと同様な方法論である。

355　同上書、51頁。

356　同上書、34-35頁。

に経験する意図的かつ迅速な暴力、たとえば苛めや段る、蹴る、戦争などが直接的暴力である。直接的暴力には、殺戮、悲惨、抑圧、疎外、エコロジカルな退化であるとし、これらはすべてオムニサイド（万物絶滅）と読める。過去50年にわたりヒトラー・スターリン・レーガン・日本の軍国主義に密接に関わっている。（下線―引用者）もう一つは、意図的でなく人々に間接的に作用する暴力で、社会的に構造化されたのが構造的暴力である。例えば、政治抑圧、社会的搾取、文化的な疎外などがこうした範疇の暴力である。さらにもう一つの暴力の形態がある。人間が言葉を使用し文化を形成し、自らの行動の意味をそうした文化の中に見出すことから生じる文化的暴力がある。これは、直接的・構造的暴力を正当化・合法化するために役立つ文化の様々な局面、とりわけ、6つの局面として、宗教、イデオロギー、言語、芸術、経験、形式的科学がある。一般的に文化的暴力から構造的暴力を通って直接的暴力に向かう因果的な流れが認められ、ここでの文化は、教え、扇動し、われわれを鈍くし抑圧するのである[357]。

　ここで、ガルトゥングの暴力の3類型を整理してみる。例えば、成人男女らが殺害されるのは直接的暴力で、子供らが貧困，飢餓で死に至るのは構造的暴力、大人たちが死に対して私たちを無感覚にしたり、死に対してその死を正当化したりするものが文化的暴力である。また、文化的暴力の概念の導入によって、暴力の一般理論である、直接的・構造的・文化的暴力のそれぞれの相互関係の理論展開が可能となる。

　ガルトゥングは、暴力の3つの概念の時間に対する関係が基本的には異なり、直接的暴力はイベント、構造的暴力はプロセス、文化的暴力は不変性、永続性となる。しかし、ガルトゥングは、直接的暴力の不在が直接的平和で構造的暴力の不在が構造的平和になり、文化的暴力の不在が文化的平和とそれぞれに整理、表現する。これら、包括的な不在に対し、暴力が消失した状態を消極的平和と名付けた後に、直接的、構造的、文化的暴力に包括的に対応できる能動性の出現を積極的平和と定義する[358]。かくして消極的平和の状態に到達可能とするところに、ガルトゥ

357　同上書、46-58頁。

358　同上書、35-173頁。

ング平和学の一番の眼目がある[359]。

　かくして、ガルトゥングは、「戦争」の用語を用いて暴力を定義する。戦争は、集合的・組織的な暴力とされる。ここから暴力を定義すれば、戦争が回避可能となるとき、戦争は暴力となる。そして、戦争が回避可能であるためには、戦争を原理的・法則的に否定する社会認識の歴史的発展・蓄積の上に回避・廃絶する人間の主体的意思が必要となる。また、そのような人間の主体的な意思そのものが、歴史的に規定・生成されるのである[360]。

　ガルトゥングによれば、戦争は暴力となりえ社会認識による人間の主体的意思により回避・廃絶する必要があるとする。この定義を援用してみれば、たとえ刑法第三六条の正当防衛の法理による「急迫不正の侵害」が成立したとしても、暴力には暴力で自己を防衛するのではなく、主体的意思による消極的平和が何よりも正当性のある防衛に行きつくことになる。つまり、正当防衛は、個人と他者との対立関係による解決策として自己防衛による暴力を用いたものではなく、刑法による防衛ラインを越え暴力の3類型を捨象したものが、積極的平和による和解となりうるのである。第2次世界大戦を通じて、人間の主体的意思を強く世論に主張していたにもかかわらず、治安維持法などで弾圧されていたことである。

❸ 平和学の史的諸説

　これまで、政治学では、国家からの暴力を必要悪としてきた。社会科学としての平和学では、一般化した暴力から特殊な平和概念を演繹的に導出した学問的営為は認めることができる。

　ガルトゥングは、マルクスの経済学を参看して、社会科学の応用科学として平和学を基礎づけて社会科学の理論体系としたのであった。そこで、戦争や紛争の淵源をマルクスの『資本論』から引用して補足することができる。マルクス経済学者伊藤誠の典型説、市場経済外生説が的確な示唆を与えてくれている。

359　藤田明史 [2014] 114頁。

360　Galtung,J [1969-2015] 186頁。

248

　『資本論』の交換過程論では、「商品交換は、共同体の果てるところで、共同体が他の共同体またはその成員と接触する点で始まる。しかし、物がひとたび対外的共同生活で商品になれば、それは反作用的に内部的共同生活でも商品になる」。さらにマルクスは暴力について規定していた「国家権力、すなわち社会の集中され組織された暴力を利用して、封建的生産様式から資本主義的生産様式への転化過程を温室的に促進して過渡期を短縮しようとする。暴力は、古い社会が新たな社会をはらんだときにはいつでもその助産婦になる。暴力はそれ自体が一つの経済的な潜勢力なのである」[361]。マルクスが『資本論』以前に執筆した草稿『経済学批判要綱第1冊』の序説では「交換は最初は、一個同一の共同体の内部の成員にたいしてよりは、むしろ異なった共同体相互の関連のうちに現れるものである」とした。次いで『ドイツ・イデオロギー』では「私的権利は私的所有と同じ時期に自生的な共同体の解体から展開する」[362]と指摘していた。

　このマルクスの創見に導かれて、前述の『資本論』からの一節を市場経済外生説と規定した伊藤誠の解説によれば、「実際、共同体的社会が、他の共同体的社会とのあいだに経済関係を形成する方式としては、暴力や武力による征服や支配によるか、さもなければ、おたがいの対等な立場を認めあって交易をとりむすぶか、そのいずれかになったであろう」と述べていた[363]。

　市場経済を形成する商品交換は、共同体と共同体が接触するところに商品の交換が発生する。商品の交換が反復して、それが反作用となって共同体の内部に商品が浸透し共同所有がますます掘り崩されて、共同体

361　Marx［1867］S,102、117-118頁。S,779、980頁。Gewaltは、いわゆる公定訳では暴力であろうが意訳すれば、強制力という意味で理解することが文脈上的確であり、決してネイキッド・パワーの意味ではないから曲解しないこと。なぜならマルクスの格言は「人間的なもので私に無縁なものはない」からである。

362　Marx［1857-1858］24頁。Marx,Engels［1845-1846］S,63、58頁。Marx［1857-1858］24頁。

363　伊藤誠［1995］23-43頁。市場経済外生説による資本主義市場経済が紛争や戦争の発端になることを伊藤先生に直接ご教導を賜ったのが2022年12月30日であった。この日が私と先生との最後の会話となった。先生の典型説は、著作の随所で散見することができるが近著『マルクスの思想と理論』（2020年、青土社）では、資本主義社会は、古くから共同体的社会のあいだをつなぐ交易関係に由来する。商品、貨幣、資本からなる市場経済の諸形態が、人間労働力を社会的規範で商品化することにより、資本が生産手段のみでなく労働力も商品として購入する」と述べている。（120-130頁）

は急速に分解に向かって進むことになり、やがては解体される。私的労働の生産物が商品形態をとることによって、市場経済が共同体の外で、外来的に形成され、やがて生産関係、経済関係の形成する方式が、「商品の命がけの飛躍」を通じ紛争や暴力による征服や支配がはじまることになる。

　つまり、私的所有にもとづく市場経済の発生源である商品交換の発端は、共同体と共同体の接触する点にある。したがって、この点にこそ商品をめぐる所有権の発生を生み争いや紛争、暴力の発端になるといってよい。労働生産物の商品への転化、生産・交換・分配が反復進展するにつれて、私的所有にもとづく資本主義的生産様式にゆきつくことで、共同所有が深く掘りくずされ共同体はますます分解に向かって進み[364]、暴力、すなわち概して紛争や戦争の要因となる。それが、重商主義、自由主義、帝国主義の資本主義の発展段階を経る過程で、帝国主義列強の対外政策として、世界の再分割、循環的恐慌現象、植民地支配、世界市場獲得の膨張政策により戦争と経済の軍事化が進展し戦争経済化が露呈し帝国主義戦争の根因となった。こうした資本主義市場経済を世界的に拡大化させたのが、資本主義の先進的典型国であるイギリスにおける本源的蓄積と15世紀から16世紀にかけて、世界商業を形成し拡大してゆくことになる大航海時代であることはいうまでもない。

　それゆえ、帝国主義の対外的膨張をめざす軍国主義化を直視するとすれば、それが排外主義と帝国主義の癒着となって、「現代の軍国主義は、資本主義の結果である」（レーニン）にいたるのである[365]。社会科学であるマルクス経済学の見地から暴力、すなわち紛争や戦争の淵源を資本主義市場経済に視座を置き、マルクスの理論体系からの片鱗として試みたものである。

　こうした補足に加えて課題もまた生ずる。ガルトゥングの説をもとにして、考えられる設問である。ガルトゥングのいう、戦争を廃絶する原理的・法則的としての主体的意思に呼応したとしても、戦争と平和を「円形から螺旋形」でつなぎ、人間と人間を平和の線で囲むように、人間の鎖で結びつけることができるのかどうか。社会科学である平和学は、暴

364　詳しくは、エンゲルスの『反デューリング論』第二編三暴力論を参照されたい。S,148、168頁。

365　レーニン［1917］178頁。レーニンは、戦争は資本主義の本質そのものに根差しているともいう。

力の3類型である直接的暴力、構造的暴力、文化暴力の3角形から、平和学の理論を論拠にして消極的平和を現代社会に適用することができるのか、したがってまたそれを超えて積極的平和に漸進してゆけるのか。実際、むしろ憲法学と平和学が学問として糾合して、世界の憲法である永世中立のオーストリア、武装中立のスイス、非武装永世中立のコスタリカ憲法に実相されているように、世界の平和へ導いてゆけるのか。

つまり、平和学の基礎理論を介して、実際に世界各国で生じている内戦、紛争と暴力や戦争の現状分析を通して、その現状分析と理論とを併せ実践的に消極的平和から積極的平和へと論証することができるのか。それをもって実際に戦争を終焉させ平和を創り上げることができるのか。つまり戦争の実相を科学としての学問で裏づけることができるのかどうかが学問的課題となる。戦争や紛争は人間と人間が争い血で血を洗う醜いものだから、暴力による戦争や紛争に対して平和学を内挿することで暴力などを実際に克服することも、また平和研究の課題でもある。その一方で、憲法学ではガルトゥングの平和学が研究されて適用している側面もある。

例えば、積極的平和は、積極的永世中立政策を宣言しているコスタリカ共和国の非武装憲法第五〇条の「平和の価値」に継承されている。それは、コスタリカの市民が原発違憲訴訟において、最高裁憲法法廷でウランやプルトニウムについては、「戦争目的のために使用されることがよく知られており、また汚染性が高いことから見て」そのような国の行動は「平和の価値」と「健全な環境権への権利」（憲法第五〇条）を侵害すると判示したのである。ここでいう、「平和の価値」はガルトゥングの積極的平和の観念がとられている[366]。つまり、ガルトゥングの平和学の積極的平和が、永世中立国コスタリカの非武装憲法において、裁判規範として認められたということになる。

ただし、現に直面しているロシアとウクライナの戦争に対して、平和的生存権と憲法九条の平和主義、そして平和学と他のいかなる学問と学術機関、さらには学生や労働者、すべての平和・社会運動などを糾合し、その先駆けとなって終戦にもちこむことが、消極的平和と積極的平和を体現することでなかろうか。非武装永世中立を規定した平和憲法は、間

366　澤野儀一［2020］50頁。

接的にも直接的にも人命にかかわる憲法の三大原理が化体したものである限り、生命の重みに強く根を張り耐えうるものとして制定されたのである。だからこそ、この非武装永世中立憲法をもって、また平和学をもってして、平和を享受するために世界の人々が、武力による平和を排除して非武装による平和を実現し、終戦へと働きかけねばならないのである。日本の学界は机上で静観している場合ではないのである。

これまで世界の人々が戦時下の胎内から平和の生誕と共に積み上げ築きあげてきた、その有史を刻み込んだものが人類史的意義のある平和国家構想である。平和国家構想は、人々の人間観と社会観、平和観や歴史観、そしてさらには壮大な世界観が内包されていることである。平和学もその有史を学ばねばならないことであろう。

さて、平和学の方法論としてガルトゥングの暴力の不在の中から平和を取り出す研究方法と、戦争学の研究方法にはかなり共通しているところがある。戦争学は、第二次世界大戦と広島・長崎の原爆投下による破局的混乱の衝撃を受けて、1945年に創始された。この学問は、社会学的視座から戦争、平和、紛争に関する科学的研究を進めており、具体的には暴力紛争の調査、観察、分析、解釈を行い、紛争の現象、性格、時間および空間の限定や類型など細部にわたる調査分析などをフランス戦争学研究所を設立し行っている。戦争学の研究方法としては、例えばフランスのガストン・ブートゥールによれば、「平和研究（Recherches sur la Pax」あるいは「平和学（Irénologie)」ではなく「戦争学」という名称をあたえた。それゆえに、「汝、平和を欲さば、戦争を知るべし」（si tu veux la paix,connais la guerre）という言辞から大きな影響を受けたという。平和を実現するためには、戦争（あるいは暴力紛争）の原因、形態、機能などについて科学的な知識をもたなければならないという方法論である。いわば「戦争の社会学」の確立こそ平和研究の前提条件であるとされている[367]。

この戦争学や戦争研究あるいは軍事学などの学問領域は広く開拓されてしかるべきである。これらの学問と平和学との研究対象は、戦争、暴力と紛争の原因と究明であって、これらを廃絶して平和への道標となる学問的に共通する目的がある。それは同時に社会科学としての研究方法

367　Bouthoul et Carrére [1975] 21−266頁。

でも相重なりあう学問分野であるだけに、研究分野の枠組みを超えた共同研究を進めてゆき関係各機関などと合流してみても良いのではなかろうか。

　結語のかわりに一言付言しておく。平和学の目的は、人類前史から戦争や紛争を一掃して、人々のために永続する平和を創り上げることにある。それは平和学のみならず、もっと幅広い視野からいえば、平和を創り出すのは人間自身そして全世界の人々の倫理的、道義的な人間本然としての要請である。ただ、一瞬にだけ、その時代に「生きる」だけの化石人類から、永久に「生きるために」現世人類が進化をとげてきたホモ・サピエンスがなすべきことは、ただひたすらに人間らしく生きて、互いに人間を大切にすることにある。全世界の壮大なる自然の大地を平和の大地に、非武装地帯と平和国家の確立、そして世界平和機構の樹立へ向けて瞳を大きく広げながら、一歩一歩進まねばならない時である[368]。そのことがまた世界平和への灯となる、「生命のランプに油を注ぎ思考はそれに火を点する」[369]ことが平和の一灯への思慮を点する明かり取りになればよい。

　次に平和を求める各人によせて、平和学には学説史がないことから補論として平和論をとりあげてみたい。ややこれまでの文脈から離れることになるが、デシテリウス・エラスムスによる、近代最初の平和論といわれた古典『平和の訴え』と、反戦平和を掲げた帝国主義戦争への総括的報告がなされたパルミーロ・トリアッティの『コミンテルン史論』と『平和論集』に綴られている平和論を取り上げておくことにする。

デシテリウス・エラスムスの平和論

　人文主義者あるいはユマニスム（ラテン語の語源フマニタスhumanisme,humanism 人間主義・人間中心主義）といわれたエラスムスは、宗教改革者ルターとの間で神とかかわる人間に自由意志が存するか否かについて長きにわたり争った人である。エラスムスの『自由意志論』（1542

368　北東アジアには非武装地帯がある。世界的には、ラテンアメリカ、南太平洋、アフリカ、中央アジア、東南アジアには核兵器や放射性廃棄物投棄等を禁止する非核兵器地帯条約がある。澤野義一［2020］39頁。一方、最初の事実上の非核兵器地帯は、人間の居住しない南極条約が1961年に米国、ソ連が参加して成立した。梅林宏道［2011］42頁。

369　Marx,k［1867］S, 513、636頁。マルクスが経済学史上の真の奇才といっているジョン・ベラーズからの引用である。

年）では人間には神に逆らったり向かったりする自由意志の力があると主張し、自由意志論争で論陣を張った人でもある。

こうした経歴のあるエラスムスの『平和への訴え』（1517年）での主要な叙述を引いておくことにする。

47「いかなる平和も、たとえそれがどんなに正しくないものであろうと、最も正しいとされる戦争よりはよいものです。戦争をしかける前に、君主たるものは戦争のもたらすものについて一つ一つ別個に検討なさるがよろしい。そうすれば戦争からどれだけの利益が引き出せるものかわかるでしょう」[370]。

49「堅固な平和が確立されるのは、縁組関係によるものでもなく、条約によるものでもありません。むしろ、こういうものからしばしば戦争が引き起こされることは、われわれが見ている通りです・・・人民が富裕になって始めて自らも富裕なのであり、諸都市が恒久平和に恵まれ繁栄する時、はじめて己も繁栄するものと考えるべきです」[371]。

57「要するに平和というものは、多くの場合われわれが心からそれを望んではじめて本物となるもの。真に心から平和を望むものは、あらゆる平和の機会を掴まえ、平和の障害となっているものをあるいは無視し、あるいは取り除き、さらに平和という大きな善を害わないように、耐えがたいことのかずかずを耐え忍ぶものですよ」[372]。

76「大多数の一般民衆は、戦争を憎み、平和を悲願しています」[373]。

エラスムスによれば、平和は不利益となる戦争とは比較することなどできないことをまず指摘する。平和の確立には、人民の富裕と繁栄は同時に諸都市が恒久平和によって繁栄する時であるとする。そのため、平和を心から望むことが第一の条件であるから、戦争を憎み、平和の障害を取り除き、そして悲願である平和の機会を掴まえるまで耐え忍ぶものとする。

エラスムスは、平和思想というより平和道徳的なイメージの断章で平

370　Erasmus,D［1517、1961］67－68頁。

371　同上書、68－69頁。

372　同上書、76－77頁

373　同上書、98頁。エルサレムとはヘブライ語の「基礎を置く」yarahあるいは「彼は見るであろう」Yiréhとソロモン語の語源でもある「平和」shalaim,shalémからきている。

和を論じているのであった。平和の古典だけにエラスムスの平和への願いが行間から滲むように読者を諭すのである。

パルミーロ・トリアッティの平和論

　1935年のコミンテルン第7回大会（7月25日〜8月20日）でディミトロフ報告が提起したファシズム統一戦線論をさらに発展させたトリアッティ報告が『コミンテルン史論』に綴られている。その報告のタイトルは「帝国主義戦争の準備と共産主義インターナショナルの任務」である。この報告では、平和擁護の闘争がかなりの勢いで強調されていて、そのための統一戦線が必要に求められている。トリアッティはその後「新しい型の民主主義」の3つの特徴を提示する。1946年から1947年の1年間に、イタリア共和国憲法に盛り込むために研鑽し成功をおさめた人である[374]。

　トリアッティ報告は、アピールからはじまる。「われわれは戦争を欲しない広範な大衆にわれわれのアッピールを送る。『われわれの力を合わせよう！いっしょに平和のためにたたかおう！平和を擁護し維持することを欲するすべての者の統一戦線を組織しよう！』たとえもっとも重大な危機におちいっても、平和のための闘争は絶望的なものではない。絶望的でないというのは、平和のために闘うにあたり、いまではわれわれは、ソ連邦で権力をにぎった労働者階級の力に依拠しているからである」[375]。

　トリアッティは日独伊防共協定と帝国主義戦争への洞察的報告を進めている。「ドイツの国家社会主義者、日本の軍国主義者、イタリアのファシスト、全世界のブルジョアジーの極端な主戦派がいかに新帝国主義戦争を準備しつつあるかという分析に対して、事実上完全な同意を明言した・・・この三国は、すべての国家のうちでもっとも反動的で、ブルジョア民主主義的政府形態を廃止したか、それとも一度ももったことのないかである。これらの国家は、戦争のために努力しつつあり、戦争を望んでおり、すでに戦争をおこなっている。資本主義的反動は戦争であり、ファシズムは戦争である。実生活が今日われわれに実証しているのはそれである」[376]。

374　藤沢道郎［1976］187頁。

375　トリアッティ［1935］50頁。

376　同上書、108頁。

さらに平和主義に言及する。「だからわれわれは、平和主義的な大衆の中に行き、その中で積極的に活動し、これらの大衆の意識水準に適し、彼らが戦争と資本主義に対する有効な闘争に向かって最初の措置をとることを助けるような組織上活動上の諸形態をつかいながら彼らを啓発しなければならない」[377]。

　トリアッティは、戦争反対闘争を人民全体の組織的大衆闘争へと展開させてゆくのである。「われわれは、平和のための闘争の戦線に、社会民主主義的労働者大衆、平和主義者、カトリック教徒、婦人、青年、おびやかされている少数民族などの大衆とその組織を参加させなければならない・・・われわれの平和のための闘争は、できるかぎり人民全体を包容しながら、できるかぎりもっとも広範な性格をおびなければならない」[378]。

　そしてこの報告の論点の一つである平和を維持することを条件に社会の変革を論じるのである。「戦争を避け、できるだけ長い間平和を維持することは—それと同時に社会主義の大業のために行動することを意味する。進歩勢力である社会主義の勢力は平和の条件のもとで、かためられ前進する」[379]。

　最後の一節は、拙書『国鉄闘争の展開と労働者の道—プロレタリア国際主義』で論じている。反戦平和の闘いが条件であり、与えられた条件の中での労働組合運動が前提となる。よって平和がなければ労働運動そのものが成り立たない。反戦・平和の闘いが労働組合にとって柱になる[380]、ということとトリアッティの一節は符合していると思われる。

　これまで見てきたようにトリアッティ報告は、帝国主義戦争を引き起こす動因が帝国主義の本質であるとし、帝国主義列強の間による不均衡発展と植民地支配、世界の再分割が戦争を不可避にすると分析した上で、戦争を阻止するために反戦平和主義を掲げる。そして社会主義を確立する行動と共に平和のための闘争と統一戦線を大衆に呼び掛け、平和に生きる人間のために平和主義を意識して組織的活動を行うことを主張した

377　同上書、79頁。

378　同上書、116-117頁。

379　同上書、120頁。

380　子島喜久 [2020] 157頁。この一節は私の父親の論稿からの引用である。

のであった。

その後、トリアッティの1951年から1954年までの論稿集『平和論集』では、平和について論及する諸点が示唆を与えてくれている。

トリアッティは思想を披歴する。「社会主義のための闘争と平和のための闘争とは切り離すことができない」[381]。次いで中心的な任務を提示する。「われわれの、中心的任務はあきらかに平和のための闘争である・・・独立のため、わが国の存立そのものための闘争は、ひとえに祖国愛と、不気味にも迫りつつある戦争の危険、ますます脅威的になっている危険を防ぎたいという熱望とが命じているのである」[382]。

そして平和のための闘争戦術を説くのである。「平和のための闘争の戦術はさらに広範囲な戦術である。なぜなら、平和擁護にあたって、われわれは社会層の見解という見地から見て、われわれよりさらにいっそう遠くにいる平和擁護は、自分たちの生存にとってなくてはならぬあらゆるものを擁護することを意味すると感じている個人並びに集団と接触し、またこれと協力することができる」[383]。

そして最後にトリアッティの平和概念である。「平和は、軍備撤廃、原子その他大量兵器の禁止、あらゆる国における統制された軍備縮小、あらゆる民族の重荷となっている新型の兵器のための支出を根本的に削減することを意味する」[384]。

以上がトリアッティの平和観と平和思想にあまりにも誘われ共感することであろう。社会主義のための闘争は、平和のための闘争であると同時に、平和を擁護する戦術と組織的活動である統一戦線だけが人々の生存の生命線であるとする。最後の一節は、現代日本社会の軍備拡張路線の廃止あるいは世界の軍備撤廃から核廃絶へ向けた進言であって、現在においても通用力のある平和論である。平和主義者トリアッティの瞠目に値する平和理念と思念が筆勢から伝ってくることである。

381　トリアッティ［1951-1954］43頁。

382　同上書、62頁。

383　同上書、71頁。

384　トリアッティ［1951-1954］147頁。

❹ 世界の軍縮潮流の人々

　両大戦間期における世界の軍縮潮流に献身した人々の存在と偉業があった。例えば、①平和を強制し集団的安全保障を唱え国際連盟の設立に寄与したウッドロー・ウィルソン、②ジャン・ジョレスの社会主義的祖国愛と反戦平和主義、③ウラジミール・イリイッチ・レーニンのプロレタリア独裁による反戦平和運動、③アリスティド・ブリアンのロカルノ協定および不戦条約、④ソルモン・レーヴィンソンらの侵略戦争や自衛戦争の一切を認めない「戦争非合法化」思想と運動、⑤マハトマ・ガンジーの非暴力の抵抗が「赦す力によって罰する力がある」とした、⑥アルベルト・シュバイツァーは核実験と核武装の放棄を主張し「生への畏敬」を提唱した、⑦ロンドン海軍軍縮会議での「幣原外交の記念碑」といわれた幣原喜重郎などがいた[385]。その他、スパルタクス団として知られるローザ・ルクセンブルクとカール・リープクネヒトがある。最後に⑧フリードリヒ・エンゲルスは「軍国主義はそれ自身の発展の弁証法によって滅亡する」と『反デューリング論』で断言していた[386]。その監訳者の一人であった大内兵衛は、次のように言い残していた。「わたくしは、日本が軍事力をもたないということ、いかなる国に対しても戦力を提供しないこと、これが政治の根本義であり、そのことを、日本が第二次世界大戦に敗けたとき、すなわち8月15日に思い定めたと、わたくしは考えています。そして、わたくしは、『日本国憲法』はこのようなわれわれの平凡な思想をもとにしてつくられているものと考えている・・・国民的重要問題の第一は護憲で、また護憲の中心は憲法第九条を条文通り守ることである」と[387]。マルクス経済学者大内は、護憲の主軸を憲法第九条であると主張していた。

　このほか、大逆事件で死刑となった幸徳秋水のほか片山潜や堺利彦などがあげることができる。

　こうして、偉業を成し遂げ胸襟を開いた先覚者らの力を借りて学ぶこ

385　①から⑦まで深瀬忠一 [1987] 58-79頁。

386　Engels,F. [1876-1878] S,158, 177頁。エンゲルスは、「暴力論」で社会主義はなしとげる、軍国主義の常備軍を内部から爆破することを意味するとしていた。

387　大内兵衛 [1963] 13頁。

とは歴史的平和思想と平和国家樹立への道を歩むことを諭し教えてくれているのであった。

9章

「青年よ再び銃をとるな」

9章 「青年よ再び銃をとるな」

❶ 日本国憲法の精髄と科学的平和主義

　本書の「はじめに」のところで、憲法典へ原典回帰の試みをすると述べておいた。最終章の憲法典の飛躍の段階では、憲法の精髄を知ることは着実に自己に帰属させることにある。つまり、憲法の理論的体系との一体化にある。そうすることによって、国民は平和憲法保持者としての誇りと生存する権利と民主主義を永久に堅持することになる。このことが平和を確立し、創り出すことにつながることになるから、この段階ではすでに対自的となりえ自覚的な人々は自ずと憲法が浸透し認識することとなる。

　最終章にふさわしい、鈴木茂三郎が述べた「青年よ再び銃をとるな」という警句に照らして原点に回帰して結ぶことにしたい。鈴木は、戦前から戦後にかけての政治家であった。鈴木といえば、第5章で前述しておいた警察予備隊違憲訴訟である。この訴訟は、朝鮮動乱を契機に警察予備隊が発足したが（これは後の保安隊を経て自衛隊に改変されるのであるが）その最初の再軍備にたいする違憲訴訟であった。警察予備隊の組織や訓練の内容から、明らかに軍隊に該当し、一切の戦力の保持を禁止した憲法第九条に違反し、無効であることを鈴木が直接に最高裁判所に提訴したものである。最高裁判所に直接提訴したことから、訴訟が可能かどうか、憲法第八一条の違憲立法審査権の法的性格が問われることになったが、結果的に最高裁判所は、訴えそのものを不適法として却下している。判旨によれば、提訴側が問題とした、警察予備隊の違憲性と憲法第九条の解釈には一切言及せず、いわゆる抽象的訴訟は認められないと判断したものである。この点、この判決は、憲法第八一条の違憲立法審査権に関わるリーディング・ケースとなった。

　鈴木の論文「自主・中立と不可侵条約」の主張は次のようなものであった。鈴木は、「利害関係国によって日本の中立に関する条約」が締結されることを最善の策として望んでいた。鈴木は再軍備を否定し米ソの対立が激化する中でも、日本が自主的に中立を守ることを主張し、それが戦争を放棄するためでもあり、世界平和と日本の平和のためでもあると強く主張していたのであった。これとあわせて、「不可侵条約」の締結

が最善の策であると考えていたのであった。

❷ 平和主義を貫く演説

　鈴木茂三郎は、政治家であると同時に平和主義者でもあった。1951年1月の社会党委員長就任の挨拶で「再軍備反対」と「青年よ再び銃をとるな」と訴え、すべての国民の共感を呼んだ演説を行った。『鈴木茂三郎選集　第4巻』(1971年、大内兵衛・向坂逸郎監修、労働大学）から不朽の明言を以下に示すと明らかになることであろう。

　「私はこの際に青年の諸君、婦人の諸君に一言訴えてその奮起を促したいと思いますが、青年の諸君に対しては、ただいま再武装論がございます。再武装を主張する当年六十余歳の芦田均氏が鉄砲をもったり、背嚢を背負うのではないのでございます。再武装をするとすれば、いわゆる青年の諸君が再武装をしなければならないことは当然でございます。私は青年諸君はこの大会の決定を生かすために、断じて銃をもってはならない、断じて背嚢をしょってはならない。」と。

　鈴木は青年にたいしては「青年よ再び銃をとるな」、婦人にたいしては「婦人よ夫を再び戦場へおくるな」と訴えたのであった。鈴木の警句は、現在では命題となって再び息を吹き返している。憲法の前文と憲法第九条の理念とその精神を誠実に尊重し守り貫く、反戦と平和を問いかけ続けているように思えてならない。日本の国民がどれほど多くの示唆を受け続けてきたか、はかり知れないほどの奥行の深い知的洞察の泉がある。世界平和を掲げ再び国民が戦禍に巻き込まれないための実直な鈴木の姿勢が浮かび上る。銃をとらずにすべてを民主政治にもとめていたメッセージでもある。つまり、非武装平和憲法を擁護する態度が顕現していたのである。換言すれば、「青年よ再び銃をとるな」とは、憲法の精髄を人類平和のために訴え、後世のために命題として残されたものなのである。

　鈴木が残した命題は、憲法の平和主義の理念とその原理を平和運動や平和研究などと糾合しながら今日にいたるまで生かされ、国民の間に「結い」として広がり継受しなければならない。そのわけは、憲法が自己のものとしての、自分たちで取得したものとしての、自己に属するものとしての、尊い生命を犠牲にした永い戦争の結果制定された憲法を他者に

譲らないための、耐えがたい辛さと苦しみの結晶としての歴史的意義が込められている。したがって、国民は憲法を自己疎外してはならないことを、認識せねばならないのである。

結語

　本書の結語となる。憲法学は、科学的に原理的諸規定の真理を探究する社会科学である。憲法学が研究対象とする原理的諸規定のうちの憲法第九条は、科学的認識によって憲法体系から導き出された非武装永世中立平和主義を規定したものである。

　よって、憲法第九条は、科学的に非武装永世中立平和主義を規定したものであると客観的に解明された。それゆえに科学的平和主義を規定したのが日本国憲法なのである。

あとがき

　本書は、社会科学としての憲法学の入門書であり、なおかつ概論に相当するようになるべく心がけて書いたものである。もちろん、『資本論』の経済学の基礎理論をもとにした専門の労働論、労働過程論から近い距離にある社会科学としての憲法学は、理論として体系化されているだけに社会科学の統一を試みたものである。憲法を遵守履行し実践的に活用する公務員は、かつて軍閥の官公吏であったことを否定した平和憲法の全体の奉仕者という性格を有すると同時に、憲法の精髄を看取し基本原理を体現する者でなければならないのはいうまでもない。

　本書では、日本国憲法は、国民自らが「平和を愛する」ための才知と理知で擁護し尊重する立場から、基本原理である国民主権、恒久平和主義、そして基本的人権を三位一体とする生命原理であると述べてきた。それと共に、現代日本社会を相対化した新しい人権が生成発展過程にあることを確証している。この平和憲法を後世の人々や平和・社会運動家と実践家にどう受け継いでゆけるか、立ち返り問い直し、さらにはどう擁護し生命原理を体現して未来永劫に希望を与えながら存続してゆけるのかを自問し続けた。いまだ自答にはいたらず、到達していないが少なくとも日本国憲法の傍らにある護憲とは、憲法を守ることのみならず、前文から原理的諸規定を国民各人が自己のものとして現代日本社会に適用し活す過程で、新しい人権を生成発展させる責務があることを見出した。

　振り返れば、憲法制定以前から労働基本権全面的禁止の職業ではあれ、立身出世のための猟官運動には、まったく関心をもたずに労働貴族として身を立てる意志すらなかった。公務員四〇年の時間が過ぎ四一年を迎えることとなった。これまで四〇年の時空の中で私自身の生き方と軌を一にする『資本論』第1版序文でマルクスが引いているダンテの『神曲』の一節、「汝の道を行け、そして人々の語るにまかせよ！」の言葉と共に歩んできた道である。思えば、ただ学問に出会い常にひたむきで謙虚、純良でありたかったのは、晩学にして伊藤誠先生から命ぜられた「世のため人のためになるようなことをしなさい」との言葉が胸に落ち自己革命的な薫陶を受けたからであった。こうした薫陶に引き寄せられた自身が学びの習慣に誘われ任せるうちに、やがて生得と重なりあい批判的思

考と批判的精神が深く宿り貫き通すがゆえに、今まさに資本主義批判の上に立っている。時局からの必要に迫られた批判的批判があい重なり、第一の天性変化を遂げられずにいる現在、それを飛び越えた第二の天性が現れだしたのかもしれない。

　これまで親炙に浴し自己革命的な薫陶を与えてくれた伊藤誠先生が2023年2月7日に逝去なされた。86歳の生涯を閉じられ永久の別れとなった。2023年9月2日14時から「伊藤誠先生を偲ぶ会」が東京大学本郷キャンパス・伊藤謝恩ホールで開催された。スピーチで私は畏敬の念を込めて彼岸の恩師に遺徳を偲びこう告げたのだった。

　「伊藤誠先生は『資本論』の中の2人のマルクスのみならず3人目のマルクスとなってこの世にあらわれ、資本主義に抗い続けながら夥しい学問的業績と共に、人生86歳最大の宝物である多くの人を残した偉大な先生のもとで論文指導を受けたのは私の誇りです」。

　補訂版を上梓するにあたり、関東図書の小川雅彦氏には、度重なる助言を頂き、感謝申し上げる次第である。

　2023年9月2日

日本国とアメリカ合衆国との間の相互協力及び安全保障条約

日本国及びアメリカ合衆国は、

　両国の間に伝統的に存在する平和及び友好の関係を強化し、並びに民主主義の諸原則、個人の自由及び法の支配を擁護することを希望し、

　また、両国の間の一層緊密な経済的協力を促進し、並びにそれぞれの国における経済的安定及び福祉の条件を助長することを希望し、

　国際連合憲章の目的及び原則に対する信念並びにすべての国民及びすべての政府とともに平和のうちに生きようとする願望を再確認し、

　両国が国際連合憲章に定める個別的又は集団的自衛の固有の権利を有していることを確認し、

　両国が極東における国際の平和及び安全の維持に共通の関心を有することを考慮し、

　相互協力及び安全保障条約を締結することを決意し、

　よつて、次のとおり協定する。

第一条

　締約国は、国際連合憲章に定めるところに従い、それぞれが関係することのある国際紛争を平和的手段によつて国際の平和及び安全並びに正義を危うくしないように解決し、並びにそれぞれの国際関係において、武力による威嚇又は武力の行使を、いかなる国の領土保全又は政治的独立に対するものも、また、国際連合の目的と両立しない他のいかなる方法によるものも慎むことを約束する。

　締約国は、他の平和愛好国と協同して、国際の平和及び安全を維持する国際連合の任務が一層効果的に遂行されるように国際連合を強化することに努力する。

第二条

　締約国は、その自由な諸制度を強化することにより、これらの制度の基礎をなす原則の理解を促進することにより、並びに安定及び福祉の条件を助長することによつて、平和的かつ友好的な国際関係の一層の発展に貢献する。締約国は、その国際経済政策におけるくい違いを除くことに努め、また、両国の間の経済的協力を促進する。

第三条

　締約国は、個別的に及び相互に協力して、継続的かつ効果的な自助及び相互援助により、武力攻撃に抵抗するそれぞれの能力を、憲法上の規定に従うことを条件として、維持し発展させる。

第四条

　締約国は、この条約の実施に関して随時協議し、また、日本国の安全又は極東における国際の平和及び安全に対する脅威が生じたときはいつでも、いずれか一方の締約国の要請により協議する。

第五条

　各締約国は、日本国の施政の下にある領域における、いずれか一方に対する武力攻撃が、自国の平和及び安全を危うくするものであることを認め、自国の憲法上の規定及び手続に従つて共通の危険に対処するように行動することを宣言する。

　前記の武力攻撃及びその結果として執つたすべての措置は、国際連合憲章第五十一条の規定に従つて直ちに国際連合安全保障理事会に報告しなければならない。その措置は、安全保障理事会が国際の平和及び安全を回復し及び維持するために必要な措置を執つたときは、終止しなければならない。

第六条

　日本国の安全に寄与し、並びに極東における国際の平和及び安全の維持に寄与するため、アメリカ合衆国は、その陸軍、空軍及び海軍が日本国において施設及び区域を使用することを許される。

　前記の施設及び区域の使用並びに日本国における合衆国軍隊の地位は、千九百五十二年二月二十八日に東京で署名された日本国とアメリカ合衆国との間の安全保障条約第三条に基く行政協定（改正を含む。）に代わる別個の協定及び合意される他の取極により規律される。

第七条

　この条約は、国際連合憲章に基づく締約国の権利及び義務又は国際の平和及び安全を維持する国際連合の責任に対しては、どのような影響も及ぼすものではなく、また、及ぼすものと解釈してはならない。

第八条

　この条約は、日本国及びアメリカ合衆国により各自の憲法上の手続に従つて批准されなければならない。この条約は、両国が東京で批准書を交換した日に効力を生ずる。

第九条

　千九百五十一年九月八日にサン・フランシスコ市で署名された日本国とアメリカ合衆国との間の安全保障条約は、この条約の効力発生の時に効力を失う。

第十条

　この条約は、日本区域における国際の平和及び安全の維持のため十分な定めをする国際連合の措置が効力を生じたと日本国政府及びアメリカ合衆国政府が認める時まで効力を有する。

　もつとも、この条約が十年間効力を存続した後は、いずれの締約国も、他方の締約国に対しこの条約を終了させる意思を通告することができ、その場合には、この条約は、そのような通告が行なわれた後一年で終了する。

　以上の証拠として、下名の全権委員は、この条約に署名した。

　千九百六十年一月十九日にワシントンで、ひとしく正文である日本語及び英語により本書二通を作成した。

日本国のために
　　岸信介
　　藤山愛一郎
　　石井光次郎
　　足立正
　　朝海浩一郎

アメリカ合衆国のために
　　クリスチャン・A・ハーター
　　ダグラス・マックアーサー二世
　　J・グレイアム・パースンズ

参考文献

芦部信喜 [1987] 『憲法講義ノート』三省堂

芦部信喜 [2019] 『憲法第7版 (高橋和之補訂)』岩波書店

阿部一夫・富永健編 [1994] 『概説　日本国憲法』国書刊行会

阿部浩之 [2021] 『テキスト　経済学原理　Principles Economics』関東図書

石本泰 [1970] 「日米安全保障条約」『JAPONICA 13』小学館

伊藤誠 [1990] 『逆流する資本主義』東洋経済新報社

伊藤誠 [1994] 『現代の資本主義』講談社

伊藤誠 [1995] 『市場経済と社会主義』平凡社

伊藤誠 [2013] 『日本経済はなぜ衰退したのか―再生への道を探る』平凡社

伊藤誠 [2020] 『マルクスの思想と理論』青土社

稲嶺進 [2021] 「ゆがめられる沖縄の自治―沖縄予算を懐柔策に利用する日本政府」『これが民
　主主義か？辺野古新基地に"NO"の理由』影書房

伊波洋一 [2014] 「日米両政府の辺野古新基地建設は何のためか―アメリカの戦争戦略の大転
　換から考える」『変革のアソシエ』No.17

岩井奉信編 [1994] 『教養政治学』南窓社

鵜飼信成 [1956] 『憲法』岩波書店

臼井久和・星野昭吉編 [1999] 『平和学』三嶺書房

上野裕久 [1989] 『憲法の科学的解釈』三省堂

宇野弘蔵・鵜飼信成・有泉亨 [1955] 「法律学の疑問―法学の社会科学的研究方法について」『法
　律時報』27巻2号

鵜飼信成 [1956] 『憲法』岩波書店

内野正幸 [1990] 『憲法解釈の論点』日本評論社

梅林宏道 [2011] 『非核兵器地帯―核なき世界への道筋』岩波書店

浦田一郎 [1995] 『現代の立憲主義と平和主義』日本評論社

浦田賢治編 [2001] 「平和的生存権の新しい弁証―湾岸戦争参戦を告発する憲法裁判」『立憲主
　義・民主主義・平和主義』三省堂

梅原治 [1975] 『私の国防白書』時事通信社

大内兵衛 [1963] 「憲法と社会主義」『平和経済』平和経済計画会議

大内兵衛・向坂逸郎編 [1970] 『鈴木茂三郎選集第4巻』労働大学出版

大内力 [1969] 『日本経済論 (上)』東京大学出版会

沖縄人権協会編 [2012] 『戦後沖縄の人権史―沖縄人権協会半世紀の歩み』高文研

岡本三夫 [1999] 『平和学―その軌跡と展開』法律文化社

奥平康弘 [1978] 「明治憲法における自由権法制―その若干の考察」東京大学社会科学研究所編
　『基本的人権2 歴史I』東京大学出版会

奥平康弘 [2007] 『憲法を生きる』日本評論社

大田昌秀 [2000] 『沖縄の決断』朝日新聞社

翁長雄志 [2015] 『戦う民意』角川書店

大畑篤四郎 [1961] 「1960年の国際政治学界」『国際政治』1961年版

奥野恒久［2015］「憲法学における平和主義の現在―内閣における九条解釈の変更を契機として―」『龍谷政策学論集』第4巻

景山日出弥［1975］『憲法の基礎理論』頸草書房

景山日出弥［1977］「平和主義と国際協調」阿部照哉編『改定憲法講義』青林書院

加古裕二郎［1964］「社会定型としての法的主体性に就て」沼田稲次郎編『近代法の基礎構造』日本評論社。

鎌倉孝夫［2015］『帝国主義支配を平和だという倒錯―新自由主義の破綻と国家の危機』社会評論社

紙野健二［2021］「法治主義と地方自治をゆがめる辺野古新基地建設の強行」『これが民主主義か？辺野古新基地に"NO"の理由』影書房

賀來才二郎［1949］『労働組合法の詳解　労働関係調整法』中央労働學園版

神原勝［1986］『転換期の政治過程―臨調の軌跡とその機能』総合労働研究所

川口武彦編［1991］『道を拓く―山川均・大内兵衛・向坂逸郎論説集』社会主義協会出版局

木村草太［2021］「沖縄に対する差別と適正手続き―憲法の視点から」『これが民主主義か？辺野古新基地に"NO"の理由』影書房

清宮四郎［1979］『憲法Ⅰ（第3版）』有斐閣

沓脱和人［2015］「集団的自衛権の行使容認をめぐる国会論議―憲法解釈の変更と事態対処法制の改正」参議院事務局企画調整室編集・発行『立法と調査』372号

久田栄正［1967］「憲法の平和主義と生活権」『法律時報臨時増刊』34巻

久田栄正［1976］「平和的生存権」『ジュリスト』606号、有斐閣

纐纈厚［2005］『文民統制―自衛隊はどこへ行くのか』岩波書店

纐纈厚［2019］『崩れゆく文民統制―自衛隊の現段階』緑風出版

伍賀一道・脇田茂・森崎巌［2016］『劣化する雇用―ビジネス化する労働市場政策』旬報社

国民保護法制研究会編［2005］『逐条解説国民保護法』ぎょうせい

後藤光男［2019］『人権としての平和―平和的生存権の思想研究』成文堂

小島恒久・田中真一郎編［1975］『戦後社会主義運動の再編成』河出書房新社

小林武［2006］『平和的生存権の弁証』日本評論社

小林武［2016］「沖縄施政権返還と日本国憲法」『愛知大学法学部法権論集』208巻

小林武［2017］「安保法制違憲訴訟における平和的生存権の主張」『愛知大学法学部法権論集』211巻

小林武［2021］『平和的生存権の展開』日本評論社

小林直樹［1967］『憲法講義・上』東京大学出版会

小林直樹［1975］「憲法九条の政策論」『憲法と平和主義』法律文化社

小林直樹［1978］「憲法と原子力」『法律時報』50巻7号、有斐閣

小林直樹［1980］『新版憲法講義・上』東京大学出版会

小林直樹［1982］『憲法第九条』岩波書店

小林直樹［2006］『平和憲法と共生六十年』慈学社出版

小針司［1990］『文民統制の憲法学的研究』信山社出版

河上暁弘［2006］『日本国憲法第九条成立の思想的淵源の研究』専修大学出版局

川又伸彦［2000］「日本の平和主義と日本国憲法九条」『長崎シーボルト大学国際情報学部紀要

創刊号』第一巻

川又伸彦［2009］『マスター憲法――プロになるため基本法シリーズ』立花書房

久保綾三［1973］『自衛隊――独占資本の傭兵軍』十月社

栗木安延［1971］「原子力基本法」『JAPONICA』小学館

佐藤昭夫［1984］「思想・信教の自由」青木宗也先生還暦記念論文集『労働基準法の課題と展望』
　　日本評論社

佐藤功［1966］『憲法入門・上』有斐閣

佐藤幸治［1992］『現代法律講座5憲法』青林書院

佐藤保・福田豊［1975］『日本労働運動史③――政治的統一戦線への展望』河出書房

澤野義一［2000］「日本国憲法の特質と改憲論」『大阪経済法科大学院紀要』30号

澤野義一［2001］「平和主義をめぐる『改憲』と『護憲』の論理」憲法理論研究会編『立憲主義と
　　デモクラシー』敬文堂

澤野義一［2002］『永世中立と非武装平和憲法――非武装永世中立論研究序説』大阪経済法科大
　　学出版部

澤野義一［2015］『脱原発と平和の憲法理論――日本国憲法が示す平和と安全』法律文化社

澤野義一［2020］「日本の平和憲法と非核・脱原発の課題」『大阪経済法科大学論集』82巻

澤野義一［2023］「非武装永世中立論」『平和学事典』丸善出版

信夫隆司［2021］『米兵はなぜ裁かれないのか』みすず書房

新川三郎［1971］『ルーズベルト――ニューディールと第二次世界大戦』清水書院

新藤宗幸［2009］『司法官僚――裁判所の権力者たち』岩波書店

鈴木敦［2019］「自衛力・戦力・平和的生存権――長沼事件1審」『憲法判例百選Ⅱ第7版・別冊ジュ
　　リスト』256巻

鈴木安蔵［1951］「戦争放棄と自衛権」『日本及び日本人』第2巻第1号、J＆Jコーポレーション

鈴木安蔵［1959］「日本国憲法と自衛権」『憲法と自衛権』有斐閣

鈴木安蔵［1978］『日本国憲法概論』評論社

末弘厳太郎［1948］『労働法のはなし』一洋社

千々和泰明［2019］「序論――平和安全法制を検証する――」『国際安全保障』第47巻第2号

『総評四〇年史』編纂委員会編［1993］『総評四〇年史第一巻』第一書林

髙木吉郎［2021］「基地被害を下支えする日米地位協定の壁」『これが民主主義か？辺野古新基
　　地に"NO"の理由』影書房

竹内芳郎［1972］『自衛隊』現代評論社

瀧内禮作［1956］「憲法解釈判例」『法律時報』第28巻、第1号

竹前栄治［1982］『戦後労働改革』東京大学出版会

伊達秋雄［1954a］「争議行為としての「暴力行使」と刑法第三五条」『ジュリスト』No.53、3月1日号

伊達秋雄［1954b］「軍機保護法の運用を顧みて」『ジュリスト』No.59、6月1日号

伊達秋雄［1956a］「東大ポポロ劇団事件と超法規的違法阻却事由」『判例タイムズ』No.58

伊達秋雄［1956b］「憲法と最高裁判所」『法律時報』第28巻、第1号

伊達秋雄［1957］「ピケッティングが威力業務妨害罪を構成しない一事例」『法律のひろば』2月号

伊達秋雄［1971a］「裁判批判」『ジュリスト』No.469、1月1日号

伊達秋雄［1971b］「司法権を自ら殺すもの」『中央公論』6月1日号

伊達秋雄［1973a］「自衛隊の違憲判断と統治行為論」『判例時報』10月1日号

伊達秋雄［1973b］「長沼違憲判決と裁判官」『世界』11月1日号

伊達秋雄［1975］「コンピュータ利用とプライバシー保護立法」『ジュリスト』No.589、6月15日号

伊達秋雄［1976］「スト権ストが違法でない根拠」『中央公論』2月1日号

伊達秋雄［1977］「最高裁調査官時代の思い出」『増刊法学セミナー』12月10日

伊達秋雄［1986］『司法と人権感覚』有斐閣

伊達秋雄［1995］「砂川闘争と米軍駐留違憲判決」『法學志林』第93巻、第1号

戸波江二［1994］『新憲法学習のとびら』ぎょうせい

田畑忍［1964］『憲法学講義』憲法研究所

田畑忍編［1960］『討論・日本国憲法』三一書房

田畑忍［1969］「永世中立論と日本国憲法」『永世中立論の諸問題』法律文化社

田畑忍［1978］「日本の永世中立について―日本国憲法第9条の平和規定と永世中立主義の問題」深瀬忠一編『安保体制論』三省堂

田畑忍［1981］『非戦・永世中立論』法律文化社

田畑忍［1982］『世界平和への大道』法律文化社

田畑忍［1989］『季刊・永世中立』憲法研究所、1月1日号

団藤重光［2007］『法学の基礎』有斐閣

円谷勝男［1987］「憲法の平和条項をめぐって」『東洋法学』第1、2巻

辻村みよ子［2012］「「人権としての平和」と生存権―憲法の先駆性から震災復興を考える」『GEMC journal』3月

土屋源太郎編［2015］『砂川事件と安保法制―最高裁判決は違憲だった』世界書院

寺井一弘・伊藤真［2020］『安保法制違憲訴訟―私たちは戦争を許さない』日本評論社

西村熊雄［1999］『サンフランシスコ平和条約・日米安全保障条約』中央公論新社

日本平和学会編［1983］『平和学―理論と課題』早稲田大学出版部

中条博［1967］「憲法前文について」『東洋法学』第11巻

中山鉄則［1992］『恐るべき原子力防災』自治労埼玉県本部・地方自治研究事務局

棗一郎［2018］「解雇の金銭解決報告書をどう考えるか―労働者側の視点から解雇の金銭解決報告書を考える」『労働法学研究会報』、NO.2660　労働研究開発研究会

西修［1978］『自衛権―奪われざる国民の生存権』学陽書房

西谷敏［2016］『労働法の基礎構造』法律文化社

子島喜久［2010］「1990年代の日本の労働法改正とその意義」『国士舘大学21世紀アジア学会紀要』第8号

子島喜久［2012］『労働過程論の研究―疎外労働からの超克を求めて』関東図書

子島喜久［2015］『護憲論―憲法学の方法・国民統制による文民統制』関東図書

子島喜久［2020］『国鉄闘争の展開と労働者の道―プロレタリア国際主義』関東図書

野添文彬［2016］『沖縄返還後の日米安保―米軍基地をめぐる相克』吉川弘文堂

原田尚彦［1990］『行政法要論（全訂第2版）』学陽書房

判例時報社［2009］『判例時報』NO2046号、11月

深瀬忠一［1967］『恵庭裁判における平和憲法の弁証』日本評論社

深瀬忠一編［1978］『安保体制論』三省堂

深瀬忠一・山内敏一編［1978］『安保体制論』三省堂

深瀬忠一［1987］『戦争放棄と平和的生存権』岩波書店

深瀬忠一編［2008］『平和憲法の確保と新生』北海道大学出版

船橋洋一［2006］『同盟漂流下巻』岩波書店

樋口陽一［1992］『もういちど憲法を読む』岩波書店

樋口陽一［1998］『憲法Ⅰ』青林書院

樋口陽一［2004］『国宝学』有斐閣

長谷川正安［1960］「安保闘争と憲法の諸問題」『法律時報』第32巻、11号

長谷川正安［1971］「憲法解釈の構造分析試論」『一橋論叢』第1巻

長谷川正安［1973］「安保体制と憲法」『マルクス主義法学』学陽書房

長谷川正安［1974］『憲法解釈の研究』勁草書房

長谷川正安［1992］『日本の憲法解釈』岩波書店

判例タイムズ［1959］「米軍駐留は違憲」『判例タイムズ』No.89、3月10日

ヘーゲル.G.W［1820］（藤野渉・赤沢正敏共訳［1978］「法の哲学」『ヘーゲル 世界の名著44』
　中央公論社）

パルミーロ・トリアッティ［1935］（石堂清倫訳［1955］「帝国主義戦争の準備と共産主義イン
　タナショナルの任務」『コミンテルン史論』青木書店）

パルミーロ・トリアッティ［1951-54］（石堂清倫訳［1961］「平和の自由のための闘争におけ
　るすべてのイタリア人の統一」『平和論集』国民文庫社）

布川玲子・新原昭浩編［2013］『砂川事件と田中最高裁長官―米解禁文書が明らかにした日本
　の司法』日本評論社

藤田明史［2002］「学問総合化の方法としての平和学―ガルトゥング平和学の体系的理解のた
　めに」『大阪女学院短期大学紀要』第33号

藤田明史［2009］「ガルトゥング平和学とトランセンドの活動」『日本の科学者』Vol.44、No.8

藤田明史［2012］「ミリタリーをどうするか―憲法九条と自衛隊の非軍事化」『立命館平和研究』
　第13号

藤田明史［2014］「社会科学としての平和学を求めて―平和における価値および客観性の問題」
　『立命館研究』第24号

藤田明史［2017］「憲法九条改正はそれ自体が一つの暴力である」『トランセント研究』第15巻
　第1号

藤田 勇［1969］「国家概念について―「法と経済の一般理論」ノート」『法律時報』41巻、1月号
　『大阪女学院短期大学紀要』No.44

星野安三郎［1962a］「平和的生存権論」『日本国憲法史考』日本評論社

星野安三郎［1962b］「憲法改正のジレンマ―平和憲法と軍事立法の相克」『法律時報』34巻、4月

星野安三郎［1974］『憲法を考える』ポプラ社

増岡鼎［1989］「土井構想と自衛隊」『軍事研究―Japan Military Review』11月号、軍事研究社

松井茂記［1999］『日本国憲法』有斐閣

松下泰雄［1982］「永世中立の必要性」田畑忍編『危機に立つ日本国憲法』昭和堂

松竹信幸［2021a］『〈全条項分析〉日米地位協定の真実』集英社新書

松竹信幸［2021b］『一三歳からの安保条約―戦争と同盟の世界史の中で考える』かもがわ出版

松本一郎［1995］「伊達裁判長の思い出」『法學志林』第93巻、第1号

水島朝穂［2019］「駐留軍用地特措法および沖縄県における適用の合憲性―沖縄代理署名訴訟」『憲法判例百選Ⅱ第7版・別冊ジュリスト』256巻、有斐閣

水町勇一郎［2005］『集団の再生―アメリカ労働法制の歴史と理論』有斐閣

宮澤俊義［1955］「文民の誕生」『ジュリスト』80巻、有斐閣

宮澤俊義［1967］『憲法講話』岩波書店

宮澤俊義・芦部信喜［1980］『全訂　日本国憲法』日本評論社

棟居快行［2006］『憲法フィールドノート第三版』日本評論社

山内敏弘［1992］『平和憲法の理論』日本評論社

山内敏弘・古川純 編［1996］『新版　憲法の現況と展望』北樹出版

山内敏弘［2003］『人権・主権・平和』日本評論社

山本章子・宮城裕也［2022］『日米地位協定の現場を行く―「基地のある街」の現実』岩波書店

吉田慎吾［2012］『日米同盟の制度化』名古屋大学出版会

瀧内禮作［1956］「憲法解釈と判例」『法律時報』第28巻、第1号

レーニン、V.I［1917］「好戦的軍国主義と社会民主党の反軍国主義的戦術」『レーニン全集』15巻、大月書店

吉田敏浩［2020］『日米安保と砂川事件判決の黒い霧―最高裁長官の情報漏洩を訴える国賠訴訟』彩流社

吉田裕［2017］『日本軍兵士―アジア太平洋戦争の現実』中央公論新社

和田進［2001］「構造的平和の構築と憲法学」『法律時報』73巻1号

ヨハン・ヴォルフガング・フォン・ゲーテ（［1810］『色彩論』高橋義人監訳［1995］『自然の象徴』冨山房）

Galtung, J.［1969］*Violences,Peace and Peace Reserch,* Journal of Peace Reserch , Vol.6, No.3

Galtung, J.［2017］*PeOple's Peace*（御立英史［2017］『日本人のための平和論』ダイヤモンド社）

Kowalski,F.［1969］*The Rearmament of Japan*（勝山金次郎訳［1999］『日本の再軍備―再米軍顧問団幕僚長の記録』中央公論新社

Marx,K.［1857-1858］Ökonomishen Manuskript 57/58 Teil 1, *Marx Engels: Gesamtausgabe*（*MEGA*）.（高木幸次郎監訳［1959］『経済学批判要綱』1-5分冊大月書店）

Marx,K.and Engels,F.［1845-1846］Die deutsche Ideologie,*MEW,*Bd.3,1958.（藤野渉・真下真一・竹内知良共訳［1963］「ドイツ・イデオロギー」『マルクス・エンゲルス全集』第三巻、大月書店）

Marx,K.［1867］Das Kapital,Bd.Ⅰ-Ⅲ,*MEW,*Bd.23-25,1962-1964（大内兵衛・細川嘉六監訳［1968］『資本論』①-⑤、大月書店）

Heidegger,M.［1927］*Sein und Zeit*（細谷貞雄訳［1994］『存在と時間』筑摩書房）

Boutoul et Carrére.［1970］*Le DÉFI DE LA GUERRE deux siècles de guerres et de revolution*（1740-1974）,（高柳先男訳［1980］『戦争の社会学』中央大学出版局）

Engels,F.［1878］Anti-Dühring *MEW,*Bd.20, 1962.（村田陽一・栗田賢三共訳［1963］「反デューリング論」『マルクス・エンゲルス全集』第20巻、大月書店）

Erasmus,D.［1517］*Querela Pacis*（箕輪三郎訳［1961］『平和の訴え』岩波書店）

Schumpeter,J.［1950］*Capitalism,Socialism,and Democracy,*Therd Edition,1950（中山伊四郎・

東畑精一訳［1982］『資本主義・社会主義・民主主義（上）』東洋経済新報社）

雑誌、その他

大内兵衛［1951］日本の社会保障制度」『世界』岩波書店、第68号

古関彰一［2018］「戦後日本の主権と領土─日米安保70年の現在」『世界』948巻、岩波書店

埼玉弁護士会［2015］「今甦る砂川事件伊達判決─田中最高裁長官と米国の密約を曝く」

平安名純代［2021］「リアリティを失う辺野古基地建設」『世界』948巻、岩波書店

和田春樹・前田哲夫編［2005］「憲法九条の維持のもとで、いかなる安全保障政策が可能か」『世界』岩波書店

半田滋［2021］「「戦争できる国」の総仕上げ基地建設反対派は調査対象に」『週刊金曜日』1325号

『創』2018、9月号　創出版

　「伊達判決を生かす会」砂川事件裁判国家賠償請求ニュース第10号から13号（2022、2023年）

朝日新聞、1941年12月 9日（木）朝刊

朝日新聞、2022年 7月14日（木）朝刊

朝日新聞、2022年 6月 2日（木）朝刊

朝日新聞、2022年 4月26日（火）朝刊

朝日新聞、2022年 5月12日（木）朝刊

朝日新聞、2022年 7月19日（火）朝刊

朝日新聞、2022年 4月21日（木）朝刊

朝日新聞、2022年 8月21日（日）朝刊

朝日新聞、2022年 6月 8日（水）朝刊

朝日新聞、2022年 5月15日（日）朝刊

朝日新聞、2022年 9月 2日（金）朝刊

朝日新聞、2022年 9月19日（月）朝刊

朝日新聞、2023年 2月15日（水）朝刊

朝日新聞、2023年 3月17日（金）朝刊

朝日新聞、2023年 5月13日（土）朝刊

朝日新聞、2023年 7月23日（日）、27日（木）、29日（土）朝刊

沖縄タイムス、2022年8月13日（土）

沖縄タイムス、2022年8月24日（水）

沖縄タイムス、2022年12月9日（金）

「47行政ジャーナル（電子版）」共同通信、2023年8月24日、9月4日

衆議院憲法審査会事務局「新しい人権等」に関する資料」（衆憲資第94号）2017年（平成29年5月）
https://www.shugiin.go.jp/internet/itdb_kenpou.nsf/html/kenpou/shukenshi094.pdf/$File/shukenshi094.pdf

《外務省》（https://www.mofa.go.jp/mofaj/index.html）

「日本国とアメリカ合衆国との間の相互協力及び安全保障条約」
（https://www.mofa.go.jp/mofaj/area/usa/hosho/jyoyaku.html）

【著者略歴】

子島　喜久（ねじま・よしひさ）

1963年　埼玉県生まれ
2012年　埼玉大学大学院経済科学研究科博士前期課程修了
　　　　専門・労働論、労働過程論

主　著　『労働過程論の研究―疎外労働からの超克を求めて』2012年　関東図書
　　　　『護憲論―憲法学の方法・国民統制による文民統制』2015年　関東図書
　　　　『国鉄闘争の展開と労働者の道―プロレタリア国際主義』2020年　関東図書
　　　　『護憲論Ⅱ』2023年　関東図書

護 憲 論 Ⅱ ［補訂版］ ―武力による平和から非武装永世中立による平和へ

2023年10月19日　初版第1刷発行

著　　　者　子島　喜久

発　行　所　関東図書株式会社
　　　　　　〒336-0021 さいたま市南区別所3-1-10
　　　　　　電話 048-862-2901　URL https://kanto-t.jp/

印刷・製本　関東図書株式会社

Ⓒ Yoshihisa Nejima 2023
ISBN978-4-86536-116-2　Printed in Japan